U0837898

诗赋新韵集

杨力◎著

新华出版社

图书在版编目（CIP）数据

诗赋新韵集 / 杨力著.
-- 北京：新华出版社, 2023.4（2025.4重印）
ISBN 978-7-5166-6845-0

Ⅰ. ①诗…　Ⅱ. ①杨…　Ⅲ. ①诗词－作品集－中国－当代
②赋－作品集－中国－当代 ③散文集－中国－当代　Ⅳ. ①I217.2

中国国家版本馆CIP数据核字（2023）第100386号

诗赋新韵集

作　　者：杨　力

责任编辑：徐文贤　　**封面设计：**刘宝龙
特约校对：许晓徐　　**投稿邮箱：**xuwenxian@vip.qq.com

出版发行：新华出版社
地　　址：北京石景山区京原路8号　**邮　　编：**100040
网　　址：http://www.xinhuapub.com
经　　销：新华书店、新华出版社天猫旗舰店、京东旗舰店及各大网店
购书热线：010－63077122　　**中国新闻书店购书热线：**010－63072012

照　　排：六合方圆
印　　刷：文畅阁印刷有限公司

成品尺寸：148mm×210mm　1/32
印　　张：10　　**字　　数：**180千字
版　　次：2023年7月第一版　　**印　　次：**2025年4月第三次印刷

书　　号：ISBN　978-7-5166-6845-0
定　　价：80.00元

版权专有，侵权必究。如有质量问题，请与出版社联系调换：010-63077124

序 言

杨力的赋，如诗如画，文辞优美，一扫古赋之框架格限，突破了旧文的僵死八股。其文大气磅礴，势如破竹。读之让人热血潮涌，感慨万千。

杨力的赋，历史底蕴深厚，历史如镜，让人明鉴戒焉。

杨力的赋，哲理精湛，充满了哲味，读之让人顿悟，如云开雾散。

总之，杨力的赋，无愧为国学佳作，融文、史、哲于一体，贯通国学精髓。其民族气节，让人热血潮涌，为之振奋。

总之，杨力的诗赋，注入了新时代的活力，开创了赋如诗画的新境界。

昔号神童，今称奇才的杨力，自幼熟读诗书，在北京大学图书馆，艰苦坐写20年，博览北大百万册藏书，铸就了深厚的国学底蕴，奠定了坚实的国学根基，故而精通文、史、哲、医，尤擅古典文学，可谓造诣非凡。

总之，这是一部诗赋中国的杰作，其赋文篇篇精彩，句句珠玑。读之让人既得到文学美的享受，又得到历史的感悟和国学的熏陶。

薛岭南

2023年3月

目录

第一篇　赋

第二篇　诗

第三篇 词

第四篇　散文

第五篇　赋（增补一）

第六篇　赋（增补二）

第一篇

赋

人物篇

老子赋

一、浩哉，老子！道家先圣

河图出书兮，凤凰来仪，鹿邑诞圣兮，东祥紫气。

夫春秋楚地兮，守藏任吏，赫赫兮学问渊薮。

感春秋乱世，周室衰颓，救治无望哉，黯然叹！

嗟夫，辞吏归隐，遁入云境，骑青牛兮，函谷关隐。

守关尹喜挽，留著经哉，长空悟道，静心斋。

哦吁！煌煌五千字，灿灿《道德经》，恒耀古今。

呵吁！大音希声，大象无形，若隐若匿，犹龙在云。

孔子洛邑，叩拜老聃，惊叹其犹龙呼，太虚中。

哦吁！启道学无欲无为之先，开道家修身养性之河，导庄子逍遥有无，彰丹道兮性命双修。

竹林七贤，魏晋道学哉，文景治风，大唐盛道兮历世兴，承玄、佛、理学，千年传。

哦吁！孔孟老庄，儒释道三，大道迥异，文化并彰。

正是：儒家道学，炎黄之源；

孔孟老庄，华夏圣泉。

二、壮哉，老子！人性先圣

老子德经，字字千钧，铸就炎黄，垂范古今。

夫上善若水兮，千古人性，利人不争兮，善德映，无愧道德天镜。

夫水利万物而不争，与其不争，天下莫能与之争，潺潺兮，赫赫水德，旷古之音。

若乃，柔弱胜刚强兮，老子名言，以柔克刚哉，柔德典章。

嗟夫，祸福相依，哲理绝经，物极必反兮，天下一警，重千钧。

夫知足知止，不辱不殆，乐福常在乎，人间泰。

少私寡欲兮，道家风范，恬淡天一兮，云鹤荡。

夫负阴抱阳兮，与天地合，虚无守静焉，偕自然融。

若乃！见素抱朴兮，修身养性，返璞归真焉，回归天性。

夫人生人性，孔老皆信，子曰仁爱，经曰上善，夫仁爱善良兮，炎黄德根，旷古天性。

正是：孔子仁爱，老子良善；

　　　圣哉中华，人性宝藏。

三、圣哉，老子！治世先圣

老子治世，内圣外王，经国之道，千古赫煌。

夫人法天，天法道，道法自然哉，宇宙绝章。

若乃，顺天道昌，逆天道亡，顺其自然，哲理之光，道经彰。

夫无为而治，经世之纲，盖大道无为，有为无为，重在当为。

嗟夫，无为非不为，乃不妄为，旨在无私为。

哦吁！大道至简，简在天成，简约之秘，秘在玉就。

夫治大国若烹小鲜，享誉四方，与民休息兮，诚服八邦。

叹圣人常无心，以百姓心为心，千古锤音。

夫以正治国，以奇用兵，道德天经，震烁古今。

若乃！开道学之先驱，创道家之先贤，治国鉴语，处世镜言。

呵吁！半部《论语》治天下，一部《道德经》平四海。万代楷模。

正是：道家开山，道教鼻祖；

老庄贤学，炎黄千古。

孔子赋

一、浩哉！文化之父

夫河图出书，凤凰来仪，天降大任兮，尼山诞圣，北斗闪亮哉，长夜欲亮！

嗟夫！唯阙里孔子，坎坷一生，悲壮一世，三岁丧父，少年亡母，凄凄苦苦。叹天不佑人乎，操琴抚。

哦吁！不怨天，不尤人，自强不息兮，奋然矣。

夫学而不厌，发愤忘食，叹仰之弥高，钻之愈坚，韦编三绝兮，《易》悟矣。

嗟夫，夹谷之会，初露政芒，感春秋乱世，报国无望兮，抚门叹。

呵吁！壮志难酬，报国难，难于上青天。

若乃，设杏坛，开平教风范，夫贤哉，回也，一箪食，一瓢饮，居陋巷。

一代弟子上，子贡子路孔门亮。

哦吁！撰六经，定礼乐，开儒家流派兮，创经学风范。

孔孟兴，老庄倡，弘中华文化兮，千古绝唱。

呵吁！擎中华文化之巨臂，炳炎黄品德之烛光。

赫赫星汉，烛途漫漫兮，千古闪亮。

二、壮哉！万世师表

呵吁！山不厌高兮，水不厌深，叹学海无边。

若乃，布衣孔子，首创杏坛兮，开有教无类。启平等教育呼，至圣哉！

夫问道老聃，巨人之会，其犹龙乎，叹中华龙之潜、在、跃、飞焉。

哦吁！千古杏坛，三千弟子，七十二圣贤兮，诸子思想彰，九州四海扬。

修诗书兮，定礼乐，撰《易》著春秋，六经乃倡。

夫忧国忧民，叹报国无门兮，远走列国，恨苛政礼崩乎，终悟矣！

嗟叹！愤然归里，育才立说哉，任重道远，路漫漫兮行程长。

呵吁！创儒家，立国学，开四书五经兮，启诸子百家传。

夫铸国学之柱梁，育中华之德才，治世强，品学彰。

煌煌呼，孔孟儒风，赫赫兮，齐鲁之邦。

呵吁！大哉孔子，中华文化之父，承中华思想，美炎黄品德，功盖千秋，恒赫天下。

赞有教无类，万世师表，千古至圣，景行景止。

三、圣哉！思想至圣

子在川上曰："逝者如斯夫，不舍昼夜。"夫一生忧国，如泗水东流兮，不回还……

逢春秋乱世，痛礼崩乐坏，恨河不出图兮，洛不出书，疑泰山倾倒叹。

夫周游列国兮，坎坷冷遇，险遭不测兮，弦歌不绝。愤大道难行哉，终悟政。

哦吁！政者正也，为政以德兮，譬如北辰，众星以拱兮，北斗正。

若乃，孔子仁礼，孟子仁义，仁者爱人，仁爱天下兮，政之本。

夫天降大任兮，泰山不移，举仁政，倡礼制，仁礼之邦兮，中华国道铸。

礼之用兮，和为贵。克己复礼兮，天下归仁。炎黄民风竖。

哦吁！孔孟之道，仁礼风范，天理磐磐，天下为公兮，人间大同。

呵吁！半部《论语》治天下，千古崇！

夫擎炎黄德纲，立华夏国道，垂范九州兮，享誉八邦。

嗟夫！孔子一生，开布衣救国之先行，启平民济世之壮程。大成至圣千古就。

叹生前布衣，死后圣人，永垂青史，叹为观止。

其昭乎，与日月同辉，其德哉，偕天地共存。

呵吁！大哉孔子，中华文化之父，开孔孟之道，启国学之宗。

弘中华思想，美炎黄品德，无愧治学先驱，思想至圣。

正是：圣哉孔子，万世师表

文化之父，高山仰止。

诸葛亮赋

一、浩哉！千古卧龙

浩浩长江兮，浪涛高，旷世英才兮，平地啸。夫羽扇纶巾兮，谈笑风生，智者风流哉，雁过留声。

夫猿啼虎啸，百舸争越，大江白浪卷雪兮，乱世出人杰。

叹荆襄人才如银河，有孔明卧龙，星空最闪烁。

若乃，躬耕南阳，傲视天穹，吟梁父兮自比管仲，身居隆中兮，心在天下。

若乃，大江多浩淼，点点远飞鸟，无为无不为，一生当有为。

然岁月苍茫，壮怀未展，叹大江悠悠，人生几何？酒酣仰头吟，何日驾东风？叱咤云穹中。

呵吁！独樽沽酒，急拨琴弦，歌罢沉吟，若乃，逐鹿中原，岂甘田园？

夫感乱世难攀巅，心犹上九天，叹时不运兮，卧龙伏神渊。

哦吁！天苍苍，地茫茫，蜀有卧龙伏，他日必争雄！

二、壮哉！千古智圣

夫乱世烽烟兮日月无光，力挽狂澜兮，贤人出山，盖谋士韬略千古，一生傲骨兮，羽扇纶巾。

嗟夫，乱世浮沉，岌岌汉衰，泱泱三国，历史烽烟。

若乃，茅庐三顾，刘备关张，隆中对兮天下定，哦吁，终遇明主，卧龙出山兮，如鱼得水，蜀汉昌。

盖一代智圣遇明主，千古韬略，临危存亡秋，高人入。

夫运筹帷幄，决胜千里，联吴抗曹兮，鼎立荆益，千古高策出。

夫蛟龙起兮，天地换，龙马腾兮，乾坤转，联孙抗曹，赤壁大捷战。

呵吁！定鼎荆益兮三分天下，三国立，雄才起。

夫胸藏韬略兮心有奇招，盖草船借箭、火烧赤壁、七擒七纵兮桩桩惑敌，空城计、木马计、八卦阵计兮计计迷人。其锦囊妙计哉，孙权赔了夫人又折兵。

难怪有三气周瑜“既生瑜兮何生亮”之叹！

夫日月如梭、斗转星移，历史兴亡兮，几度沧桑，几度殇。

嗟叹！刘备崩殂，临终托孤，床前跪誓：“光复汉室，还于旧都。”撼！

夫出征平南乱，七擒孟获哉，定蜀中，兴蜀汉，民顺邦昌。

呵吁！一片丹心《出师表》，先帝嘱托：“光复汉室”铭心难忘。

夫授之以旌旗，付之以帅权，统率三军，铿锵上，万夫莫当，手执刀矛。驰疆场。

嗟叹！挺进中原兮，饮马河洛。攻伐魏曹兮光复汉室，呵吁，五次北伐，六上祁山，积劳成疾哉，何以堪！

叹“出师未捷身先死，长使英雄泪满襟”。

正是：“滚滚长江东逝水，浪花淘尽英雄”……

三、伟哉，千古忠相

巫山哀兮，长江悲，一代智圣兮，溘然仙逝，盖国折梁兮，朝失良相，举国共惋叹！

夫一人乘鹤归去也，兴亡满目，叹旌旗伤别，人生无常，英雄也泪裳。

嗟叹！殚精竭虑，巨细躬亲。呕血五丈原，魂断定军山，为相十三载兮心力竭，出师远征兮沉疴结。

夫秋风起兮五丈原，叶落泣兮定军台，一代智圣，陨落天界，壮志未酬，千古遗恨。

盖受任于败军之际，奉命于危难之间，其忠心之坦荡，其正义之凛然，堪比山河壮。

若乃，谋士风流兮三国起，一时峥嵘岁月，叱咤风云兮，出生入死，三国鼎立兮，千古智圣。

夫惊天地兮泣鬼神，大江呜咽，巫山感慨，一颗陨星闪落叹！西天残阳落血溅。

若乃，心系江山，胸怀百姓，两朝忠烈兮，敬业昭彰，生为忠将，死为国殇，功绩无量兮千古忠相。

正是：鞠躬尽瘁，死而后已；千古忠相，万世仰彰。

千古一帝赋

浩浩秦川兮，黄河长江；

千古一帝兮，一统江山。

一、壮哉！天下一统

秦岭秦川，高耸云端，一统江山，英雄铿锵。

夫八百里秦川闪闪，银河灿，众星捧月兮晓星诞。

少年即位，三十六载，率大秦兮，功勋建，誓统天下兮，八邦拜。

呵吁！跨骏马兮剑高举，东临海兮六国倾，夫西逼大漠兮，鼓角锵，南征北战兮，血飞溅。

哦吁！一统四海兮普天之下，莫不臣服，六合之内兮，皇帝之疆。

夫超五帝，越三皇，千古一帝兮天下撼。

若乃，惜古之王者，地不过千里，诸侯各守其邦，战乱不断。

今之皇帝，废分封，立郡县，从此天下安。立法度，定纲纪，千秋永彰。

呵吁！好一幅江川大一统，巍峨壮观！

夫一部秦史兮，一部华夏统一史。

二、伟哉！千古一帝

长城长兮，黄河黄，东海红兮出朝阳。皇皇大秦战鼓响，金戈铁马出咸阳。

夫横扫六合，气吞八荒，风卷残云兮似飙狂。

呵吁！泰山日出兮，金光闪，黄河咆哮兮，波涛灿。

嗟乎！目光如炬兮，戈指四方，霸气冲霄兮，铸新章。

夫一代雄君，挥师四方，大秦一统兮天下昌，始皇登基临八邦。

呵吁！顶天立地兮所向无敌，金光灿灿兮千古一帝。

夫兼并天下，降服四海，开拓疆域兮威震八方，越三皇，超五帝。皇权至上，古今撼。

哦吁！废分封，郡天下，中央集权兮秦首创。车同轨，书同文，一统天下文。

呵吁！筑长城兮修国道，浩气长存，制法纪兮定度衡，统货币兮千古彰。

若乃！登泰山，迎八邦，名扬四方。

若夫！震古烁今，伟绩煌煌，世代仰瞻，绝圣超凡。

呵吁！前无古人者，功盖三皇五帝兮，奏绝响。

千古一帝兮，东方始皇。

三、憾哉！万代镜鉴

夫滔滔江河，莽莽大川，千古春秋兮，多少英雄男儿殇。

嗟夫！岁月嗟叹，世事无常，天下兴亡，竟在瞬然。

夫分久必合，合久必分，分分合合兮，终归一合。大一统周期河兮长河长。

呜呼！自古帝王者，无不伤憾，纵一代英主，亦若明若暗。

夫建皇陵，修阿房，百姓血汗，行苛政，施酷刑，臣民愤懑。

嗟乎！焚书坑儒，仕者悲怆，独皇权兮贱民众，神化君权乎终酿大患。

呜呼哀哉！把酒兴叹，五功造就千古一帝，三过酿成千秋遗恨。

敢问人朝命短，莫非天应？

夫天下者，天下人之天下，非一人之天下也，独夫独之，终致江山毁一旦！

叹“一夫作难，七庙隳”，敢问苍天何难？仁义不彰！

嗟夫！开建伟业，功不可没，千古功过，任人评说，唯不行仁道兮，万代当鉴！

汉武大帝赋

一、浩哉！开西汉盛世

夫太阳入怀，祥云扶桑，伟人诞辰，日彤东方。

盖黄河龙儿，八岁太子，十六岁登基慨而慷。

夫少年天子兮，初露锋芒，冲破嵌制，重振朝纲。

若乃，年轻雄主，英气逼人，一展雄姿兮，乾纲独断。

夫雄才大略兮，一展宏图，开疆拓土兮并八荒，金戈铁马兮中原安。

呵吁！叱咤天下，威武四方，东征大海兮，并朝鲜，西击大宛哉，南收百越，北击匈奴，威加海内兮，一统天彰。

若乃，大海山川一统兮，开拓疆土，定国安邦兮九州四夷安，疆土空前壮观。

盖秦皇一统六国,汉武一并天下,呵吁,秦皇汉武,中华千古。

夫自古盛世出杰才，众星拱月，杰才托盛世，天下大治。

盖赫赫卫青，骁勇神将，千里河西归大汉，威震八邦，平四方。

威威霍去病，“匈奴未灭，何以家为”，英勇征战，漠北扫平祁连安。

哦吁！文治武功，繁星璀璨，司马《史记》，史家绝唱，无韵《离骚》赞。

相如汉赋，子虚上林，诞年乐曲，北方有佳人兮，汉乐灿。

夫泱泱汉风，天之银河，地之黄河，人之汉魂，中华文明扬。

若乃，长长黄河浪涛翻，泱泱汉魂，万代传。

呵吁！秦皇汉武，统一疆土，大汉盛世，千古功彰。

二、壮哉！开中国之门

西汉盛世，如日中天，煌煌大汉，威震八邦。

夫改革开放兮首创，去旧立新兮国壮。中原日新灿。

呵吁！铿锵主父偃，力挺推思令，削藩固中央，天下安。

赫赫桑弘羊，统筹财经，盐铁官营，币铸归中央，功德无疆。

盖改历换天，太初历，岁首正月起，从此年号开，大汉岁光。

若乃，汉族为主，融合各民族，民心一统，大汉和融融。

嗟夫！威威张骞，出使西天，国门大开，武帝长安门壮行，中原西域“天堑”变通衢。

呵吁！开丝绸之路，贯西中，驼铃声声，琴乐阵阵，大漠异装婆娑舞，长长河套西走廊，阳光祥云壮。

哦吁！中原神州，威震四方，丝绸之路。开通八邦。

煌煌长安，烁灿东方堪比罗马，威震四方。

若乃，天降吉祥，泽被大汉，喜出宝鼎，紫气祥，泰山封禅，彤云蛟龙扬。

呵吁！蛟龙腾兮，彩云祥，雄狮舞兮，长安门绽，各域使节迎，鼓乐响。

哦吁！天子临朝，八邦朝贺，赫赫汉武，威武铿锵。

三、伟哉，铸大汉中华！

呵吁！大汉天子，文治武动，威震九州，安抚四方乎，六合一统天下昌。

哦吁！一统天下，版图开拓兮，泱泱中华，大国铿锵。

盖汉为主体，融多民族兮大汉中华，魂铸魄锢，国基强。

若乃，独尊儒术，孔孟老庄，大儒中华，一统思想安。

呵吁！滔滔黄河，巍巍秦岭，天下归向，威震八邦。

赫赫盛世兮，大道乃彰，国运鼎盛哉，吉祥昌。

开丝绸之路，通西域之邦，东西交融，天下彰。

呵吁！扬汉威于天下，东西殷服，罗马中国，并誉天下扬。

哦吁！一代雄君兮大汉泱泱，文治武功兮，天下仰瞻。

惜晚年好大喜功，专横酷治，国风日下兮民怨叹。

唯轮台罪己，引咎自责，挽回损失哉，重振朝纲。

呜呼！一代雄主，驾崩西归，黄河为之默哀，秦岭为之肃立，天地同悲，人神共哀。

呵吁！浩浩兮西汉盛世，煌煌乎大汉中华，赫赫天下，威震八邦。

正是：大汉中华，泱泱汉魂。
　　　秦皇汉武，万古流芳。

康熙大帝赋

一、浩哉！强大清乾坤

乌苏里江水，清又清，长白山龙脉，长又长，东北天地似仙境，龙兴之地凤凰翔。

若乃，北风呼啸，雪茫茫，风雪过后，白云祥，勤劳女贞兮勇性强。

呵吁，自古英主兮马背出，盖努尔哈赤兮一统女贞，后金出。

赫赫皇太极兮，盛京建都号大清，从此女真易大清，天下兴。

若乃，福临继位号顺治，摄政王多尔衮，勇猛握乾坤，呵吁！转攻中原，入关进北京。

呵吁！1643 年，福临入京金殿登，大清定鼎北京新，兹此三百年兮中国归大清。

若乃！紫禁城上紫气祥，东方彤彤，雄主诞。

龙儿玄烨兮八岁登基，少年天子兮，英气逼人，无畏无惧天下成。

嗟夫！北风呼啸，寒气逼人，鳌拜擅权，岂能容忍？

呵吁！智擒鳌臣，夺回乾坤，重用汉臣兮，重振朝纲捍。

盖天下财富，半耗三藩，隐患不除，江山难安。嗟夫，誓撤三藩集权中央！

嗟叹！狂风起，恶云荡，称王反抗，暴三藩之乱，燕京皇宫晃。

夫危难中，壮士断腕，康熙孝庄，全旗泣血上，终力挽狂澜。

西剿吴三桂，南击尚可喜，分化瓦解耿精忠，四方终伏降！

呵吁！三藩之乱终平叛，暴风雨后阳光灿。

哦吁！赫赫英主兮不畏强势，剪除割据兮八年血战，呵吁！大清安兹，乾坤攒。

二、壮哉！一统中华疆！

呵吁！威威天子，文治武功，一统天疆，大展奇功。

嗟夫，三统天下疆，台湾第一桩。运筹帷幄，决胜千里，姚启圣“剿抚并用”攻心战。和破武攻上！

呵吁！主将施琅显身手，水军两万兮，战舰二百艘，血战澎湖乎，终登台岛。盖台湾终归一，建府福建属。

呵吁！二统我北疆，恨沙俄盘踞黑龙江，掠我财富，屠我同胞叹。哦吁！雅克萨大捷，《尼布楚条约》签。茫茫我北疆，终统黑龙安。

嗟夫！三统蒙古新疆，亲征噶尔丹。

哦吁！战马嘶，鼓角响，龙旌举，皇旗扬。威武康熙，头戴金盔兮身披战袍，手举刀矛兮战马啸啸，征骑荡。

夫沙俄暗助噶尔丹，盘踞准噶尔，伊犁巢穴壮。嗟夫，草原茫茫戈壁滩，西疆凉，漠北寒，血战六年，三亲征，终破噶尔丹。

呵吁！东战台海，西征噶尔丹，北击沙俄，国土归版，一统天疆。

夫反分裂兮，护统一，喀尔喀重归我版图。呵吁！一代雄君，铸锢国疆赞。

哦吁！威威康熙，三统江山，四海之内，共享平安。

三、伟哉！启康乾盛世

呵吁！江山一统兮，天下大安，社会繁荣哉，人丁兴昌。

夫大兴农商，举世昌，江南丝织，景德瓷器，商贸彰。垦荒治河运兮，农粮进，人心定。

盖六巡天下，仿尧舜，巡幸东方，显盛世吉祥，彰皇恩浩荡。

夫定“滋生人丁，永不加赋”，人口猛增乎，大国东方彰。

盖一统台湾，蒙古归章，疆藏固入，黑龙江域平，天下安。呵吁！三统归国疆，天下一统，大国版图锢法章。

哦吁！五十个民族，空前一统，康熙南下兮，五祭明孝陵，以融汉心矣。

夫昌程朱理学，孔孟之道，满汉文化融合兮，中华兹安。

哦吁！铸康乾盛世基，锢满汉天下三百载，社会平安，史册载。

唯闭关锁国，固步自封，井底观天憾！嗟叹！兴文字狱，禁锢思想，渐失人心，社会日下憾。

叹矣！星移斗转，盛极必衰，晚年吏治松弛，贪官腐败。夫君主专制哉，皇权至高无上，九子夺嫡乱，日落叹。

嗟夫！世外科技已翻天，康乾仍迷间，工业失良机，难跳农国圈！

应验登长城“天外有天，楼外楼”，孤芳自赏不知愁，史鉴铭。

夫自古君王功过兮任评说，唯三统天下，功不可没！

正是：文治武功，统一国疆；

太平盛世，千古功彰。

周文王赋

赫赫文王，仁德先范；
易经之祖兮，千古圣人。

一、浩哉！易圣文王

龙绕周原，岐山云祥，一代先圣姬昌诞，叱咤商周天下撼。

滔滔黄河，横跨中原，一泻千里兮东海天。

巍巍秦岭，茫茫苍苍，绵延西岳兮剑云端，天河一分泱。

夫人生百年，沧海无常，叹朝代更替兮历史兴亡。

若乃，感天下之悠悠，叹世事之茫茫。越渭水，跨黄河，千古豪杰赞四方。

呵吁！励精图治，仁礼兴邦，扬青铜兮，重农商，治世彰。

夫穆穆文王，敬仁敬德兮天下扬，兴周灭商乎功德昌。

哦吁！文王演易坊，铸《易经》之圣地，安阳羑里兮万人仰瞻。

呵吁！青铜之鼎盛，甲骨文之斑斓，易学之辉煌，古都安阳千古灿。

《诗经》赞曰：“文王在上，于昭于天……仪刑文王，万邦作孚。”

哦吁！赫赫文王，文明先范，易学之先驱，奠基西周兮，一代君王赞。

二、壮哉！潜龙文王。

承古公亶父之统业，秉季历王之仁瞩。

举伟业兮，功德无量，启八百年大周兮，盛世祥。

嗟夫！岐山移幡，中迁长安，奋楫笃行，兴邦倡。

渭水边遇姜尚兮，史载磻溪高对曰：

“惊雷作兮闪电掣，蛟龙腾兮凤凰折；

倘有仁者举贤来，西风起兮东风撤。”

呵吁！韬略纵横，叩拜师圣，威仪西天，商纣震颤！

呜呼！寒风萧萧，长夜茫茫，囚羑里兮七年蒙难。

夫几度夕阳兮，演易坊，泪吞子肉兮，龙潜藏。

忍辱负重，不忘邦殇，心怀天下兮，誓让黑夜拂晓换。

夫星夜茫茫，著草泱泱，伏羲开卦兮，文王演彰。

赞赫赫易经，千古奇经，六经之首兮，诸子之源。叹忧患预测乎，治国之道哉，哲理绝章。

呵吁！儒家之源，《易经》之父，亹亹文王，千古仰瞻。

三、伟哉！飞龙文王

夫龙归渊兮，重整旗鼓，遇姜尚兮飞熊显彰。

龙族灿灿，王道荡荡，金戈铁马，一统西关。

盖笃行仁政兮天下撼，三分有二兮周鼎扛，八邦撼。

呵吁！威震四方兮凤鸟来仪，天下归心兮，大周乃昌。

夫凤鸣岐山兮，天命诰受，挥师出山兮，饮马黄河。

骑跃中原兮，誓扫暴君天下扬。

呜呼！恨天不公兮，日忽暗，斗星摇恍。文王睁眼，手指东方“翦商”望……

嗟叹！痛哉！惜文王不幸仙逝，天地悲兮黄河呜咽，万民叹。

遗言《保训》：重“中”，大道在中，千古警钟。

哦吁！秉承父志，盟津誓师，牧野之战，武王克商，西周昌。

夫文王有声，“宅兹中国”，周公吐哺，成王定中兮大周昌，中国彰。

呵吁！开八百年壮业，启数千年文明，倡仁德兮，万世流芳。

孔子叹曰：“郁郁乎文哉，吾从周。”

孟子赞曰：“五百年一圣人。”

哦吁！文王一生，乃真龙之潜、在、跃、飞渊！

正是：一代圣人，千古垂敬。

仁德天下，万世仰瞻。

周公赋

一、浩哉！开创西周

岐山高兮，渭水长，黄河滔滔秦岭啸，有周兴邦，中国将昌。

呵吁！赫赫文王，威威武王，仁德周公兮，誓问鼎中原，中国彰。

夫滚滚黄河，巍巍秦岭，蛟龙伏兮，炎黄历史好辉煌。

夫巨龙醒寐兮五千载，多少豪杰兮龙腾赛，茫茫中原，敢问英雄今何在。

呵吁！赫赫文王，势如雷劈，行仁德兮，天下三分有二，岐山龙旌赫。

嗟夫，蛟龙归渊，岐山再起，军旌彤彤，王往河东车荡荡。

夫饮马黄河，战车呼啸，西风将狂，一扫纣王哉，赫赫文王先。

叹矣！壮志未酬身先逝，天呜咽兮，地悲泣，可奈何！

呵吁！大风起兮前仆后继，大鹏展乎，武王周公誓克商。

盖一展雄才披风氅，壮士戈甲威武展，八百诸侯孟津誓，刀光闪闪雄狮志。

哦吁！牧野之战，敌胆战，戎车三百，虎甲三千，威威武王兮、周公姜尚壮。

若乃，受天之命，惩罚纣商，如虎如貔，如熊如罴兮敌胆战。

嗟夫，商殷腐败，朝歌倒戈，鹿台焚火，暴君自毙哉，殷商亡。

哦吁！《易》曰：“汤武革命，顺乎天而应乎人。”

威威武王，赫赫周公。承接父戈，一灭商纣兮，开大周。

呵吁！大周起兮天下展，开启八百年大周绽，中国灿。

二、壮哉！问鼎中原

灿灿金鼎，龙旌举，皇宫大殿大周起，九鼎磐立元龟祥，铿锵鼓乐周旗扬。呵吁！威威武王登大殿，文武百官顶礼拜。

夫江山易得守鼎难，自古明主常兴叹。六百殷商毁一旦，嗟叹之情何以堪？

呜呼！天忽阴兮地忽暗，战马伏兮哀泣状，一代雄君忽仙逝……天下殇。

嗟叹，武王临终重嘱托，周公跪地伏，拒行天子职哉，一心辅弼太子成。

嗟夫，祈武王天灵，佑我大周矣。盖嘱托怀中揣，忍辱负重汗血，股肱相辅，赤胆忠魂见。

若乃，乌云翻滚，暗流涌动，呵吁！安而不忘危，危而不乱，逆流上！

闪雷起兮黑云涌，战马啸兮兵接踵，国危难兮征夫勇，擒凶鹰兮义填胸。

夫周公东征，三年平叛，五年摄政哉，大周终坚磐。

呵吁！“天不厌高，海不厌深，周公吐脯兮，天下归心。”叹！

嗟夫，老马难忍人鞭狠，忍辱负重尽赤诚，自古忠诚多遭毁，一片忠心又何悔？

若乃，成王素服开金縢，感悟求其端，盖此臣心兮换君心，肝胆相照，乌云散。

嗟叹！千古兴亡今又是，多少忠臣难忘，从来壮士几多曲，黄河也有千弯曲！

呵吁！仁德周公，天下有彰，辅弼成王，敬德敬章。

夫天佑大周，营建洛邑，问鼎中原，中国昌。

三、伟哉！叱咤中国

夫问鼎中原，叱咤中国彰。龙凤旌旗展，大周昌，典章礼乐呈，中国成。

盖还政成王，面北称臣，为政以德兮，譬如北辰。夫披肝沥胆兮，忠心天下心。

夫制礼作乐，煌煌典章，西周昌。若乃，儒学先范，敬德敬章，撰写易经，周公作爻辞兮，易学父彰。

呵吁！大周成王，仁德周公辅，“日新之谓盛德”，启成康盛世兮日日新，中国新。

嗟夫！三朝辅政，一片衷肠，三年东征，鼎固国昌。营建洛邑兮问鼎中原，中国兴！

叹人生百年，兴亡千古，烛尽灯灭，丹霞晨曦洛河，枫叶殷红兮，几度夕阳黄河。

呜呼！昊昊苍天，浩浩英灵，一代圣贤忠魂断，悠悠升天举国叹，天呼，我失叔父，国失良相，成王悲泣叹！

嗟夫，黄河西来浪涛天，滚滚川流不息哉，岐山东起苍茫地，大江东去，一泻千里矣……

呵吁！忆往昔，西周兴，岐山龙腾，比肩文武成，看而今，儒学先范，易学先驱，堪比孔子灿，千古赞！

哦吁！纵横东西，问鼎中原，横贯商周，中国成。

盖孔子梦周公，孟子并周孔，夫“集大德大功于一身”仁德治国范。

呵吁！自文王“宅兹中国”兮，至周公，“叱咤中国”矣，煌煌西周哉，中国由起到昌，万代彰。

正是：问鼎中原，叱咤中国；
　　　名震千古，仁德周公。

玄奘赋

一、壮哉！九死一生

呵吁！古有“夸父逐日”，今有“玄奘西行”，只身一人，九死一生，为求真经，西天行。

嗟夫！苦海无边佛无涯，从此天际风沙露，玄奘无怨亦无悔，身披袈裟奔心塔。

若乃，父母早亡，随兄入佛，十三岁剃度兮，遁入佛门。盖佛道浩瀚，其理精湛，普济众生兮，救苦救难。

嗟叹，玄奘一生无所竞，但求佛性无尘净，了断色相自性空，一切众生皆佛性。

嗟夫，塞外朔风寒，川草见牛羊，驼铃声声扬，落日狼啸呛。

若乃！炮楼窗外星空冥，生死无常僧人云，冒死取经与兄别，吉凶难卜夜难眠。

夫大漠夜空寒，斗星照孤汉，瑟瑟秋风起，紧裹袈衣遮沙浪。

呵吁！金辉映朝阳，大漠沙丘浪，孤烟袅袅直，长空云无荡。

夫日映月泉镜，波光粼粼静，一行白鹭醒，湖岸异装近。

哦吁！灼灼吐焰万里川，求法心煎火焰山，炎炎燃燃红半边，佛心在西天，叹沼泽绝途闻雁鸣，茫茫水草终得引，一生敬重指路鸟，巍巍雁塔佛心了。

呵吁！冰山接云秃，崖险飞鸟无，僧人露冰宿，胸中犹有佛。

嗟夫！西天茫茫大雪压，九死一生雪山翻，叹山巅冰崖间，悬崖万丈渊，天斩悬竹栈，生死一瞬间。

哦吁！千难万险，终踏天竺，一路佛心照兮，三年磨难，万里苦海兮终成正果。

二、圣哉！誉满天竺

呵吁！公元631年10月，历千难万险哉，终抵天竺，顶礼戒贤兮，终成正果。

夫只身求法，五万里，九死一生，历尽险难，佛心磐磐。

哦吁！佛教中心，那烂陀寺，梵乐高奏兮，幢盖高举，众僧侣乎，檀越施主，香炷迎。

若乃，叩首伏地拜真经，苦苦寻求终见矣，三年磨难因缘遇，兹此心不移。

盖菩提树下佛祖静，七天七夜涅槃境，顶礼膜拜戒贤师，佛界终于得真谛。

悟《瑜伽师地论》，万法唯识哉，顿悟心识，如种子，真经终豁识。

呵吁！领悟高僧宗旨哉，大道神悟，沐浴圣地佛光兮，心法顿开，盖睿智超凡，饮誉四方。

哦吁！十七年苦度，通晓三藏，拳拳服膺，万法终融藏。

若夫，巡礼印度，倾倒众芳，恒河两岸，欢迎至高无上。

戒日王，圣办无遮大法会，曲女城辩难，震惊五印，誉满西域。

盖十八天辩难，名震天竺，德音昌彰。

印度王赞曰："太阳一出，则荧光无，天雷鸣响，则锤凿无音。"

呵吁！浩浩乎功绩无量，超越中外：荡荡兮名垂佛界，光照万代。

叹：一代高僧，苦海无边；
　　佛道杰出，誉满天竺。

三、伟哉！功德无量

公元645年，誉满天竺，载誉归唐，长安震撼，万人空巷，瞻仰争看。

呵吁！功德无量震四方，携载经卷657部，回长安，万经译藏，大雁塔世代传。

大唐太宗圣见，叹曰："孤身一人，行程五万里，历十七年，往返中国与天竺，空前壮举。"叹！

启禀圣上玄奘奏，戒日王甚赞我大唐，喜闻《秦王破阵乐》，唐太宗甚悦曰："派使赴印"，呵吁，咸歌破阵乐，飞天乐舞，中印邦交鼓！

哦吁！开丝绸之路，创中印邦交，融通中亚，功德无量赞。

夫踏云登上终南山，一览八百里秦川，观音台上观云祥，祈愿祥云人间降。

大慈恩寺译经院，弘扬佛道十九载，垂垂创业唯识宗。无量德功。

呵吁！唐太宗赐《大唐三藏圣教序》：赞玄奘者，"法门之领袖也。""将日月而无穷，与乾坤而永大"。

哦吁！自兹大唐佛学绽。

大雁塔钟声吟，牡丹芳香近，一代名僧慈恩寺，煌煌业绩古今震。

盖《大唐西域记》价值连城，交融东西，南北通泰载。

若乃，莘莘四人，菩提三千，圆融无碍哉，递坛千代，译六百卷梵文兮佛经十九载。

呵吁！功德辉映雁塔，天降瑞祥，佛光照古今，佛道扬。

夫烛尽灯灭，涅槃境界，殚精竭虑，千秋功盖。

哦吁！天忽灿兮，日忽绽，一代高僧兮，升仙界。

嗟夫！国失瑰宝，佛失炬光，垂垂高僧，圆寂长安。白鹿原，百万人，伏吊悲怆……

夫其德乎，堪与日月争辉，其昭乎，可与天地共存。大唐高宗叹曰："渡船忽沉……灯炬条灭"扼腕叹！

哦吁！其舍利顶骨兮，置世界佛殿，顶礼膜拜千秋在。

正是：名垂千古，一人而已；

功绩无量，万世景仰。

司马迁赋

黄河滚滚，秦岭呼啸。星空闪亮兮，人间史圣诞。

夫夏阳神童，龙门娇子，有黄河儿女初长成，岸边站，气宇轩昂，盖史学世家，读书万卷，睿智非凡；二十壮游，行程万里，尝遍人家辛酸。

“穷天人之际，通古今之变，成一家之言。”撰写史记，泱泱十载，呵吁，首部纪传体通史诞，光辉万代，功德浩瀚。

“不虚美，不隐恶”，捍卫史实，不畏强权，铮铮铁骨，气冲霄汉兮，历史褒贬，千古共唱。

嗟叹！天有阴晴，人有祸福，人正当顶，忽蒙乌云，李陵之祸，打入死牢，诬罔之罪，被处宫刑。

天呼！奇耻大辱焉，悲愤欲绝……

天苍苍兮，地茫茫，先父遗嘱岂能忘？一生抱负何畏蒙难！呵吁！忍辱负重，历时十载，烛下撰写，终遂夙愿。

嗟夫！一代英才，魂断黄河，含愤伤逝，天理何在？

呜呼！黄河呜咽，泰山泣唱；乌云遮天，日月暗淡，一代史圣陨落，神州震撼……

呜呼！“死有重于泰山，或轻于鸿毛。”——史圣巨言，自履是也。

夫天地皆泣，人何以堪，《史记》之灿，万世仰彰。

正是：史家绝唱，无韵离骚。

历史丰碑，千古流芳。

岳飞赋

煌煌兮，一幅《清明上河图》，京都繁荣出。汴河两岸，虹桥上下，市景万象兮，如亲临其境。呵兮！人世百态，尽在其中，逼真之象，让人惊叹！

灿哉！好一幅历史写真壮丽图，流芳百世赞！

嗟夫！盛极必衰兮，历史规律，汴河验！

嗟叹！靖康之耻兮，金人铁蹄下，北宋京都（开封）占，掳走徽宗二帝焉，北宋亡。

呜呼！国破山河碎，百姓遭杀戮哉流离失所叹！

呵吁！“还我河山，恢复中原”，挥师北伐兮，岳飞将士气激昂。

若乃！康王（宋徽宗之子），临安（杭州）称帝兮南宋立，偏安帝欲兮拒北伐。

奸相秦桧兮，跪金使足下，“奉表称臣”，宋愿为金之藩属焉，昏君奸相卖国恨！

“怒发冲冠，仰天长啸，壮怀激烈……誓收拾旧河山，朝天阙！”岳飞站黄鹤楼上，指天发誓壮！

呵兮！驱掳救国兮将士壮怀，挥军北伐兮，岳家军浴血上！

嗟叹！扶母棺木兮，在路上，“母亲啊，母亲！您教儿‘从戎报国’，为儿刺背‘精忠报国’哉，儿永生不忘。”岳飞泣叹！

哦吁！“冻死不拆屋，饿死不打掳”拼死上，百姓赞！

呵吁！“撼山易，撼岳家军难！”闻风丧胆焉金人颤！

嗟夫！十年奋战，三次北伐兮，直逼金巢，朱仙镇哉胜利在望！

突然哉！十二道金牌令：“退兵回朝”兮，惊天撼！

金兀术“杀了岳飞，再和谈”，奸相秦桧跪接办！

百姓闻之，跪地泣拦叹！

嗟夫！岳飞入狱，赤胆忠魂兮照汗青，天下惊！

动刑时，主审官见岳飞背刺“精忠报国”盈眶叹！

痛哉！天昏昏，地暗暗，岳飞及儿子岳云，骁将张宪兮，惨遭杀害，“莫须有”罪名撼！

遗字“天日昭昭，天日昭昭”呐喊悲壮！

惊天地兮泣鬼神！

呜呼哀哉！呜呼痛哉！天理不容兮人神共愤！

星移斗转，岁月沧桑。

西湖岳王庙，“精忠报国”，闪闪发光，万代醒彰。

秦桧跪地，世代唾恨……

嗟夫！斯人秦桧，一生喜跪，那就长跪吧！

夫历史在变，忠义不改，报国之心不变！千百年来兮不改民心拥戴！

伟哉！岳飞！千古英雄！

正是：天日昭昭，精忠报国；

丹心汗青，名垂千古。

李大钊赋

一、浩哉，伟大呐喊！

1899年10月29日，乐亭北斗闪，革命旗手，共产主义先驱诞。

壮哉！浩浩乎天大，铮铮兮铁钊，一世铿锵干。

嗟夫！清朝腐朽，列强入占，内忧外患，长夜茫茫，何日亮！

夫忧国之所忧，患民之所患，东渡欲求望。

叹乎！虎门销烟，甲午战争，《马关条约》乎，国辱民叹。

八国联侵，《辛丑条约》，列强瓜分兮，山河破！

嗟夫！愤然归国救难，干戈战。

《警告全国父老书》，吾辈当醒矣，呐喊上。

“试看将来的环球，必是赤旗世界”，寰宇撼！

哦吁！一场风雨，一场浪，揭竿起兮，风雷荡。

呵吁，播火种兮，擎赤旗，席卷天下兮，红旗漫。

壮哉！革命漫漫兮，征途难，悠悠，不尽大江天浪来，激流上。

二、壮哉！伟大先驱！

1916 年，北大红楼，革命摇篮，红色巨塔兮，赤光闪。

哦吁！新文化开启，雄狮醒，唤民主兮，震寰宇。

呵吁！十月革命，一声炮响，马列主义中国传。

李大钊，陈独秀，奋起引领，薪火点燃。

红色启蒙，《新青年》，澎湃呐喊，先驱范。

壮哉！1919 年，五四运动，风雷激荡，北大天安门，“还我青岛”血书上。

拒签“二十一条”，唤醒四万万同胞，扬眉剑出亮。

呵吁！火烧赵家楼，京沪汉，罢工罢课惊雷响，打倒军阀，震天撼！

试看中华觉醒兮，革命浪潮，无阻挡。

伟大转折兮，新民主革命，惊雷响。

壮哉！大钊、中夏、高君宇，马克思主义研究会，星火燎原，赤光闪。

南陈北李，誓约建党义非凡，叱咤风云，世纪撼！

呵吁！一锤定音，共产党！马列主义引领扛！

壮哉！震天撼地，势不可当！

苦难中华兮，从此挺脊梁。

三、伟哉！伟大革命。

1921 年，南湖红船，革命圣地，中共一大乎，上海开启。

红船破浪兮，东方亮。

呵吁！霹雳一声震天响，中国有了共产党，改天换地，金光闪。

东方巨龙一跃起，冲霄宇！

壮哉！红色风暴，工农奋起兮，镰锤党旗举，革命矣！

呵吁！北大地委，北方区委，大钊扛鼎，反帝反封反军阀，惊天矣！

嗟叹！大浪闯关，征程难，反动军阀大屠杀，山河叹！

银铛入狱，酷刑上，热血溅！

《狱中自述》“呼民族解放”，唤醒同胞，字字泣血，句句铿锵。

嗟叹！1927年9月28日，天昏地暗，京师守所，星稀月暗，君不见，足镣叮当，一袭长衫，步履坦荡。

呵吁！迈上绞架，昂首挺胸，目光炬然，一柱擎天兮，正义撼！

夫大雾开兮，东方亮，壮士断头慨而慷。

壮哉！赴汤蹈火，山河唤，捍真理兮，啸天汉。

试看今日中国，伟大复兴，百年奋战乎，先烈期盼。

正是：伟大先驱，马列旗手

断头践行，千古震撼。

孙中山赋

一、浩哉！伟大觉醒

1866年11月12日，中山北斗，夜闪亮，浩浩乎正中，巍巍兮高山，吾国民主革命，伟大先驱诞。

嗟夫！清朝腐败，鸦片战争，列强入占，中华民族遭国难，何以堪！

义愤填膺，上书李鸿章，冷遇痛心伤，夫忧民族于危难，弃医救国殇，奋而上。

呵吁！建港兴中会，遭打击，亡命海外叹！

长夜茫茫，何日亮?

哦吁！甲午战争,《马关条约》,列强瓜分,誓拯民族于危难。

痛山河日下，发愤救国，唤醒同胞兮，呐喊上。

呵吁！大浪起兮，惊拍岸，睡狮醒兮救国殇，正义撼。

二、壮哉！伟大转折

哦吁！弃改良，誓革命，伟大转折上。

1894 年，与黄兴，檀香山，建中兴会，振兴中华撼。

“拯救民于水火，扶大厦之将倾”，排山倒海干。

呵吁！倡民族、民权、民主先驱范。浩浩荡荡……

嗟夫！晚清末，内忧外患，国土沦丧，叹民族危难！何以堪?

誓革命，批改良，与保皇痛决战！

哦吁！与黄兴、仲凯，立同盟，建共和，誓将天下转。

呵吁！广州起义，滚滚珠江，大潮浪……

痛哉！黄花岗血溅，亡命海外叹。

嗟叹！几度风雨，几度殇，救国坎坷，行路难！

壮士悲歌，慨而慷。

三、伟哉！伟大革命

哦吁！ 1911 年辛亥革命，武昌烽火，大江南北，澎湃吼中山！

宣统退位，皇朝亡。帝制终推翻，两千年乾坤转，正义撼！

呵吁！“起共和而终帝制”，伟大革命，历史巨新，砸千年君主枷，立共和，穹宇铿锵。

噫吁！天下为公，世界大同，伟大远瞻。

哦吁！十月革命，一声炮响，马列主义中国倡。

再变革！新三民，联俄联共，扶助农工勇垂范。

五四运动，震九州，国共合作商，战军伐，誓倒北洋救国难。

嗟叹！求一统，国父北上，叹病亡，遗言震撼！

“革命尚未成功，同志仍须努力！”千古激荡。

夫大江东去，浪淘尽，壮志未酬，慨而慷！

嗟夫！中山陵，碧云寺，历史铭记，万民仰瞻。

民族魂，先驱父，民主旗手，千古高山。

哦吁！叹壮士断腕，一生为国强，看今日中国，伟大复兴，如国父所期。

正是：国父中山，民主首倡，

推翻帝制，万古流芳。

景物篇

天安门赋

圣哉！天安门，人民之门。
泰山北斗兮，举世瞩目。

一、圣哉！天安门

紫禁皇城，天安圣门，犹北斗兮众星拱央，天下安。

夫六朝古都，皇权圣地，九五至尊兮，承天启运。

呵吁！天安城楼，赫赫紫禁皇门，雕梁画栋，煌煌御楼台阁。

夫金水御桥兮，皇泉圣水，雄狮屹立兮，华表望天犼，一柱朝天啸。

哦吁！历朝皇帝大典，出征颁诏，皇权至圣兮，唯天安门仪威。

昔元之大都，明初北平，永乐登极兮，北京名，顺治授命乎，天安门。

呵吁！俯瞰皇城兮中轴立，前正阳门后景山，晨钟暮鼓永定关，叹北京脊梁兮坚如磐山。

近观天安门广场，首都心央，烈士纪念碑，永垂铿锵，人民会堂，国家博馆，雄伟壮观，国之大事定典章。南立主席纪念堂，万民仰瞻。

远眺东西长安，两翼宽，左安右安，天下安。

哦吁！站天安门城楼上，放眼望，犹立星汉，九州震撼。

立广场心，八方看，如临宇心，震烁古今。

呵吁！浩浩瀚瀚，天安门神望。

正是：未到天安门很遗憾，到了天安门终生难忘。

夫何以安门？北京天安门。国之心脏，民之圣门。观此一门，天下无门。

呵吁！一座天安门，一部中华灿烂史。

二、壮哉！天安门

黄河咆哮，长江滔滔，历史巨轮，滚滚如啸。

夫千年沧桑，万年华章，经元明之兴亡，历大清之盛衰。

昔崇祯槐吊，吴三桂冲冠，闯王怒炬，紫禁城火殃。

叹历史悠悠，几度兴亡，几度殇。

嗟叹！民族痛，国之殇兮山河叹。八国联军北京占，天安门罹难。

西洋兵戎，耀威广场，圣泉泪，雄狮痛，天安门怒望。

哦吁！苍天震颤，列强入占，瓜分割让，不平等条约，国耻难忘。

呵吁！天不亡我，绽开赤窗，七月革命，一声炮响，马列主义闪。

北大红楼，中共摇篮，红色血脉兮，薪火传，天安门圣望。

哦吁！睡狮醒，伟大觉醒，五四风雷起，北大北平，还我河山，天安门烽火撼。

夫大风起兮赤旗扬，国共合作，打倒列强，反帝反封北伐上。

嗟叹！国父北上，遗嘱震撼，天安门中山遗像，万民仰叹。

嗟夫！民族危难，卢沟桥血溅，日寇铁蹄，北京再罹难。

呵吁！雄狮怒吼，一二·九，北平学生，抗日烽火，天安门救亡上。“中华民族到了最危险的时候”扼腕唱。

百年耻辱，疮痍满目，痛我中华殇，何以堪！

嗟叹！国破山河碎，民族挥泪，救国救亡，天安门泪望。

哦吁！一座天安门，一部中华血泪史。

三、雄伟哉！天安门

呵吁！百年浴血兮，凤凰涅槃，开天辟地兮，巨变沧桑。

若乃！抗日救亡，中共鼎扛，十四年抗战日寇降，天安门见证，太和广场签降，雪耻难忘。

呵吁！乾坤扭转，大决战，全国终解放，红旗漫。

东方红，太阳升，天安门，浴火重生。

开国大典，天安门城楼国徽闪，领袖像庄严慈祥。“中华人民共和国万岁”“世界人民大团结万岁”醒目两旁。

礼炮响，国歌扬，五星红旗升起，历史铭记矣！

“中华人民共和国，中央人民政府成立了。”震撼寰宇！

龙腾虎跃，举国欢庆，人山旗海荡，天安门笑望。

嗟夫！百废待兴，又遭狼侵，保家卫国，三年血战。

呵吁！伟大胜利，抗美援朝大阅兵，天安门广场，威武雄壮！

夫天不佑人，日忽暗，天安门半旗降，泪送总理，万民长安站……

四五运动，讨“文革”，伐“四帮”，天安门震撼！

哦吁！历史车轮无挡，风雷激荡，改革开放，中国撼，北大高举“小平您好”，天安门闪亮。

试看，国庆五十华诞，世纪之交，天安门大阅兵，四海震撼。敌胆战！

难忘，主办夏奥会兮，天安门火炬传，“北京欢迎你”，“我和你心连心，同住地球村”高歌吭，天下撼！

呵吁！一座天安门，一部中华崛起史！

四、壮伟哉！天安门

呵吁！新时代，伟大复兴，中国梦，天安门一新。

哦吁！ 2012 年，新起点兮新征程。天安门鼎新，人民大会堂，庄严肃穆哉，党的十八大开。呵吁，新纪元，中华巨龙飞，全面小康奔！

若乃，花团锦簇，国庆七十周年，天安门再阅兵，威震古今。铿锵千钧，气势壮，史册撼！

难忘，人民至上，生命至上，抗疫重大胜战。呵吁！人民大会堂表彰，抗疫英雄上。中国力量。

试看，冬奥圣火炬，北京传兮，天安门花坛会徽展。“一起向未来。”全民唱，寰宇撼！

铭记，烈士纪念碑，庄严肃穆。总书记和人民，敬献花篮，永垂不朽兮天安门肃望。

哦吁！雄狮舞，红旗漫，建党百年大庆典，天安门圣地灿！红色血脉激荡。伟哉！使命之路，再征战！

难忘！中国人站起，富起，到强起，天安门见证矣！

试看！两个一百年，再启新章，喜迎二十大，史诗更弥新。

感叹！一部天安门史，一部中华壮伟史。

哦吁！东方红太阳升，东方巨龙正腾飞，天安门闪辉。

圣哉斯安，伟哉斯门。

长城赋

冬奥圣火在长城边传递，古长城迎来双奥北京的辉煌，崇礼跳台惊鸿一瞥现巨龙，让古老灿烂的长城更加闪亮，地球村的人类在“一起向未来”的歌声中，正在热烈拥抱长城……

一龙飞跃万山中，
登上长城观日出。

首尾不见俯仰难，
似龙非龙中华龙。

一、壮哉，中华之龙

呵吁！登上八达岭，千里河山尽收眼底，山风拂来，群岳起浪，远眺瞰，前不见首，后不见尾，直插云霄巨龙蟠。

西起戈壁兮嘉峪关，东入渤海龙头湾，翻山越岭兮飞千壑，奔腾万里入海洋。纵横东西，横贯北国，旷古一绝，天下奇观。

若乃！飞腾于群山之冠，盘踞于旷野之荒，急行戈壁大漠滩，缓进太行黄河湾。纵横兮，老牛湾，跨越乎，渤海滩。壮哉长城！

呵吁！雁门太行山，飞燕望断，西漠嘉峪关，一览百里戈壁滩。

大漠驼铃，贺兰鸿雁，太行燕鸟鸣，燕山海鸥云。

呵吁！春日红梅夏彤云，似青龙凌空云雾中，秋里枫叶冬雪银，如银蛟舞穹在风中，听大漠长啸，玉门低吟，看塞外烽火，金沙黄，观敦煌夕照，晚霞染。

哦吁！八达岭眺京都灯火煌，北戴河瞰金山红灯亮。叹日出扶桑兮红似火，赞星落九天兮碧如云，美哉长城！好一幅长城画卷，千姿百态。

哦吁！滚滚黄河，滔滔长江，浩浩长城，巍峨壮观。

似飞龙在天，叹中华龙之潜在跃飞渊……

大音希声，大象无形；

形之有无，尽在神魂。

二、圣哉，中华之门

噫吁！“一夫当关，万夫莫开。”天堑城关，飞鸟不越，真如铁。鼓角相闻，烽火相望，千里金戈铁马壮，万里军情举狼烟，敌戈扰壤，寸土不让。巍峨峥嵘，不失雄风，残垣断壁，气魂犹忠。

若乃！八达岭乎，居高临下，北门锁阴，据天险，扼关要，司马台乎，堡台凌空，直逼云中，水关中，古北口乎卧龙岭上，高陡突兀，飞鸟无。

哦吁！座座雄关，虎踞龙盘，墩墩烽台，凌空傲然。试看西漠隘兮嘉峪关，东咽喉兮山海关，中有太行居庸关，关关可夸何！君不见雁门关，杨门父子镇边防，山海平型关，血战倭寇敌胆丧！

嗟夫！莫忘兴亡，难挡苍茫，君不见，春风不度狼烟起，塞外铠甲马蹄急，姜女泣倾欲断魂，蒙恬扶苏守边为。

呵吁！成吉思汗，一射西天撼，忽必烈跃马箭中川，努尔哈赤铁骑入，大明无，慈禧折帘古北呼，晚清腐。

昔三桂开关闯王亡,更有日寇铁蹄山海关。民族危难中华殇！

嗟夫！堡台硝烟犹见，城关马嘶似闻，战痕斑斑，戈击点点，历史足迹，苍凉悲壮，扶墙兴叹，感慨万状。

哦吁！一座长城，一部中华沧桑史，纵兴亡满目，墙乃光，固若金汤，磐石磐。

呵吁！自强不息，几度兴亡，何惧苍茫，尽在神垣。

三、伟哉，中华之魂！

哦吁！长江长城，泰山黄河，国之大魂，中华魂。

嗟夫！长城长，大汉盛唐，宋明元清，迄而今。

赞昭君出塞，文姬归汉，和番藏汉，玄奘西行，佛学璨。叹张骞通域，丝绸西传，敦煌壁画，“一带一路”，酒泉醉……千秋万代，风采仍在。

哦吁！千年春秋国之梁，撼山易，撼长城难。几度风霜，几度雨，拔山扛岭，立不倾。

君不见抗日烽火，狮怒吼，还我河山，誓与长城共存亡！岂让倭寇度阴山？

呵吁！“把我们血肉筑成我们新的长城”国歌震天响。

叹多少兴亡荣辱间，唯几千年长城，未辱祖先。

俱往矣，千古风流，还看今朝，巍巍长城，傲天啸。

新时代，伟大复兴，万众一心，犹巨龙天啸闪雷惊。

哦吁！伟大国魂，长城可鉴，千年不倾，贵在醒。

圣哉长城，伟哉中华！

延安赋

一、浩哉！红色圣地

巍巍宝塔山，清清延河水……

夫自古炎黄发祥地，始祖皇帝轩辕立，黄龙子孙焉生生不息。

哦吁！ 1935 年，红军会师吴起镇，革命摇篮延安震。

呵吁！抗日烽火，红色圣地延安举，陕北从此天下擎。

哦吁！宝塔山闪亮，人心奔向，滚滚延河水乎，热血激荡。

嗟夫！枣园窑洞油灯亮，领袖指引方向，抗日救国上。

呵吁！圣地杨家岭，中央大礼堂兮，七大世纪撼！

夫马列主义中国化焉，光辉创，伟大确定哉毛泽东思想，党史彰！

哦吁！伟大转折兮里程碑，吾党从此，胜利向胜利兮，光辉灿。

若乃！抗大铸锢政治铿，革命薪火传，如磐石般，党性强。

呵吁！延安文艺座谈会，文艺为人民焉，永远是方向。

“北风吹，雪花飘……”，“白毛女”兮经典上，土改震撼，受苦人乎刀枪上。

哦吁！窑洞土炕上，《为人民服务》诞，人民永在吾党兮，心上。

嗟夫！反封锁兮，生产自救，小米加步枪兮，南泥湾精神绽。

盖岁月峥嵘兮何言愁，几度风雨兮几度朝阳彤。

夫十三载哉，吾党革命奋，见证革命之艰辛焉，历史之磨难。

呵吁！延安宝塔山，煌煌兮，若高山北斗照亮，灿灿乎，犹大海灯塔，指引航向……

二、壮哉！抗日北斗

巍巍宝塔山，滚滚黄河水，抗日堡垒哉，庄严雄伟。

嗟叹！七七卢沟桥，日寇狂犯，雄狮怒吼兮，风雷激荡。

“风在吼，马在叫，黄河在咆哮，黄河在咆哮……”抗日怒火燃。

西安事变，延安脊梁，一致抗日乎，国难同担，抗日救国上。

呵吁！宝塔山在呼唤，壶口瀑布猛飞溅，“保卫黄河，保卫华北，保卫全中国”，中华儿女泣血上。

哦吁！八路军乎英勇战，青纱帐里，抗日英雄真坚强，英勇壮。

若乃，长夜漫漫，窟灯亮，《论持久战》诞。

嗟叹！历史兴亡，世事沧桑，重庆谈判散，内战烽火燃！

呵吁！峥嵘岁月，何惧彪悍？黑云压城，延安危旦，敌军围困万千上……

嗟夫！告别宝塔，转战陕北哉，心在延安，誓不渡黄河兮，滚滚延河伴。

盖“存人失地兮，人地皆存；存地失人兮，人地皆失”。戒！

哦吁！几度风雨，几度危难，生死存亡，浴火涅槃。

夫陕北秧歌舞，安塞腰鼓响，人欢歌，红旗漫……

呵吁！巍巍宝塔山依旧，清清延河水仍湛。

铭记烽火十三载兮，吾党光辉，延安永载。

三、伟哉！延安精神

呵吁！巍巍宝塔山，浩浩长江，叹延安精神长，党旗永彰。

夫精神是灯塔，方向比北斗，精神延安兮，永垂不朽。

呵吁！从延安到西北坡，双清别墅兮中南海，呵吁！吾党不断从低潮兮向高潮，从胜利乎奔胜利，步步铿锵上。

盖七大竖吾党兮，思想里程碑，从此党心无迷茫，足音步步铿锵强。

若乃，窟洞对，治乱兴衰焉，周期率，从严治党，誓不变色哉，永远在路上。

呵吁！历史星汉，岁月蹉跎，红色基因乎，薪火不灭，世代传。

哦吁！新时代，二十大常委兮，延安壮行，杨家岭兮七大遗址仰瞻。

感叹哉确立毛泽东思想，里程碑焉，革命从此铿锵。

呵吁！“政治方向是首项”！

枣园行，毛泽东住址，叹照照窟洞对，治乱兴衰，历史周期律兮警醒。

若乃！苹果红，栗子香，南泥湾精神，小米加步枪，自立自救兮真理永彰。

嗟夫！吃水不忘挖井人，延安精神，党性之魂，老一辈精神永存！

伟哉！延安精神，灿灿乎，若天之北斗，巍然屹立；浩浩兮，犹海之灯塔，光芒永照！

正是：圣地灯塔，红色摇篮；
　　　延安精神，高山仰彰。

泰山赋

泰山黄河，长江长城。

国之大者，民之心矣。

哦吁！泰山之高也，五岳之尊，九岭之顶；泰山之伟矣，乾坤交泰，日月始生；泰山之美也，阴阳合和，万物姣美；泰山之圣也，帝王封禅，百姓祈祥。夫文化斑斓，千古绝唱，万代景仰，天下第一山。

东临渤海，西依黄河，拔地而起，通天接云，巍巍峨峨，屹立东方。齐长城在西隅呼唤，孔子大庙东邻相伴。夫泰山曲阜，交辉闪亮，炎黄齐鲁，辉煌灿烂。

正是《诗经》：“泰山岩岩，鲁邦所詹。”

一、美哉，泰山！天下奇祥第一山

泰者，泰也，祥也，美也，阴阳合和，万物谐美，是谓泰。

巍巍泰山，万顷苍黛；云雾缥缈，窈窕百态；松山和唱，林海乐舞；百鸟争鸣，天地和泰。

泰山之巅，天高云淡，日月峰相望；玉皇顶上，碧霞寺院，金碧辉煌。

正是：泰山奇观也，尽在日与月，无愧“万古此山先得日”。

君不见，晨曦露，苍穹亮；红轮跃出，东海金光灿，泰山日出闪奇观。夫天与水兮相映，山与海兮共辉，半吞半吐，万山红遍，瞬息万变……

艳阳斜，西眺望，云霞尽处，黄河金带现奇观。黄白相间，波光粼粼，蜿蜒千里兮，犹蛟龙云里穿……

正是：泰山云霞尽头处，一弯金河天际露。

夕阳红，晚照染，彩霞满天，落日红遍，朝夕难辨……

春夏交，雾浓浓，云雾纱中，海市蜃楼；若隐若现，仿佛兮犹瑶台仙景见……

梅雨过，雾茫茫，碧霞祠外，佛光隐隐奇光晃；似彩虹光环，犹观音显幻……

秋夏间，云涌来，雾海茫茫；白云重重，缠绕山峦，似云海玉盘……

哦吁！好一幅泰山奇景，气贯长虹。

二、壮哉，泰山！顶天立地第一山

泰者，太也，大也，壮也，顶天立地也。

夫拔地而起，刺破云天，突兀高耸，穿入云烟；茫茫苍苍与东海相望，高高伟伟和诸岳比肩。

群山环抱，岩壑重重；峰峦嵯峨，险峻峥嵘。沟谷深处，古木参天；悬崖绝壁，苍鹰掠其间。

嗟呼！扇子崖上祥云起，霞光万丈穿云里；百丈崖下虹影现，金光灿灿龙潭雨。

夫七千石级迢迢，岱顶高插云霄，仰望天地间，一步一登天。摩天云梯十八盘，气势非凡；玉皇顶上天街坊，雄伟壮观。

三峰鼎立共泰岳，天险日月峰；东方一柱，傲立苍穹。

夫登上泰山之巅兮，捧日擎天；天下顿小兮，万山皆伏。正是孔子所叹：

登泰山而小天下。

俯瞰下界，云海滚滚，群岳如浪；仰观极顶，摩天接云，阳光灿烂；昼眺江川，气吞山河，吉祥瑞降；夜观泰安，万家灯火，国泰民安。

嗟呼！极目四望，炎黄大地，无垠无际；齐鲁山河，连海接天……

哦吁！好一幅泰山壮景，气象万千………

三、圣哉，泰山！帝王封禅第一山

泰者，岱也，岱宗也，群山之祖，五岳之尊也，代代相袭，生生不息；人神通泰，祈天求圣，是谓圣泰。

观泰山之岭，千木恭礼，万岩肃立，山川圣，地水灵，是为千古圣岳。神通寺、灵岩寺、藏佛寺、普照寺……座座古刹，佛光闪烁；尊尊菩萨，肃穆神圣。

夫三步一庙，五步一寺，禅院重重，佛寺叠叠，真圣地也。君不见金光闪闪有岱庙，灵显佛光碧霞祠，极顶耸立玉皇庙，香雾萦绕，钟声阵阵。若乃，云雾山中，玉女池旁立玉女，缥缥缈缈如仙女；玉皇大帝殿中央，碧霞寺旁显宝光，若隐若现，如仙阁状。

夫自古泰山多灵圣，引七十二帝王兮争相朝圣。

试看玉皇顶上封禅台，升坛祭天，焚香祭地。古有伏羲神农、三皇五帝商汤成王，登山封禅；继有秦皇汉武，易姓于王，示受天之命，封禅刻石显昌；再有东汉光武，泰山封禅，中兴宣扬；唐高、显宗，盛世祭天，诰业绩皇皇；唯宋真宗，平庸无功，借泰山以远彰；康熙、乾隆，太平盛世，亲临告祭，诏告九邦，景仰流芳。

若乃，封禅登山，金銮银舆，舟车千万；旌旗蔽日，浩浩荡荡。鼓声响，震天传，祈声千里扬。其登祭之势，如巨龙腾天，犹黄蟒跃地，惊动四宇，登峰造极。真可谓三江为之让路，众山为之首伏，震慑天下，臣服九州是也。

哦吁！好一幅泰山封禅壮景，气势磅礴。

正是：一座泰山封禅史，一部中国帝王史。

四、伟哉，泰山！泰山北斗第一山

泰者，震也，《易》有八卦，震位东方，泰山东岳是谓震。震为雷，为龙，动也，始也，天下始于震动，万物出乎阴阳。

正是：“震惊百里，万物醒之。”

泰山文化，博大精湛，齐鲁之乡，礼仪之邦。炎黄文化，铭刻此山。碑碣如林，叹为观止；石刻巨制，记录历史；百种书法，首屈一指。

圣人登临，孔子足迹；先贤名士，纷纷拜谒；文人墨客，不计其数；诗篇游记，成千上万。夫千古名句源源不绝。杜甫“会当凌绝顶，一览众山小”千古名传。

嗟呼！泰山汶口与曲阜，圣地齐鲁；得天独厚，炎黄文化承前启后。夫自古泰山比北斗，泰山不移，江山磐立。泰安则天下安，泰倾则天下危。是《易》有泰否，泰极而否，否极而泰；历史春秋如泰否，千古褒奖，必先民安国泰。

嗟夫！历史星汉，滚滚终烟散，沧海田桑，唯泰山难撼。

哦吁！泰者，震也，伟也，震慑天下也。是以泰山如坐，威震齐鲁；雄悍中华，傲视天下；举世瞩目，盛衰荣辱。夫民族之魂，系于泰山，山至泰山，天下无山。

正是：泰山不动，海不扬波；
人心不移，天下太平。

长江赋

灿哉！大长江！
滔滔扬子江，穿越万壑山。
煌煌天际流，千古第一江。

一、浩哉！母亲之江

万里长江，滔滔江水白浪翻，银光闪闪，叹英雄代代显华章。

夫银色巨龙。西起唐古拉山，雪域青藏，圣水惊天降。

哦吁！通天河，金沙江，奔腾咆哮兮，一泻千里下大川。江水急，猿声啼，神龙高兮，船夫号。

呵吁！穿越千沟万壑，跨过崇山峻岭，吞吐三江，融贯百川，浩浩乎，入海洋……

夫龟蛇兮，锁大江，黄鹤乎，仙气祥，泱泱汉水，茫茫嘉陵汇大川，濛濛洞庭入百里，雄伟壮观。

呵吁！黄鹤仙架，金陵天桥，上海大桥，百座天架震古今！

哦吁！浩浩母亲江兮，中华儿女，共饮一江，煌煌天际河乎，炎黄九州，海纳百川。

叹沧海田桑，同筑壮美河山！

二、壮哉！大江南北

美哉，万里长江，浩瀚无垠，万丈霞光，两岸飞架兮，似长虹贯江，仙云祥。

呵吁！碧色巨龙，湛水盈盈兮鱼儿翔，华夏贵和，人间高歌，百鸟欢。

夫神女兮，亭亭玉立，巫山乎，雄姿英发。

极目望，天苍苍，水茫茫，长空雁过，白帆点点，一片汪洋……

春之水，波光粼粼，千帆扬；夏之涛，浪拍两岸，稻花香；

秋之浪，硕果黄岸，金色染；冬之雪，蜡梅绽放，傲雪霜。

哦吁！古有都堰，今之三峡，气势雄伟，灿烂辉煌。

引来万千秀色妆，巫山神女，笑迎八方。

若乃，江夜卧龙醉，银河星光粹，月岸弦歌扬，疑琼阁般。

夫上有天堂，下有苏杭，长三角兮，仙境祥。

呵吁！新时代，长江玉带，今之绿色蝶变，惊两岸之灿，似金山绽。

哦吁！大江南北，万家怡然，共铸辉煌。

三、伟哉！金长三角

万里长江，旭日东升彩云祥，金光灿灿，千舟万帆竞太阳。

呵吁！金色巨龙，灿然满目，历尽沧桑慨而慷。

昂首兮，桀骜不驯，低伏乎，不屈不挠。

夫屈原傲骨，荆楚雄风，历史兴衰，几度兴亡，铸就铿锵中国魂。

叹往昔，卧薪尝胆，青剑沉戟，鼓角残音，马蹄声碎，回想几多惊心魄。

更而今，峨眉气势，扬子风暴，抗日烽火，雄狮过江，演奏千古英雄章。

哦吁！俱往矣，千古风流，还望今朝。

新时代，伟大复兴，日日新。看今之巴蜀天府醉，洞庭太湖美，江汉摩天倒影灿，长江带，人仙赛。

呵吁，长三角洲兮，城群一新，上海核心兮，珠璧连辉举世惊。

党的诞生，上海圣地，红色基因强，火炬传。

赞经济新区，浦东引擎，改革开放，浩浩荡荡……

叹金州扬帆，先锋范，义非凡。

哦吁！赞今之苏沪皖杭！金三角兮，东方巨龙正飞翔，天际煌。

呵吁！千古兴亡，大江信然，叹江水滚滚东流，不回还。

圣兮斯江，伟哉斯江。

黄河颂

灿哉，大黄河！

黄河之水天上来，滚滚奔流入东海。

千古兴亡大河鉴，铸就铿锵中华魂。

一、浩哉黄河，中国的母亲河

哦吁！黄河浪，比天高，河水涌急兮白浪滔滔；黄河长，浪推浪，一泻千里兮奔流忙。龙门悬岸，波涛怒卷，掀起惊涛骇浪；壶口瀑布，雷霆万钧天浪，咆哮直冲霄汉……

大河西来，滚滚奔流，喘急不息兮越千岩万壑。

夏如金龙狂舞，气贯长虹；冬似银蛇伏藏，雪雾重重。从青藏屋脊、雪山天湖，到百川归一、跃入东海，涓涓细流，汇成滔滔江河，气吞九州，声震万廓。

嗟乎！自秦岭昆仑，到太行泰山，劈山斩石，势不可当，流过千里大漠，万丘黄土，奔流不息兮万顷良田之甘泉，滚滚不竭乎亿万炎黄之乳汁，普济苍生，惠泽万代。

哦吁！泰山黄河，长江长城，国人心中重千钧。

二、圣哉，黄河，中国文化摇篮

哦吁！黄河浪，惊拍岸，浩浩荡荡兮，气宇非凡；黄河长，碧天蓝，古老文明兮灿烂辉煌。

伏羲女娲，文王八卦，轩辕一统兮，炎黄传。尧舜禅让，大禹治水，九州四海兮，中华强。

嗟乎！五千年来，彩陶青铜，四大发明，丝绸之路，龙门佛龛。秦陵兵俑……一脉相传兮悠久斑斓；北京、西安、洛阳、安阳、开封、南京、杭州七大古都，代代折射乎华夏光芒。

黄河骄子，灿若繁星：英君明主，威震古今。君不见，三皇五帝，秦皇汉武。唐宗宋祖，成吉思汗，康熙乾隆……风流千古，威震神州，印证兮历史盛况。

哦吁！孔子、老子，名垂千古；司马、班固，史家绝唱；张骞、玄奘，享誉西域；杜甫、李白，文坛震撼……

若夫！篆刻文字，风骨韵致；四书五经，一字千金；唐诗宋词，独树一帜；戏曲国画，出神入化……

哦吁！黄河文明兮，昭彰乾坤于万代；华夏儿女兮，敢揽日月上九天。震古烁今，烜赫天下。

嗟叹！逝者如斯夫，生生不息。

哦吁！一部黄河，一部炎黄文明史。

三、伟哉，黄河，中国人的民族魂

哦吁！黄河浪，白茫茫，华夏民族，逆流而上；

黄河长，忧兴亡，九州四海，固若金汤。

岁月悠悠，历史磨难，君不见，千里烽火台，万里长城遗址，折戟沉戈，残琴断剑。黄河足迹兮，历史见证。

嗟呼！马蹄声碎的悲凉，曾伴随着黄河的呜咽，万里沙丘的肃穆，似默记着铁骑之忠魂。呵吁！血染的黄河，见证着保卫中原之悲怆。

延安宝塔，中流砥柱，保卫黄河，保卫全中国。

若夫！九曲黄河，千折百转，中华民族，不屈不挠。浩浩大河，母亲的血脉，两岸高山，子孙之脊梁。越过万壑兮，荡涤污浊；冲破千险兮，横扫邪恶；咆哮怒吼兮，伸张正义。

哦吁！黄河之坎坷、之曲折、之无畏、之英勇……让中华儿女为之而惊、而叹、而呼喊、而哽咽……

壮矣哉！黄河飞腾，如龙如蛟，跃上九天；黄河咆哮如雷如电，直冲霄汉，巨龙吞吐，翻江倒海，滚滚洪荒迎着朝阳，向东，向东……

哦吁！风在孔，马在叫，黄河在咆哮、革命烽火，代代传，伟大复兴，日日新。

哦吁！逝者如斯夫，奔流不止，炎黄子孙兮，自强不息。

壮哉斯川，伟哉斯河！

紫禁城赋

一、巍峨哉！紫禁城

呵吁！紫微正中，上应星穹，庄严神圣兮明清皇宫。盖乾坤交替，下统九州，普天之下归大公。

若乃！南起天安、午门，北与神武合；前临金水泉边，后倚景山阁。西有三海瀛台，东傍筒子御河。呵吁！城池耸宇，角楼鼎立兮高墙围城，御河环中，隐隐传来兮，暮鼓晨钟。

嗟乎！壁垒森严兮，赫赫皇权，金辉灿灿乎，光耀千秋。

二、辉煌哉！紫禁城

呵吁！登高一望，唯见金殿连台，亭阁相连兮，朱壁相彰，黄瓦互泰。

极目远眺，更见光与日兮交辉，气与云乎相接，嗟乎，紫气相腾兮，悠然神往，辉光煌煌乎千古兴亡。

盖近而观之，雕龙画凤，朱壁贴金，金光闪闪兮辉煌壮观。

若乃，仰首再看，檐牙耸立，飞角高檐，十二生肖兮，顶天相望。呵吁，生生不息兮，江山兴旺。

哦吁！观天安、午门、太和三皇门，门门森严；览太和、中和、保和三金殿，殿殿堂皇。赞乾清、交泰、坤宁三皇宫，宫宫富贵；叹左右三宫九十间，彩绘画廊如玉带。

嗟夫，身临其境，可闻紫气萦绕，香雾飘载，仿佛兮若人间仙阁，浩浩乎犹天宫琼瑶赛。

三、森严哉！紫禁城

嗟夫！皇权森森紫禁城。

盖华表耸擎，巨龙飞鸿。雄伟庄严天安门，金銮宝殿太和殿。叹浩浩长空，时运亨通。

若乃，太和广场兮，雄狮守望，白玉台阶兮御路朝上。左右铜雕龟鹤站。金壁黄瓦，飞檐斗拱，真乃巧夺天工叹！

呵吁！殿内蟠龙金柱，辉光闪闪，雕龙宝座，圣光灿灿。

哦吁！六合太平，仙鹿仙鹤唱，紫气东来，香雾缭绕檀气漫。

呵吁！皇帝登基兮国庆大典，名将出征，金榜殿试，帝后大婚兮礼乐声声长。

夫颁布圣旨兮昭告天下，立纲建纪乎赏罚功过，桩桩皇章重。

哦吁！皇权森森撼！

四、沧桑哉！紫禁城

嗟夫！风风雨雨紫禁城。

岁月悠悠兮，历史无情。观六百年明清史，炎黄大舞台。

若乃，二十四皇帝兮，轮番登演。嗟叹！你方唱罢我出来，然过往匆匆，无一不终。叹天难遂人愿，终难免兴兴衰衰、浮浮沉沉。

若乃，悲逐鹿问鼎兮腥风血雨，刀光剑影；叹宫廷冷漠兮，股肱争夺，你死我活。君不见靖难之役，血溅明宫；辛酉血染，戊戌政变，冤魂清宫，头断菜口……

夫感朱氏明朝十七帝，成祖迁都兮，北京明宫立，然风雨飘摇，也有崇祯吊死煤山之悲。叹明代二百余年山河，无非小风小雨过。

嗟夫！观大清帝国，赞康乾盛世，兴国兴业兮社稷赞。恨慈禧太后，丧权辱国乎江山丧。

若乃！惜清朝三百年兮大风大浪，让人兴叹！

嗟乎！历史真乃大戏台，你方唱罢我登场，若乃！刀刀枪枪、棍棍棒棒，孰是孰非，自有后人评断！

已矣哉！斗星转兮春秋移，日月交兮昼夜替。光阴如梭，白驹过隙。叹历史永远是借鉴，潮起潮落，兴兴衰衰……

正是：千言万语，唯一而已矣；
江山易立兮守业难！

珠江赋

碧碧美珠江，中华第三江。
珠连璧九城，龙头金海湾。

一、浩哉！大美珠江

美哉珠江，西起云贵乌蒙山，烟水盈盈下大川，一泻千里入海湾。

呵吁！彩云之南，沾益珠源美，马雄山尘瀑，碧水潺潺汇大川。

夫古有霞客探源，珠源禅寺，马樱花香，孔雀欢。

碧碧珠江，浩浩泱泱，奔腾下桂粤，一水滴三江。

呵吁！大河咆哮兮飞天降，黄果瀑布兮银河上，万马奔腾临眼前，一轮长虹天上贯。

美轮美奂，万客惊叹！

入桂，漓江之美，美如诗画，叹“桂林山水甲天下”。

三姐歌声扬，似仙女唤，象鼻山倒影，疑真象饮。

美哉“百里漓江，百里画廊”赞。

哦吁！入粤，三江汇一，浩浩金海湾，茫茫伶仃洋，九城珠连，山水宽。

港珠澳，一桥飞架，金三角兮，龙头煌。

呵吁！赫赫金海湾，国之大江，南海明珠，闪金光。

美哉珠江，煌煌金湾。

二、壮哉！珠江儿女

天命凤鸟，降而生湾，凤凰涅槃，南门闪光。

若乃，悠悠珠江，沧海田桑，历史春秋，铸古今华章。

忆往昔，星汉岁月，秦皇一统，天下归一，岭南禺城昌。

夫珠三角兮明珠湾，海上丝路兮唐宋灿，国之南门绽。

嗟叹！狮山怒吼乎虎门销烟，鸦片战争兮痛香港割让，国辱民叹！

夫甲午之战，《马关条约》，六君子血溅，康梁维新惨涂炭，恨清王朝腐败，山河蒙难。

哦吁！震天撼地，辛亥革命，国父中山，伟大先驱，推翻帝制救国撼。

惊涛骇浪，大革命澎湃干，国共合作，反帝反封建，干戈上。

昔有文天祥过零丁洋："人生自古谁无死，留取丹心照汗青"，千古震撼！

若乃！烽火河山，珠江儿女，风雷激荡，谱写英雄章。

哦吁！星移斗转，看今之珠三角，港珠澳大桥，改革先范，闪金光。

鹏城跃起，九州引领，经济特区，世纪惊。

呵吁！一桥飞架兮两岸通，港珠澳心通，携手共创，辉煌中。

叹珠海灿然，金湾煌，乘风破浪，香江扬。

三、伟哉！珠江金湾

呵吁！大鹏起兮云飞扬，改革开放，粤先范。

龙头效应，深圳引擎，湾区速度兮世纪撼！

若乃！紫金花绽，港澳回归米旗降，"一国两制"，义非凡。

云雾散，南行讲话，一锤定音，生产力解放，十四港城上。

呵吁！新时代，伟大复兴，谱写新华章，月异日新，震撼人心。

珠三角兮，金海湾，经济特区龙头扬，一跃起兮冲霄汉！

煌煌"一带一路"，南海扬帆，今之郑和下西洋。

哦吁！港珠澳大桥，海天一蛟龙，金光闪闪，跃辉煌。

东方之珠，今日香港，更灿然。
夫珠三角兮，港珠澳大湾区，九城连金，举世惊。
若乃，梧桐山兮梧桐金，引来万千凤鸟栖，南国新。
呵吁！金海湾兮珠三角，生机盎然，凤凰祥。
天苍苍，海茫茫，东方巨龙正飞扬，朝天翔。
壮哉斯江，伟哉斯湾。

颐和园赋

一、美哉！颐和园

美哉！颐和园，举世闻名，皇家第一园。

骄阳照兮蓝天湛，依湖畔兮极目望，哦吁！浩浩乎天水一色，霞光映泽。

夫西有睡美人山，绰约多姿，如卧湖畔，薄雾轻绕，仿佛兮若美人卧帐，在轻轻兴叹……

若夫，北望玉泉山，淡云飘拂，小山白塔，若隐若没，梦幻乎如仙境蓬莱出。西堤六桥，桃柳掩映，如绿带镶珠兮闪闪发光，南则烟水空蒙，如临天穹。

呵吁！中有十七孔桥兮飞架龙王，遥隔南湖，巍巍乎若卧龙状。铜牛屹立傍。

冬至兮夕阳直照，十七孔金光闪闪，似星穹状，引无数拍客躬腰站。若乃，再观八廓亭上燕飞忙，铜牛朝北望；东有知春亭兮奇石垂柳，倒影湖上；白玉石栏，小亭轻站，和风拂面兮乐融融。知春亭兮春意畅。

呵吁！如诗如画兮，颐和园。

二、壮哉！颐和园

哦吁！皇宫大殿，金光闪闪，庄严煌亮。仁寿殿内，镶金巨柱，雕龙画蟒，九龙宝座兮紫檀御案。

若乃，仙鹤鹿兮紫气上，铜鼎亭兮香溢漫，气势森森，皇权至上。

呵吁；金殿外兮龙凤立，从来龙凤不两依；

自古豪杰多难料，龙上凤兮凤上龙？

若乃，君不见，凤立内兮龙排外，蕴义在。

览帝后行宫，玉霞灼灼，富丽华夺。乐寿堂内珠玉嵌屏，宝座御案，珊瑚翡翠，锦帐绣幔，富煌祥兮金铜炉，太平象兮鹿鹤瓶。

呵吁！皇气堂堂，六合太祥。

哦吁！巍巍峨峨佛香阁，气势磅礴，金壁玉宇排云殿，霞光灼灼。层层高耸，楼台亭阁，左右遥望，疑仙境站，琉瓦灼灼，檐椽玉琢，呵吁！虽鲁班亦叹兮，天工巧夺。

登上万寿山巅，唯见远树如烟。呵吁！浩浩湖波，碧水连天。池中小舟，如叶飘荡，湖中三仙岛兮蓬莱、瀛洲和方丈，荡荡乎犹仙境样。

哦吁！环顾四周，翠柏苍松，树影斑斑，隐露奇观。山下古木参天，亭阁隐林间，夫环山后湖，红叶掩映，垂柳飘拂。小舟游过，鸳鸯戏游，鸟欢唱。

呵吁！美不胜收，颐和园。

三、灿哉！颐和园

登上文昌阁兮观日出，呵吁！金光闪闪，红霞绚烂。

漫步颐和园长廊，百幅名画天下扬，图图史画，栩栩如生。呵吁！幅幅山水，气势雄阔；张张花鸟，意境鲜活。

若乃，更有长廊画尽石舫见，石雕彩绘，堪与洋雕艺术兮比肩赞。

哦吁！北宫门上藏佛寺，灵光虚幻，塔寺高立兮琉瓦闪光。

若乃，和风拂来，佛岭阵阵，吉鸟声声，回荡松山。

呵吁！排云殿上智慧海，庙灯涵涵，佛龛内，佛尊坐禅，拜仰祥。

苏州街，小桥流水鱼儿祥，戏楼典雅，小曲清唱，商铺古色香。呵吁！仿佛兮若江南水乡。

园中园，谐趣园，三步一曲，五步一弯，座座亭台台绕台，池中睡莲莲正开，缕缕清香扑鼻来。

若乎！吉祥颐和园，东见赤城霞起紫气泰，北有佛寺菩萨观音在，西有玉泉兮祥水来，南有铜牛坐镇兮妖邪排。

哦吁！好一幅皇家宫苑，气象万千！

四、沧哉！颐和园

嗟叹！历史沧桑，岁月蹉跎，风云变。

只可憾，风云变幻，行宫易皇殿，皇室变囚室。刀光剑影，杀机暗隐。

夫后宫设御座，何谈太平祥？自古牝鸡司晨天下惑。君不见吕后、贾后、西太后，后后争权；妲己、褒姒、杨贵妃、妃妃亡朝……若乎，直乱得天昏地暗，湖起狂浪。

君不见珍妃井，光绪囚室，戊戌血溅，呵吁！凤立龙上。炎黄沧桑，颐和见证。

嗟叹！既往矣！

赞今之颐和园，人民公园！人山人海，举世闻名。

夫但凡来京者，天安门、长城、颐和园焉，三不可缺哉！

正是：游在湖边，难识天上人间；
　　　徜徉其间，堪比西湖焉。

黄河赋

壮哉黄河！高如天河云中来，滚滚咆哮入东海。犹万马奔腾，似蛟龙翻滚，浩浩荡荡，曲曲弯弯，奔流东去不回还。

西出青海兮北上沙漠，一路接西天之甘露，纳东地之沼泉，飞壶口，跃龙门，鹏程万里铿锵。

南下黄土兮东出渤海，沿海穿九省于起伏，跨三晋而纵横，劈太行，汇百川，天河一片汪洋。

哦吁，天河泱泱，亿万中国人之脉梁。

圣哉黄河！夫与印度恒河、埃及尼罗，堪称三大圣流，神圣天灵，哺育人类之母亲河。盖蓝田半坡，孕育炎黄，甲骨青铜，文化摇篮。伏羲八卦，文王悟道，开中华之文明；六经诸子，孔孟老庄，启后世于思想。唯三皇五帝夏商周，谱炎黄历史耀九州，秦皇汉武一统中原，唐宗宋祖曾奏盛世华章，元明清朝一度繁荣华昌。叹巨龙茫茫，见证历史飞逝，古琴残剑，歌咏华夏泱泱。

哦吁！一条黄河，一部中华文化华章。

美哉黄河！春日里兮暖风吹绿岸柳活，东海红日相映彤，夏日到，滚滚沙河漫天下，大漠落日照烽火，冬日来兮北风呼啸河冰封，比肩长城屏中原。

哦吁！江山如画河如戈。

伟哉黄河！滚滚圣河浪涛高，缅怀无尽英烈国殇。千古浮沉历史沧桑，印证几多贤君仁臣。巍巍宝塔山，黄土洞窗，一代伟人，指点江山。击寇犯，硝烟弥漫大河怒吼，满江热血飞溅。求解放，万马奔腾血染两岸，壮士悲歌兮慨而慷。

当代看，南水北调，三门电送，嫦娥奔月，卫星上天，谱写盛世华章。

新时代，山河壮丽，阳光灿烂，两个一百年，伟大复兴，今日中国，如日中天。我中华兮震撼八方。

哦吁！中华自强不息如斯河，炎黄魂魄复兴如斯河！

伟哉黄河，壮哉中国。

雁门关赋

一、浩哉！千古边防

雁门高兮，关山凉，北雁低飞正彷徨，目送雁行兮，西风漫卷黄沙扬。

夫自古长城之巅，中华第一关，雁门天险乎，危崖叠嶂叹。

嗟夫！晋豫一喉咽，飞鸟难闻焉，千古屏障兮，安危系中原。

若乃，从来兵家扼雁门，烽火墩台热血溅，多少名将，叱咤疆场壮。

盖抗击匈奴兮李牧、蒙恬、赵秦名将；西汉哉卫青、李广、霍去病，抵突厥乎隋唐薛仁贵。

呵吁！代代忧患，世世血溅，雁门叹！

嗟叹！北辽犯疆，大宋危难，杨家将，满门忠烈兮，热血溅！

若乃！历代中华兮，洒下几多热血，埋下多少忠骨？

呵吁！英烈国殇，雁门关上剑铿锵。

星移斗转，历史兴亡，岁月沧桑，英魂长。

更有八路军120师兮，阻击日军乎，雁门关大捷，一刀截。

呵吁！黄河滚滚东流去，太行巍巍跌宕起，夕照长城烽火台，日映雁门紫气泰。

哦吁！雁门精神，千古载！

二、壮哉！雁龙儿女

东风暖，雁南还，口衔芦叶在翱翔，喜迎别雁兮，关山峥嵘岁月煌。

嗟夫！滚滚黄河，巍巍太行，炎黄文化，中原发祥，盖春秋五霸、七国争雄，晋商文化曾辉煌。

夫昭君出塞，文姬归汉，叹关塞内外，喋血千年终归一，燕门龙城凯歌扬。

忆往昔，几度归雁慨而慷，长缨如箭，鼓角似响，望萧瑟塞门，旌旗沧桑，看城头劲草，荒桑傲立。

嗟夫！叹长城万里映彤云，红枫染山岗。

呵吁！长城雁门落飞雁，千里边防系中原，汗马泣血剑长啸，烽火台前连烟硝。

若乃！太行山上红日祥，紫气东来兮，北雁翔，龙城灵气乎，傲雪霜。

夫自古龙雁儿女刚，撼山震地英气长，望霄汉，披肩执锐气轩昂。

黄河长，汾水湾，吕梁高兮恒山茫。忆往昔祖辈浴血拼疆场，但洒热血兮无泪，忧国忧民兮铿锵。

呵吁！慨而慷，捍边御辱兮，自古雁龙儿女天下仰。

三、伟哉！满门忠烈

太行云霞长，黄河望断，雁门关上北雁翔，秋风秋雨秋松昂，英烈衷肠。

战马嘶兮鼓角响，京师城门出征忙，辽敌犯，危难挺身上，杨门儿女铿锵战！

西风烈，烽火急，太行茫茫云层压，山河破碎狼烟起，龙雁儿女英雄泣。

惊天地兮泣鬼神，祭哭忠魂叹国殇，自古燕赵多悲歌，杨门再谱万代唱。

嗟夫！战马嘶兮雁儿鸣，镇守三关急，保家卫国戍边防，所向披靡杨无敌。

呵吁！天悲怆兮地长叹。夕阳映血兮沙场上，威震三关杨延昭，英勇抗辽身躯亡。

万千壮士血泊躺，肝胆雄气冲霄汉，杨文广誓兮与阵地共存亡。

嗟叹！大雁啊大雁，口衔芦叶，气绝亡，叹国殇。

呵吁！青年威武杨宗保，父亡子上镇边防，血战沙场。

夫碧海丹心兮巾帼英雄扫乾坤，披挂出征穆桂英。

呵吁，一生为国到银丝，至死不忘匹夫职，百岁请缨又出征，千古巾帼佘太君。

嗟夫！百望山兮，望儿山，银发苍兮，佘太君，挂甲屯上，凯甲挥。

呵吁！一个家族，一门将族，身系一国，精忠报国叹！

夫代代历沧桑，杨门雄章，出生入死为国殇。呵吁！昨日夕阳今朝阳，满门忠烈，万世仰彰。

哦吁！雄关漫漫，往事泱泱，闲凭吊，兴亡满目，堪敬更堪崇！

呵吁！感万里英雄，晋英雄，叹雁门儿女兮，杨门威风，恒山铭刻兮，太行回响宏。

哦吁！叹长城不倒，雁门永锢。

伟哉！斯关；

壮哉！斯人。

正是：中华民族，雁门儿女；

卫国情操，千古彰昭。

宝岛赋

一、浩哉！宝岛

美丽的台湾岛，那里有我的家，岛上有阿里山哟，背面是大海洋。

呵吁！阿里日出，月潭晚霞，浩渺星空兮银河天池绽，澎湖渔火焉，亦真亦幻。

哦吁！美丽宝岛兮，如诗如画。

盖东临太平洋兮，西倚东海，宝岛屹立中兮，南北无畏哉！

夫站在阿里山巅，遥望武夷山，拨开层层云雾兮，大陆隐隐丹霞现……

若乃，阿里与武夷相隔兮，东海似天河，虽“鸡笼鸣叫，福州听到”，却咫尺天涯兮难相唤，悲怆历史兮忧伤叹！

自周口店北京猿人兮，两岸中国人，炎黄子孙血脉连。

夫本是同根同祖兮，却悲欢离合，时喜时泣兮何以堪?

盖先秦《尚书·禹贡》载“岛夷”，汉代夷州，清定台湾哉，从此彰。

夫三国隋唐兮迁民台湾，开拓宝岛兮，风雨同舟上。

明朝郑和下西洋，曾过台湾，良匠工艺，农优种兮台湾传，宝岛欢畅。

嗟夫！叹远古地壳变，中间陷兮东海现，却切不断水陆相依兮，割不断的血脉相连……

呵吁！国之南大门，东海之天然航道，太平洋西的海运要冲乎，商贾船舟连，贯通东西亚哉，丝绸之路灿。

哦吁！试看东西南北汇岛周，浩浩商舟通，白帆点点中。

呵吁！好一幅岛陆两岸渔舟画，绚丽东海挂……

二、沧哉！宝岛

天苍苍，海茫茫，历史兴衰兮，岁月沧桑，几度风雨兮，几度危难。

嗟叹！东海蒙蒙，太平洋暗，宝岛屡遭侵犯。盖荷夷入，日寇占，民罹难。

呵吁！三百年前，1662年，大海咆哮，阿里山吼，神兵天降，敌胆战。千古英雄郑成功，驱逐荷寇宝岛还。拒称王兮，抗独立，一心为江山兮合璧。拓台先锋兮，历史功勋彰。

哦吁！1683年，康熙收复台湾，一锤定音兮海神施琅，英勇善战兮乘风破浪，宝岛终回岸。

嗟叹！千年苍松一朝断，四万万同胞痛国殇。甲午战争，《马关条约》焉台湾割让，日寇占，饮恨半百年兮何以堪？

呵吁！1945年，抗日战争胜利哉，终收复焉，宝岛回家，正义撼！

若乃！难忘！驱荷夷兮逐日寇，英勇悲壮，抗英美焉，林则徐虎门销烟，抵鸦片兮前仆后继。

哦吁！千万个郑成功、林则徐，救国救难上，历史悲壮！

盖1949年，全国大解放，新中国成立，国民党退守台湾上，从此，七十年两岸如天涯。

哦吁！英雄宝岛，几经磨难，历史沧桑哉，何日浴火重生叹！

三、壮哉！宝岛

天煌煌兮，海蓝蓝，光阴荏苒，日月星汉。

呵吁！壮哉宝岛，历尽苦难兮终出头，亚洲四小龙。

哦吁！101高楼耸立兮高铁如梭，煌煌故宫博物院，孔孟文化昌，通信天下冠。

哦吁！台北台中和台南，嘉义与基隆兮十城绽，夜光闪闪亮，灿若繁星兮，宛若一颗颗璀璨明珠兮嵌岛上……

嗟叹！有人想独立，宝岛风浪急。

盖《告台湾同胞书》："世界上只有一个中国，台湾是中国一部分。"铿锵有力！《反分裂国家法》："反对分裂，维护统一。"掷地有声。

夫两岸同属一国兮，共抗分裂，实现统一哉，人间正道是沧桑。

不曾忘，千年历史兮，宝岛几度风雨，几度罹难，三分三统兮，可歌可泣。

嗟叹！历史悲剧兮，岂能重演！

嗟夫！武夷阿里在相望，郑成功、施琅……多少英烈天上看！

呵吁！祖国母亲在呼唤，江山一统兮，合璧是盼。

嗟夫，儿大不忘母唤，何时红日升，宝岛更璀璨。

正是：两岸一家兮，一个母亲；

一个中国兮，合璧是金。

太行山赋

一、灿哉！灿烂文明

巍巍太行，中华脊梁，千山万壑兮，七百里疆，呵吁！拒马长，沁河湾，母亲江川。

夫黄河滚滚东流去，浩浩太行跌宕起，夕照黄土高原兮，日映华北大平原。若乃，开天辟地兮女娲山，黄帝祭祖天坛山。灿烂文明兮太行山。

夫新时期遗址兮，周口北京人，仰韶龙山文化乎，五十万年炎黄摇篮兮，源远长……

盖东西脊梁，南北屏障，太行八陉兮，咽喉塞，一夫当关乎，万夫莫开叹！春秋至明清兮，烽火连绵撼。

呵吁！伏羲画卦，殷商甲骨文，文王演易坊，《洛神赋》兮《清明上河图》，华夏文明灿。

哦吁！名山大川兮，圣地泱泱，若隐若现兮美不胜收，引无数远客瞻仰中。

五台山兮，佛教名山，煌煌佛寺，文殊菩萨兮，吉兆瑞祥。

道教仙山武当山，圣人修仙处，灿灿道观，真武大帝焉，武当山扬。

夫王屋山上，愚公移山，天堑变通途哉，有《列子·移山》载！

若乃！竹林七贤兮，云台山上，潇洒风骨兮建安出。

呵吁！东麓之大峡谷，犹临深渊哉，心震撼。

山巅之太行天路，俯瞰太行，如履仙境兮梦幻然。

桃花谷内观瀑布，疑临星空兮银河降。

呵吁！周文王，安阳羑里囚，七年演易，自强不息兮，千古汉魂铸。

哦吁！北京兮开封和洛阳，商丘与邯郸，灿若明珠兮，古都；印证太行历史兮，辉煌。

呵吁！华夏文明兮，气贯长虹，太行山脉兮，炎黄血脉长。

二、壮哉！太行精神

夫自古太行儿女刚，撼山震地英气长，铮铮铁骨似硬汉，千年铸就兮，赫赫太行。

嗟夫！女娲补天，精卫填海，后羿射日，夸父逐日兮，神农尝百草。太行儿女，亘古风骨出。

夫古有愚公移山，“虽我之死，有子存焉，子子孙孙无穷匮也。”

叹今之红旗渠，人工天河。呵吁！敢与天斗兮与地战，“辟开山岩引水来”，侠骨精神峭壁出。

若乃！太行隧道，万千工人挥汗筑，高铁穿梭兮，天堑变通途。

呵吁！千折百挠，万辛千苦，太行儿女兮，坚韧如钢骨。

嗟叹！焦裕禄，兰考战沙土，全心全意兮，人民公仆。

忆往昔，杨家将，太行浴血兮铮铮铁骨，忠义卫国兮魂魄撼！

惊回首，抗日烽火兮龙雁儿女，卫国激战兮，热血溅。

“我们在太行山上”敌胆战。

不曾忘，峥嵘岁月，草鞋单衣穿，小米加步枪。

白求恩，“毫不利己，专门利人”，为中国兮魂断太行。

呵吁！西柏坡精神，革命到底，转战城市哉，进京赶考上。

看如今，太行山上道路绽，新时代兮新愚公，李保国骨灰撒太行，万千青年奔赴上，千百万人民脱贫小康灿。

若乃！座座丰碑，桩桩伟绩，见证兮，太行精神哉，坚韧铿锵。

呵吁！太行高，脉源长，顶天立地兮，中华儿女脊梁扛。

三、伟哉！太行脊梁

夫太行之脊，革命之脊，太行梁，犹长城不倒兮，刚强！

嗟夫！自古燕赵多悲怆，君不见，英魂山上眠，忠骨树丰碑。

曾几何时，“母亲叫儿打东洋，妻子送郎上战场”，何等悲壮。

太行小英雄兮崔振芳，一人杀敌数十寇，可歌可泣赞！

呵吁！平型关大捷，林总指挥，八路军伏击战，日军丧，神州撼！

反扫荡哉，百团大战，朱德彭帅威武兮，重击日军气焰散。

嗟叹，左权牺牲血溅太行叹！

呵吁！太行高，沁水长，抗日英雄兮铿锵，刘邓大军慨而慷。

哦吁！太行腹枢西柏坡，党中央如擎柱，运筹帷幄兮决胜千里。三大战役胜，全国解放兮，曙光在望。

夫七届二中全会兮，吾党革命里程碑，农村转战城市兮，进北京。

呵吁！太行山上红日祥，紫霞东来兮，北雁翔。

嗟夫！太行英雄浩气存，气贯长虹万世仰，魂断神存兮，永垂不朽！

呵吁！一部太行革命史，一部抗日悲壮史。

正是：巍巍太行，中华脊梁；
　　　太行精神，光照千秋。

秦岭赋

一、浩哉！潜龙篇

巍峨哉秦岭，西连昆仑兮东淮河，呵吁！一条龙脉贯西东，纵横九百里山中。

哦吁！长江黄河分水岭，母亲黄河兮父秦岭，庇护南北兮润西东。

呵吁！莽莽秦岭兮龙卧中，白玉、终南与华山，三山相彰，渭水黄河山下穿，闪闪烁烁兮八百里秦川。

嗟夫！赫赫西安兮十三朝古都，煌煌延安乎红色圣地焉，咸阳宝鸡和关中，人杰地灵兮熊罴泱泱，百鸟朝凤兮翔龙山。

若乃！百万年前兮蓝田人，六千年前焉西安半坡人，仰韶文明兮，炎黄文化发祥地。

夫皇帝战蚩尤，一并关中乎，大禹治水战黄河，三过家门兮不入。三皇五帝皆杰出。

嗟夫！盘庚迁都兮殷商出，青铜、甲骨文兮灿烂夺目。

呵吁！岐山潜龙周文王，《诗经》：“文王有声，赫赫周昌。”囚中誓：有朝一日，蛟龙起兮，叱咤中国！

若乃！太白山兮姜太公垂钓，何日鱼上钩兮，与汝上九穹。

老子骑牛函谷关，《道德经》天下彰。紫气东来兮圣地终南山。

嗟夫！张骞出使焉，一生两次通西域，呵吁！丝绸之路贯西中，大汉开关通。

夫苏武十九载兮，北海牧羊苦，忠贞无畏孤哉，气节撼西天。

呵吁！玄奘西行，鉴真东渡，大雁塔兮三藏经，佛教文化灿东西。

嗟夫！驼铃声声过沙洲，丝绸之路灿西域，蔡伦造纸，四大发明兮传八邦，国之荣光。汉赋唐诗绽，李白杜甫，汉唐巅峰赞。

盖秦川代有人才出，把酒问青天，关中谁更傲?

呵吁！大哉秦岭兮龙潜藏，心犹上九天乎，卧龙伏深渊！

二、壮哉！龙跃篇

浩浩秦岭山连山，滚滚黄河浪接浪，呵吁！茫茫八百里秦川，清清渭水奔流穿。

呵吁！龙腾虎跃圣地叹，秦川要有大动荡。文王武王兮姜太公，饮马黄河兮秦岭盟誓叹。牧野血战乎殷商终灭，八百年大周立。

夫山不厌高，海不厌深，周公吐哺，天下归心兮，成康之治，大周兴。

嗟叹！历史兴亡，衰盛交替，黄河唉，秦川叹，惜烽火戏诸侯兮，“回眸一笑”，八百年江山周朝丧，千年叹！

呵吁！秦岭啸，龙跃骄，商鞅变法哉，始皇一统天下，大秦昌。

嗟叹！阿房宫兮阿房宫，桃之夭夭兮必亡宫，憾只留下兵马俑一空。

哦吁！赫赫秦岭华山险，龙腾跃兮汉武帝，南征北战乎汗马鼾，一锢中华版疆赞。

嗟夫！太史公司马迁，忍辱负重十年兮，煌煌《史记》千古绝唱诞，魂断黄河叹！

呵吁！秦岭龙呈祥，飞熊显彰忙，一跃登龙门，滚滚黄河下，吉凶难断！

嗟吁！玄武门之变，大唐上，痛哉！本是同根生，相煎何太急！

若乃！从来龙凤不两依，凤上龙兮武才人，杀子登龙椅，嗟夫，死后一块无字碑，任人评说焉……

嗟叹！三千宠爱在一身，骊山见证兮，安史之乱安禄山，马嵬兵变，皇皇大唐毁一旦，杨贵妃命丧。

呵吁！十三朝更替，兴亡满目，从来君王皆自负，千秋功过看后人。

哦吁！玄奘归来兮，佛教大兴，汉武帝兮独尊儒术。司马相如《上林赋》《子虚赋》大气磅礴兮又不乏镜谏哉，无愧乎，汉赋奠基人。班固《两都赋》兮洛阳纸贵。李白《蜀道难》兮难于上青天，白居易《长恨歌》，恨商女兮不知亡国叹。呵吁！汉赋唐诗绽。

哦吁！西有罗马，东长安，汉唐历史灿。

夫煌煌秦岭，浩浩秦川，壮哉！秦皇汉武，灿哉！大唐盛世。

三、伟哉！飞龙篇

秦岭赤，山云彤，山丹丹花开兮，陕北出了个刘志丹。呵吁！星星之火可以燎原，陕北龙啸醒秦川。

哦吁！难忘1935年，红军长征，陕北会师吴起镇，呵吁！井冈山到秦川，革命里程碑兮，飞龙铿锵。

吁！红旗升，秦岭亮，延安宝塔闪闪，金光耀八方兮千古。

嗟叹！“九一八，九一八，从那个悲惨的时候……”歌声颤，日寇占东北哉，中国危难！

西安事变，张学良、杨虎城乎，激血兵谏华清池，蒋被扣兮惊天下。

呵吁！秦岭啸，渭水浪，周恩来急赴西安谈，力挺“停止内战，联共抗日”兮，共救国难，举世震撼！

若乃！秦岭见证，国内战争乎，抗日大转向，正义撼！

嗟夫！七七卢沟桥血溅，日寇恶狼扑北京，华北欲占。

呵吁！ 29 军 37 师团血战，佟麟阁、赵登禹阵亡，天津、宛平沦陷叹。

哦吁！永定河雄狮怒吼，秦岭怒，秦川沸腾，北平游行，“风在吼，马在叫，黄河在咆哮，黄河在咆哮……”震天动地，延安诞，保卫华北，保卫全中国，抗日战马鼾！

不曾忘，1947 年，胡宗南军层层围，三十万兵逼，延安危难。

夫秦岭急，宝塔山愤，黄河惊掀浪。

呵吁！党中央拒渡黄河哉，陕北转战，誓与人民共患难。

哦吁！保卫党中央，保卫陕北，西北军乎，彭德怀、习仲勋，壮士断腕扛。

呵吁！既往矣，还望今朝！

新时代，灿灿秦岭，改革开放兮，秦川绽放。青山绿水兮秦岭换新装，八百里秦川奔小康。

呵吁！伟大复兴，民族振兴，秦岭、太行和泰山，焕然一新；黄河、长江与珠江，携手并进。呵吁！九百里江山，十四亿同胞，同舟共济，开启中华龙兮，浩浩腾飞焉……

哦吁！一部秦岭，一座龙山，见证着中华龙之潜在跃飞焉！

叹哉！一部秦岭秦川史，一部中华革命史。

正是：巍巍秦岭，浩浩秦川；
　　　中华龙脉，潜在跃飞灿史彰。

山海关赋

一、雄哉！山海关

燕山脚下，渤海湾，举头抬望天宇间，呵吁！长城东端连海处，山水一线天。

盖依山襟海，锁阴天险，南北咽喉，关内外扼。

夫西与嘉峪关遥望，中有居庸关，东山海关兮赫赫三关栅。

呵吁！北与老龙头连拴，“雄襟万里”兮，飞鸟难越。

嗟乎！山海关兮山海关，自古龙蛇皆相彰。

昔有秦始皇登上龙头关，眼望八方，叹一扫六合兮，气吞八荒。

龙兮龙兮，长城头兮，蛟龙腾飞，雄统天下哉。

嗟夫！岂管孟姜女兮，哭倒长城伤……

呵吁！长城长，渤海茫，山海关兮虎踞龙盘。

嗟夫！果真万夫莫敌哉，一险关？

君不见,明朝京师重屏障,却将亡朝葬！嗟夫！不识忠奸叹！

嗟叹！关外清兵如洪水,金戈铁马难闯关,可夸何兮多尔衮！

夫自古天下最毒离间计，崇祯皇帝偏中计，误杀忠将，凌迟处死袁崇焕。更有吴三桂兮，冲冠一怒为红颜，开关引清入。

悲乎！崇祯魂断煤山焉，大明亡。

呵吁！正是这一关，明亡大清昌。山海关啊山海关，果然天下第一关。

二、沧哉！山海关

沧海桑田兮，时光荏苒，世事无常兮，春秋叹。

夫昔日康熙登长城，一览众山醒，红日曦曦朝霞彤，一条蛟龙万山丛。

叹矣！长城高兮焉比天高？磐石之锢，岂比人相护？叹自古主宰历史兴亡者，人心而已！

夫几度风雨几度晴，山海关兮罹乌云。

1900 年，八国联军入侵山海关，豺狼一炬兮，老龙头惨遭殃。

嗟叹！“九一八，九一八，从那个悲惨的时候……”东北沦陷，日军占。日寇炮击山海关，铁蹄践踏龙头焉，山海关上日旗猖。

哦吁！东北铁血兮捍卫山海关，何柱国兮华夏一柱，誓“洒尽最后一滴血”焉，英勇悲怆。

叹从此山海关，老龙头兮十三年悲怆，燕山儿女何以堪?

嗟夫！历史潮流巨浪掀，多少兴亡荣辱间，唯长城山海关，未辱祖先。

不曾忘，戚继光，筑长城兮竖山海关，抗倭寇兮保北疆，“夜出榆关外，朝看朔漠空”，呵吁！叹雄关兮，六百年千古彰。

难忘1945年，抗日战争胜，山海关拒降，八路忠将曾克林，浴血激战，敌军丧，山海关上日旗降。

呵吁！解放战争，保卫东北，山海关兮浴血奋战。

哦吁！英雄山海关，无愧“天下第一关”。

三、美哉！山海关

燕山苍苍，渤海茫，“秦皇岛外打鱼船，一片汪洋……”

呵吁！北国山河壮兮，凤鸣雨燕祥。

试看今之山海关，关内关外兮人马欢，燕山儿女新篇章。

哦吁！登高极目望，烟波浩渺兮，白帆点点绽……

呵吁！春之秦皇岛，红霞满天兮心怡然。

夏之北戴河，鱼跃白浪兮人欢畅。

秋之山海关，洒洒刚劲兮龙虎盘。

冬之老龙头，龙啸朝阳兮百舸争航。

哦吁！“山一程，水一程……夜深千帐灯。”流连忘返兮山海关，美轮美奂兮，万家灯火灿。

嗟夫，归燕掠过，惊回首：远眺山海秦皇岛，仙境如画兮，天上人间……

正是：昔之山海关，天下第一关；

今之秦皇岛，美若天仙岛。

玉门关嘉峪关赋

一、雄哉！天下第一关

夫玉门低吟，嘉峪关长啸，看大漠烽火台兮长城长，观敦煌夕照兮晚霞灿。

呵吁！横跨戈壁沙漠，北倚祁连山，边陲锁阴兮，天堑关。

夫始皇修长城兮，万里最西端，东望山海关，东西天关，千里华彰。

哦吁！戈壁长兮漠连漠，万里长城犹蛟龙，武帝西征北击乎，龙上龙，保边拓疆兮，秦皇汉武好威武。

嗟夫！冯胜领命朱元璋，筑天下第一雄关兮，嘉峪关！屹立六百年兮，扼守边疆。嗟叹矣！却功高震主兮被赐死。叹天下君主兮，疑心重！

嗟夫！北长城兮古战场，座座墩台乎烽火相望，骠骑强悍兮，壮士守边防。

呵吁！骠将霍去病，西征匈奴，河西走廊兮入版图，功不可没！

盖塞外大漠兮关连关，玉门嘉峪和阳关，三关相彰乎，国之边关。

呵吁！“雄关漫道真如铁”，勇士边防兮无畏泣血，固守边关兮敌胆寒。

哦吁！玉门嘉峪和阳关，烽火祁连山，金戈铁马，固若金汤。

正是：万里长城兮千古兴亡，炎黄脊梁兮，雄关煌煌！

二、沧哉！英烈关

岁月沧桑，漠雁飞羌，边关驼铃兮，马蹄急。

出河西走廊兮，茫茫戈壁滩，大漠足凉乎鸟不欢，叹古之“春风不度玉门关”。

嗟夫！玄奘孤身一人兮，九死一生，三渡关乎，西天取经彰。

哦吁！昭君出塞兮，汉匈和睦，悍马伏鞍乎，阴山阳光绽。

嗟夫！大漠泱泱，归雁西安，文姬归汉兮匈奴安。《胡笳十八拍》兮，叹“胡风夜夜吹边月，疆场征战何时歇”？

盖班超出征西域兮三十载，西域归兮功勋建。嗟乎！南征北战，披肝沥胆兮，忠魂在。

呵吁！大唐文成公主，沉鱼落雁乎西藏，和番藏汉。藏王松赞干布兮布达拉宫建，大昭寺焉，释迦牟尼兮佛尊上。

嗟夫！驼铃声声，马帮忙，胡琴阵阵，异装穿。大漠袅烟弯，秋风黄沙沧。

嗟叹！民族英雄兮林则徐，虎门销烟兮罢黜西疆，壮烈悲怆！

嗟夫！从来“古人征战几时回”？何况在边关。

壮士出征兮左宗棠，“抬棺出征”战红毛，复我新疆兮震撼天泱，临终遗嘱兮，字字扎心，苍凉悲壮！真可谓“新疆一日不可无宗棠”。

呵吁！萧瑟秋风隐金光。宁愿玉碎兮，不辱玉门关。

嗟叹！玉门关兮玉门关，多少英烈兮壮怀悲怆！

呵兮，叹今之玉门关，早已雄关不再，一座黄垣兮，任凭风吹沙染，唯当年的骨韵兮，关魂永在。

三、灿哉！辉煌关

既往矣！看今之塞外西域兮，苍凉换辉煌，滚滚车流长。

壮矣！昔张骞受命兮出师西域焉，丝绸之路兮光辉开，汉武帝塑像兮关山间。

呵吁！东西交流兮，文化辉，品物咸彰兮商贸通。赞今之“一带一路”兮命运共，携手并进乎前程金。

嗟夫！玄奘归雁，佛学东渐，大雁塔兮佛学兴。

盖意大利马可·波罗兮，访中国，其游记兮，欧亚震惊！

叹东方神州之璀璨，令人神往，敦煌壁画之灿烂，光彩难忘；繁荣昌盛焉，西长安，雄伟壮观兮，元大都北京！

呵吁，流连忘返，引无数西洋兮奔东亚。

夫藏汉疆蒙兮和融一家赞，布达拉宫兮见证叹！

盖松赞干布一统青藏兮功勋载，与文成公主联姻兮布达拉宫建。

若乃！五世达赖喇嘛兮，入关觐见皇帝顺治哉，赐满、汉、蒙、藏合璧兮，金册金印，开中华民族大一统兮，光辉史册载。呵吁！圆寂后，无愧息布宫灵塔兮，金顶之巅。

呵吁！塞外风光，张骞开关，大漠兮三关驼马穿，古长城烽火泱，胡琴声声，舞异装，飞雁欢。敦煌壁画，和田玉雕兮，满藏汉蒙和融融。若乃！雅鲁藏布江傍，红山上，布达拉宫似天宫瞻，月牙泉湖兮时隐时现，唯酒泉兮，“神舟五号”杨利伟飞天见。

哦吁！好一幅五彩斑斓的西域巨画兮，苍穹挂……

上海赋

一、浩哉！黄浦江

黄浦江啊黄浦江，上海的征象，浦东浦西的发端。

呵吁！似太极阴阳兮，黄埔涌自大长江。

夫“易有太极，是生两仪，两仪生四象……”

呵兮！浦东浦西像太极，创新旋涡兮，互动互推向前行，十六区哉，创新定乾坤，出新再出新……

嗟夫！可下五洋捉鳖，能上九天闯荡兮，威武象！

若乃！六千年前，春申君封邑，到宋代华东兮，著名商埠起。几千年来，从金沙江到金沙湾，自吴淞口到长三角，口岸开埠兮，舟帆竞往，商贸繁衍兮，万千大商趋，呵兮，引无数雄商山海栖！

嗟夫！上海者，上也，前也，夫长江后浪推前浪，上海下海，浦东浦西皆迎浪，潮涨潮落兮，激流勇进，无畏上。

若乃！南浦、阳浦两天桥，浦东浦西惊天连，呵兮！更有东海长虹兮，海桥天架似巨龙，跨海穹舞兮，姣龙样！

若乃！从吴越文化兮黄埔艺术，长三角风采到苏沪杭，华东文化灿，上海文艺绽。

嗟夫！上海人灵动，灵者敏也，悟也，创新之天赋基因也。

呵兮！千湾千滩，万家灯火亮，上海人神灿！

夫命运以共哉，携手同舟，大鹏直上九万里，上海奋楫正扬起……

二、壮哉！上海滩

上海滩啊上海滩，千滩万滩兮无畏湾，黄埔江畔，东方明珠，商贸彰。

嗟夫！上者，高也，始也，前也，自古山高先得月，海深早见日。

哦吁！企业的摇篮，工厂之祖创，煌煌上海兮千年灿。

七百年前，纺织圣祖黄道婆兮，到国之轻工业开山，纺织声不断上海滩。

呵吁！工业一兴，上海鼎新，打开一片天地兴。

上海滩啊金海滩，金融中心，商贸大窗，经济核心，科技创新，引天下海外齐仰瞻。

哦吁！大厦林立，商贸繁衍，灯塔闪烁。赫赫上海兮，佥光灿。

夜上海啊夜上海，霓虹流光更灿烂，昔之灯红酒绿，今之昼夜奋战！

难忘，峥嵘岁月，顾炎武“天下兴亡，匹夫有责”，顾正红纱厂起义，英勇壮烈。

嗟夫！国难思良将，上海人神旺，红色基因强。

陈独秀兮《新青年》，开举兮马克思主义旗。

呵兮！1921年，党一大召开，中共诞生，上海灿。

若乃！上海工人兮，第三次武装起义，周恩来指挥上。

铭记：革命圣地兮657处，镌刻着革命传统。孙中山故居，毛泽东寓所，宋庆龄故居，鲁迅呐喊站……

不曾忘：淞沪抗战，誓死保卫上海，惨烈悲壮！

呵兮！解放战争，百万雄师过大江，粟裕指挥三野兮，上海战！蒋家王朝汤恩伯哉，兵败如山倒，上海解放灿！

嗟夫！站上海东方明珠兮，凝望龙华烈士陵园哉，感慨万千……

壮哉！英雄的城市，英雄的人民。

上海精神兮，历史丰碑永驻！

三、伟哉！大上海

大上海啊大上海！滚滚长江东入海，浩浩天成大上海。

嗟夫！上海何其大？三圣之地大如天！革命圣地、建党圣地、工人圣地，三圣之地绽。

呵吁！一大召开，中共上海诞，二大、四大，上海开，红色阵地，革命摇篮先。

若乃！南陈李北，陈独秀、李大钊，马克思主义旗手，南北举。

三圣之地，红色基因强，红色血脉传。

呵吁！今之大上海啊，大跳台！

长江后浪推前浪，推到了大海上，大洋岸，无畏冲天浪！

哦吁！前面是五洲大洋在召唤，后面是滚滚潮浪在期盼，无论险滩或深渊，不跳也得跳，不新也得新！

不曾忘，当年东方刚破晓，陈毅首任市长上，政治经济双刃剑，叱咤风云，乘风破浪上。

呵吁！今之大上海啊大企业，国之大器，时代之大动脉，新上海啊新征程。

1978 年，改革开放大窗口，东方明珠塔，一柱擎天穹！

呵吁！国之大者兮大者大气也，开发大浦东，让中华猛腾飞，携长江三角洲兮苏沪杭远奔，东方巨龙兮一跃九天啸！

哦兮！西非欧美，160 多国，海内外，千企万业兮，如东海上之千舟万帆，如诗如画，东海挂……

呵吁！新时代，伟大复兴，总书记巡视兮，大上海啊排头兵，勇冲前浪，改革开放迎潮上。

哦吁！金融中心，国企核心，科学新兴兮，经济中心，呵吁！北京、上海、广州，科技经济新、新、新！

若乃！玉兰花开兮上海绽，万家灯火亮。

嗟夫！命运与共哉，长三角苏沪杭兮，携手并进上。

哦吁！避开险礁与暗流，一马当先，千万上海人民在奋战，勇立潮头，无愧时代龙头。

伟哉！上海力量，铁的力量！

正是：东方巨龙兮，正腾飞，
　　　上海龙头哉，昂首奔！

广州赋

一、浩哉！南国之门

珠江入口兮，南海之滨，三江汇川兮，天造大湾。

呵兮！五羊城上望五洋，国之南门兮，世界之户，南门最大哉，口岸窗！

若乃！自秦皇统一岭南，设南海郡兮，五十万中原迁居哉，移岭南。汉武帝平定南越国兮，立南海郡，呵兮，开丝绸之路兮下五洋。唐宋之东方大港，天下皆通，明清兮，一口通商，国之门窗。

呵吁！赫赫兮大国南门，千百年来，享誉四方。

嗟夫！立南海兮望南洋，接五洲兮，浩瀚五洋翔。

夫羊城广州兮，中枢擎，九城互动兮，天路港珠澳大桥，连港澳兮辐射中。

呵兮！改革开放，潮起珠江兮，浪推大湾区，引领全国兮，先范区。

哦吁！新时代，伟大复兴，“一带一路”，大鹏腾兮五洋翔。

嗟夫！南海明珠，国之大湾，改革开放兮，赫赫闪光。夜晚九城齐闪亮，疑似银河人间换。

呵兮！破晓东方亮，千舟万帆，气势磅礴，大海上，如诗如画，美哉，好一幅扬帆巨幅南海挂……

二、壮哉！英雄之城

嗟叹！甲午战争兮外敌入侵，林则徐奋起兮，虎门一炬惊天下。呵吁！铿锵兮，唤醒了深睡的东方雄狮，铮铮乎，揭开了屈辱的中国近代史！

嗟夫！洪秀全，农民起义兮，席卷半壁中国，叹羡仿君王，建太平天国兮，昙花一现。

不曾忘，康梁奋起兮，三千举人公车上书，戊戌变法纵败兮，吹响了革命前哨。

呵吁！1911 年，辛亥革命，一声枪响，两千多年封建帝制终推翻，中国兮，从此黑暗见光亮，开启了民主革命兮新纪元。

呵兮！1921 年，南陈李北兮，广州党小组建，开启兮，南国共产主义新征程。奋勇上！

哦吁！1924 年，北伐出征兮，广州誓师，第一次国内大革命兮，席卷半壁，开启兮中国革命新征程。

呵兮！伟大的三开启兮，三纪元！

嗟夫！中共再起大浪潮，广州起义掀风暴，三天浴血战，张太雷牺牲壮。

嗟叹！四一二，蒋反革命政变，大屠杀，革命转低潮。有的转上井冈山，革命终会见曙光。

难忘，虎门销烟炮台兮，总兵关元培，血溅台上，四百名将士殉国兮英烈悲壮！

站黄花岗七十二烈士墓，缅怀英烈，悲怆难忘。

壮伟哉，广州！无愧兮，民主革命发祥地，热血激昂兮，革命传统强。

致敬哉！英雄的广州，英雄的人民。

三、伟哉！大湾区

夫珠三角兮，粤港澳大湾区，广州中枢兮，九城并进，彰显兮三阳开泰，五羊吉祥。

呵吁！港珠澳大桥兮，港澳效应。紧握九城兮，世纪之拳，共振的力量，铁的力量！广东力量！

哦吁！东方巨龙正腾飞，南海金光升。

难忘，1978 年，十一届三中全会，奏响了改革开放新乐章！石破天惊兮，广东经济特区，先行示范，呼啸湾区上！

呵吁！试看深圳速度，珠海先范，全国震撼！

哦吁！大鹏起兮东海扬，深圳引擎，九州撼！

新时代，伟大复兴！

呵兮！探索中国式现代化，广东途径，龙头效应兮，广东更扬翔。

呵兮！北京中关村、上海浦东、广东深圳兮，高科技领新，创新再创新！

哦吁！三闯之地兮，敢经济特区先，改革开放先，科技创新先，三闯三敢兮广东先！

呵兮！试看，粤港澳大湾一体化，堪比兮世界三大湾区，试争兮，科技、金融、经济三中心。

伟哉！改革开放兮，伟大征程，广州见证。

正是：改革开放兮，伟大远航；

广州龙头兮，雄伟昂扬！

香港赋

一、浩哉！美丽香港

珠江之口，南海之滨，美丽香港，浑然天成兮，南国之门窗。陆连深圳兮，水临珠江口，依广东之怀兮，居粤港澳大湾区。呵兮！唇齿相依。

夫自古香港属宝安（深圳），国之商贸大口岸，居世航兮，中枢要。

嗟夫！香者，贸运香木，遍溢芳香，故曰香江香港。

呵兮，三面临海，口岸天成，悠久的海港兮。连西太平洋与欧美之枢。呵兮，一港四通五洋中，其优势兮堪比伦敦纽约矣。

若乃！商贸大洋通，一港天下冲，砥砺奋斗哉，引无数商贸云港中。一个个机遇，一年年奋勇，促成了香港的跃飞，终成了亚洲四小龙兮，蛟龙奔！

夫一江之隔兮，一衣带水，粤港澳，融汇百川兮，潮涌潮浪先。

若乃！二次世界大战后，机遇上，香港抓紧干，飞速发展绽。

呵兮！东方之珠，世界第三大金融中心兮，香港兴！站九龙，凭栏望，呵兮！高楼林立，大厦重叠，其繁荣之盛，堪称世界一线城！

嗟夫！中西文化交融汇，艺术多元兮，音乐、影视、狮舞灿。

站香港岛上望，千舟万船，航运之美，美如诗画……

美哉！旅游星汉，购物天堂兮，品物咸彰。香港啊香港，堪比仙山仙岛灿。

嗟夫！香港之美，香港之灿，引无数洋寇垂涎望！

嗟叹！难怪兮，香港命运多舛叹……

二、壮哉！浴火重生

嗟夫！岁月蹉跎，历史兴衰，一奶同胞兮，一辱同辱，一荣俱荣。

夫国运衰落兮，惨遭侵占，虎门销烟兮，鸦片战争败，若乃！

《南京条约》《北京条约》、香港割让哉英殖地，割腕之痛乎，国破山河碎……叹清道光丧权辱国哉，千古唾骂恨！

嗟叹！香港啊香港，沦为英殖兮弱肉强食哉，强盗逻辑叹！

国耻难忘，英美租界效尤，上海外滩公园兮，门口一块“华人与狗不得入内”，愤怒亿万国人乎，香港震撼！

孙中山，“驱除鞑虏，恢复中华！”呐喊上！

香港大罢工兮，中共领导乎邓中夏举帜，打击英帝哉，光辉一页彰。

嗟夫！灾难再降！日寇侵占，香港沦陷叹！呜呼！铁蹄下，惨遭罹难，紫荆花凋落兮，香港黑暗再黑暗。

呵兮！狮山吼！九龙撼，中共奋起乎，领导香港抗日干！广东抗日游击队哉，挺进香港，烈火奋战！

香港大营救兮，廖承志、张文彬急赴，爱国人士、民主文人兮，八百多人，虎口脱难！

哦吁！港九独立大队兮，英勇抗日，115 名烈士兮，壮烈赴难。

嗟叹！站蛟龙兮抗日英烈纪念碑下，举头望，感慨万千……历尽屈辱兮，盼天亮！香江啊香江，流满了泪水叹。

呵兮！黑暗散，抗日胜利兮，日寇降，香港终天亮。

呵兮！新中国，太阳升，苦难香港兮，浴火重生。经济复苏兮，商贸再荣，国际金融兮，大都市复现哉，赫赫兮亚洲四小龙！

哦吁！历尽沧桑，受尽屈辱，香港再崛起！

壮哉！香港！浴火重生，香港巨龙奔！

三、伟哉！凤凰涅槃

日出日落兮，潮起潮落，星移斗转兮，岁月蹉跎。

1997 年 7 月 1 日，神圣之日，香港回归日！呵兮！世纪之钟，磐音响，米旗降，五星红旗升，苦难的香港，百年屈辱兮终洗雪！母亲怀抱兮，终归依……

呵兮！天亮了，香港终于站起来了！乾坤大扭转，天地日月换！从英殖到祖国主权，香港大变样！

哦吁！“一国两制”，“港人治港”，高度自治兮，由乱到治，由治到新，香港日日新！

呵兮！肩靠祖国，面向大海，香港与日俱新，与内地优势互补兮，合作共赢，重回世界大舞台兮，重振金融龙地位，香港兮愈挫愈强。

嗟叹！何曰“港独”？难道忘了百年屈辱，忘了祖国母亲的哭？！

香港啊香港，你与祖国母亲兮，命运与共，荣辱相依。祖国的强大，正是香港繁荣乎，顶梁柱！

呵吁！张明敏一曲“洋装虽然穿在身，我心依然是中国心，就算身在他乡，也改变不了我的中国心……长江长城，黄山黄河，在我心中重千斤……”震响大江南北，多少国人兮，热泪盈眶。

哦吁！改革开放兮桥头堡！前面是大洋，后面是大湾区的依托，无论险恶和风浪，香港勇闯荡。

呵吁！新时代，伟大复兴，香港日日新，“一带一路”兮走向全世界，明珠更璀璨。国际地位兮提升不断，金融中心兮，日日鼎新。

呵兮！回归25周年兮，香港焕然一新，纽伦港兮，举世瞩目哉，跃升第三大世界兮金融中心，国际贸易、航运、产业兮跃首列，高科技兮立前沿！

哦吁！今日香港，勇立潮头，日益强悍。登上狮子山兮，俯瞰全港，呵吁！阳关下的九龙岛，高楼耸立，大厦重叠兮紫荆花绽。夜幕下的维多利亚港，倒影霓虹灿，美轮美奂……灿灿乎，疑星汉璀璨；煌煌乎，似人间天堂灿。

伟哉！香港人民，壮哉，狮山精神！

正是：龙的传人兮，凤凰涅槃；

今日香港兮，巨龙腾飞！

武汉赋

一、浩哉！三城鼎立

登上黄鹤楼兮，大武汉奔来眼底，三城鼎立兮，珠璧联，大江大桥兮，交辉映，煌煌哉楼连楼，浩浩焉城接城。呵兮，天桥车流滚滚，江上千舟万帆，大武汉哉，美轮美奂……

若乃，中华腹地兮，历史悠久，灿烂楚文化兮发祥地。

自周成王，封熊绎建楚国兮，历史三千年矣。夫春秋争霸，战国七雄，三国风流兮，人才辈出。

嗟叹！吴起变法兮楚国兴，死于箭杀乎，叹自古变革之悲怆。屈原“路漫漫兮，吾将上下而求索”，铿锵楚辞兮风骨强。投江忠烈兮，醒世魂。

夫高山流水兮古琴台，伯牙遇子期，“巍巍乎若高山，汤汤乎若流水”，出神入化叹！更有黄坡木兰山兮，巾帼英雄赞。

昔关云长乎，大意失荆州，孙权筑黄鹤台兮，防御守望开。赤壁之战，三国鼎立，一战分天下兮，古今江战之撼！

嗟夫！岳飞驻楚兮，登上黄鹤楼，抬眼望，山河破碎兮，仰天长叹！壮怀激荡，《满江红》诞兮，千古绝唱。

哦吁！武汉改革之父张之洞，汉口外埠开，商贸远航畅，扬“九省通衢”之长，创汉阳铁厂兮，开铁路，建自强学堂（今之武大）。呵兮，开辟大武汉哉，史册载！

壮哉！武汉日渐繁盛兮，东湖樱花灿。

哦吁！昔日，“黄鹤一去空悠悠……烟波江上使人愁”（崔颢）；今之，雄狮一吼武汉昌，大江东去龙怀壮！

二、壮哉！英雄之城

黄鹤楼啊黄鹤楼，几度风雨兮，几度愁。岁月苍茫兮，一望无垠。

呵兮，如腹中轴兮，一转八方撼！

伟哉！1911年，武昌起义兮天下惊，辛亥革命第一枪，清王朝兮丧钟响。两千多年封建帝制哉，终砸烂！开中国革命史兮，里程碑壮！

壮哉！二七惨案，京汉铁路大罢工，腹心战！打倒军阀乎万人呐喊上！呵兮！“头可断，血可流，工不可复！”先驱林祥谦，施洋喋血，举世震撼！

呵吁！中共五大兮武汉召开，五万余党员兮，党旗壮。

恨哉！武汉国民政府兮汪精卫，七一五反革命政变乎，“清共”大屠杀，国共合作失败哉，武汉蒙难。

伟哉！危急中，八七会议，撤销陈独秀，右倾投降终结束，呵兮！“枪杆子里面出政权”，一声吼呼，举枪干！伟大转折兮新纪元。

嗟夫！1937年，南京沦陷，日寇乎“速战速决”，中国危难！呵兮！武汉桥头堡，拼死大会战，筑持久战兮，日寇嚣张气焰散！

呵兮！百万雄师过大江，武昌至江阴兮，四野二野拼命战，武汉终解放！哦吁！大武汉，天大亮！

黄鹤楼啊黄鹤楼，巍巍屹立兮，见证了武汉的苍凉和悲壮。

伟哉！英雄城市，壮哉！英雄人民！

正是：“滚滚长江东逝水，浪花淘尽英雄……”

三、伟哉！大武汉

站在天桥上，举目望，呵兮！滚滚长江，赫赫武汉，浩浩荡荡。桥上车千流，桥下万船舟，壮哉！蛟龙腾跃欢，江城南北贯，大国腹地兮，辐射九州，呼应八邦撼！

难忘！1957年，“万里长江第一桥”，国之大动脉兮，双层双线车轨出，正是“一桥飞架南北，天堑变通途”。

呵兮！改革开放，大国中轴兮，超大城市，引领长江中下群兮，携手上。武钢、武机、武船，三大名厂领先干，无愧钢铁武汉！

伟哉！新时代，伟大复兴，长江经济带兮，上海、武汉、重庆核心上，谱写长江新华章。呵兮！“一带一路”兮内口岸与外海埠，联手推动兮，相得益彰灿。

呵兮！生态保护焉，绿水青山，变金山银山兮，长江生气旺！

壮哉！登今日黄鹤楼，气势更磅礴，车流滚滚如浪，大江舟船荡……夜幕下，高楼大厦，霓光璀璨，煌煌武汉，万家灯火灿。

伟哉！风雨同舟，巨轮再启航，大江滚滚东流去，蛟龙奔腾神州撼！

正是：大武汉兮大江汉，
　　　国心巨龙兮奔腾撼！

重庆赋

一、浩哉！巴渝雄风

站在重庆心脏兮解放碑，仰头望，呵兮，一碑擎天啸！转头看，哦兮，百座摩天大楼兮环抱中。再四顾，车流滚滚人马斛，似长江嘉陵交涌兮旋涡转。壮哉！解放碑，历史的见证，人民的丰碑。

呵兮，三千多年建城史，商周时的巴国邑兮，汉代之益州，隋唐溢州兮，宋代光宗，先封恭王兮再即帝位，双重喜庆哉，故曰重庆。

嗟夫，史上重庆兮历史沧桑，让人感叹！

曾几次被元军围困，险些攻入，又曾被乱世英雄明玉珍占领兮，号称“大夏”。嗟叹！明清争夺四川兮，十年混战，重庆惨遭罹难，几沦为空城叹！

夫清末重庆开埠，西连东贯哉，从此商贸壮。南方丝绸之路兮，中西交流畅。

壮哉！巴渝文化，巴人自古剽悍，图腾蛇吞象，昔助“武王伐纣，前歌后舞”悍！

战国时兮，断头将军，巴国蔓子，“头可断，城不可割”，“自刎以头授楚使”，忠义之举，楚王为之国葬，天下震撼！

著名诗地奉节（夔州）兮白帝城，三国刘备退守兮，死前托孤诸葛亮，无不感叹！

李白登夔州，“两岸猿声啼不住，轻舟已过万重山”，奔腾豪放。杜甫站瞿塘峡上，“无边落木萧萧下，不尽长江滚滚来”，慷慨激昂。更有江岸悬崖上，三峡纤夫，川江号子乎，苍凉强悍。

呵兮，巴渝雄风兮，坚韧剽悍！

哦吁！观重庆地图兮，酷似一匹战马兮在奔腾，千年奋蹄兮，巴渝大地。

壮哉！鲲鹏展翅兮，何止九万里……

二、壮哉！堡垒精神

一柱旗杆风雨中，红旗飘上空，日寇轰炸哉重庆城，解放碑的前生兮,弹坑浴火重生哉！呵兮,堡垒精神兮,不屈不挠城。

抗日大国后盾兮，国民政府战时首都哉，1937 年，卢沟桥事变焉京津沦陷，南京危在旦夕兮移驻重庆，以救国难，呵兮！筑铁血后盾兮，重庆勇担当。

1945 年，举世瞩目兮重庆谈判，抗日胜利前夕兮国共两党谈。呵兮，“双十协定”签，统一战线上，中共声望壮。

红岩入驻兮，中共重庆南方局，周恩来上，八路军重庆办事处兮，红色基因铸。

嗟夫！黎明前黑暗，重庆大解放前夕兮，大屠杀。“中美合作所集中营”哉，白公馆、渣滓洞，300 多革命壮士兮惨遭屠杀。

杨虎城一家，秘书宋绮云夫妇，及其子宋振中（小萝卜头）兮，遗体小手还紧握兮一支铅笔头……

呵兮！革命壮士罗世文、车耀先、许晓轩、江竹筠、谭沈明、刘国志、何雪松、许建业、李青林、齐亮、王朴、成善谋、《挺进报》陈然等英勇就义！呵兮！惊天地兮泣鬼神！

壮哉！英雄二野，刘邓大军，激烈血战，重庆大解放，天大亮！

仰瞻红岩革命纪念馆，歌乐山革命纪念馆，热血震撼！呵兮，红岩精神永驻，革命壮士兮，烈火中永生。

伟哉！解放碑精神，重庆的魂兮永存！

三、伟哉！大重庆

伟哉！新中国兮，解放碑屹立，高山仰止矣。

刘伯承亲题：中国人民解放碑。鼓乐响，红旗升，万千人民兮热血沸腾！

嗟夫！解放碑啊解放碑，几度风雨兮几度晴，荣辱兴衰吟。三毁三立兮，山城缩影，历史见证，光辉革命兮里程碑。

哦吁！改革开放，长江中下游兮，大口岸，水陆两周天兮，物流枢纽先。若乃！经济金融科技兴，携手成都并进兮，共建川渝经济圈。

伟哉！新时代，伟大复兴。长江经济带兮，上海、武汉、重庆三大核心战！呵兮！大国战略地,引领西南乎,推动长江上。

哦吁！大长江啊大长江，国之大动脉兮，澎湃黄河长江和珠江。呵兮！天府之国，大西南之冠兮。南方“一带一路”灿。

壮哉！大重庆啊大重庆，三千万人民在前进，奋进新征程兮,中国式现代化,贫困县哉2020已清零,全民小康奔,巨龙飞。

呵兮！高楼日日高，仰之弥高兮，俯之愈坚。心中斯碑兮比天高。伟大的解放碑啊金灿灿，红日映照兮霞光万丈。哦吁！一座碑兮系巴渝，一座城乎连中华。

伟哉！红岩精神永驻，川渝儿女，奋进新时代，只争朝夕兮与日月赛。

正是：英雄人民兮，一座神碑耸云天；
　　　中华川渝哉，一条巨龙朝天奔！

西安赋

一、浩哉！中华之祖

巍巍秦岭，滚滚黄河，八百里秦川兮，关中大地，圣地西安兮，中华文明之祖。

浩哉！伏羲观天察地画卦兮，女娲补天，亘古洪荒开。夫五千年前，仰韶半坡蓝田人兮，在兹生息。呵兮！大禹治水，黄帝战蚩尤，三皇五帝兮，开疆拓土，历史悠久。

伟哉！长安，中华民族哉繁衍于此，文明于兹，无愧于中华民族之祖。三千年建城史哉，十三朝古都，半部中华史兮，圣哉西安！

呵兮！周文武王，誓叱咤中国兮建都丰镐，开西安十三朝古都兮先端！武王灭商建西周，成王“宅兹中国”（何尊铭文）兮，建东都洛阳，定鼎中原兮中国开。

壮哉！文王囚羑里兮，演周易，一部《易经》哲天下，中华易理兮千古！夫老子骑牛兮函谷关，五千字《道德经》，治国处世兮，哲理经。玄奘西域取经哉，大雁塔下佛学传，大唐佛学灿。

呵兮！吟诵商周之《诗经》兮，西汉伏生口述，汉文帝召见赞，周公制礼作乐兮，西汉之戴圣《礼记》、刘德《乐记》诞。

伟哉！五经之灿，《诗》《书》《礼》《易》《春秋》兮，皆出乎圣地长安兮千古赞。

壮哉！汉字之出，肇始长安。六千年前兮仰韶半坡，刻画符号哉汉字之萌。呵吁！从殷商甲骨文兮至秦始皇，车同轨兮书同文，一统小篆兮楷书成。哦吁！汉字演变乎西安系。

呵兮！司马迁《史记》，史家绝唱乎西汉诞，通史兮千古赞！班固、班昭《汉书》兮，开断代史之冠。哦吁！史书之祖兮，灿烂出长安。

壮哉！文学开山，汉唐长安！唐诗汉赋之峰巅矣，李白、杜甫兮诗圣、诗仙赞。

夫诗仙李白，“君不见，黄河之水天上来，奔流到海不复回”，开豪放浪漫之风。诗圣杜甫，“国破山河在，城春草木深，烽火连三月，家书抵万金”，忧国忧民乎拓现实主义之兴。诗王白居易《长恨歌》“汉皇重色思倾国”兮，启现实主义讽谏之端。

呵吁！汉赋之冠，司马相如兮子虚上林，开汉赋兮雄伟气概。班固两都赋乎，启汉赋乎镜笔鉴。杜牧《阿房宫赋》，“呜呼！灭六国者，六国也，非秦也”，拓汉赋之讽谏派。

呵兮！盛唐十大诗人：李白、杜甫、白居易……汉赋四大名家：司马相如、班固、扬雄、张衡，唐诗三百首兮，汉赋三百篇，千古生辉兮，无愧长安文学之峰巅。

壮哉！秦汉之中医经典巨著兮《黄帝内经》，汉代张仲景《伤寒杂病论》，世传《神农本草经》，扁鹊《难经》。大医家孙思邈、华佗之声望，中医盛传东西亚……呵吁！皆出乎，浩浩长安！

哦吁！霓裳羽衣曲兮宫廷乐之冠，美誉四方。豪放秦腔，彰显戏曲之铿锵，呵兮！文艺也长安。

伟哉！煌煌长安，文、史、哲、医兮皆肇始于兹，无愧于中华民族之母、文化之父！堪称乎雅典、罗马、开罗兮世界四大古都矣。

呵兮！若无长安，何以华夏之光！熠熠兮西安之骄，煌煌乎中华之傲！

二、壮哉！变革之父

《易经》曰：“革故鼎新”，改革是金。

呵兮！周公制礼作乐，开礼乐中国兮，《礼记》《乐》之祖。

壮哉！秦孝公，行商鞅变法兮，昌土地私有，励农抑商，削弱贵权！呵兮秦国速崛起，嗟夫！叹触贵权利益兮，惨遭车裂哉，换秦国之速强。

赫赫秦始皇兮一统天下，废分封，改郡县，防分裂兮，大一统千古！大汉天子兮刘邦，轻徭薄赋，激农抑商，减民负担哉，巩固中央，天下平安。

威威汉武，改革开放先驱祖！张骞出使，打通西域哉，丝绸之路绽。呵兮！施主父偃推恩令哉，强中央兮弱诸侯，昌董仲舒“独尊儒术”兮大一统灿。

煌煌唐太宗，鉴随朝亡之训，开休养生息兮与民休息，行均田制乎广开言路，国泰民安兮贞观之治赞。

女皇武则天，颁“十二条”兮鼓励农桑，改革吏治乎，减徭役，轻赋税兮贞观遗风灿。

嗟夫！自古变革兮，朝代兴衰换，呵兮！成败之叹，前车之鉴撼！

唐太宗“休养生息”兮，鉴隋亡之“过犹不及”叹，横征暴敛，大兴土木哉，连年征战，民不聊生憾！

夫自古改革行路难，难于上青天！命运多舛，商鞅“车裂”，张居正“抄家灭族”，戊戌变法兮六君子“断头”，呜呼！皆因触犯贵权利益叹！

呵兮！“子在川上曰：逝者若斯夫，不舍昼夜”，时代若大江兮，一去不复还……

嗟夫！观中华变革史兮，一面明镜，鉴之以醒兮，晓之以警。

壮哉！一座十三朝古都，半部中华改革史。

呵兮！“革故鼎新”，破旧立新，日日新。

三、伟哉！龙盘虎踞

呵兮！龙盘虎踞之乡，大长安！英雄豪杰之地，慨而慷！

壮哉！三千年前，潜龙文王，猛虎武王乎，饮马黄河，伐纣灭商，叱咤中国兮建都镐京，开西安之都，成康之治，大周八百年兮，天下治。

伟哉！天龙秦始皇兮，一扫六合，统一中国兮，功勋千古！

呵兮！“大风起兮云飞扬，安得猛士兮守四方”，飞龙刘邦，开西汉兮，未央宫焉大汉泱泱哉。

伟哉！骄龙汉武，文治武功兮，开拓疆土，大汉天下兮，耀古烁今。

呵兮！骁龙唐太宗，贞观之治，国泰民安，大唐盛世兮天下扬。

哦吁！凤龙武则天，凤登龙椅，女皇首开，励志改革兮，功不可没。

既往矣，数风流人物，还看今朝！

壮哉！西安事变，两虎缚一龙，杨虎城、张学良，兵谏华清池，天下震撼！周恩来奔赴，和平解决，中共合作兮抗日救亡，两虎天下扬。

呵兮，今日西安，虎踞龙盘，改革开放，丝绸之路灿，经济工业科技上。西安交大、西北工大、西安电大兮，三大科技壮，航空航天、汽车制造、人工智能兮引领干。

伟哉！新时代，伟大复兴，西部大开发，西安引领兮龙跃虎惊。奋进新征程兮，中国式现代化，骁勇天下先！

大西安啊大西安，两千万人民在前进，秦人精神兮风骨硬，敢闯敢干兮今日更！

呵兮！大唐不夜城，宛若银河兮仙境灿！秦腔响彻云霄撼！呵兮！昨夜长安，今夜西安，依然闪亮！

伟哉！今日西安，大国腹心兮，虎跃龙盘，勇立潮头兮慨而慷！

正是：核心西安哉，西部大开焉；

　　　龙头奋起兮，巨龙朝天奔！

长白山赋

一、浩哉！长白卧龙

巍巍长白山，碧碧松花江，鸭绿图们兮，三江同源母亲山。

火山峰巅现天池，似仙海兮如宝石，红日一出彤霞天，十六峰环绕瑶池间。

呵兮，万丈峭崖飞瀑倾，一泻千里兮三江源，层层叠叠，松如海兮柏如山。

诗曰：冬日雪梅傲山峰，春天复苏仍雪中；

　　　夏日大雁天池游，秋天亭亭美人松。

呵兮,浩浩长白山,西望大兴安,东眺朝鲜太白山,西麓沈阳、长春、哈尔滨三大省会兮一线贯，北连黑龙江兮东北三省宽。

若乃，自古白山黑水兮，长白儿女生息于兹兮，繁衍于此。两千年前，肃慎、女真崛起兮，长白雄龙跃，努尔哈赤兮，一统八旗建。皇太极兮多尔衮，骁龙入关兮，北京建大清，三百年兮，康乾盛世兴。

嗟叹！晚清腐朽，国运日衰兮，鸦片战争、不平等条约焉，屈辱割让,八国联军入占。哦吁！山河破碎,勿忘国耻兮,长白山撼！

壮哉！辛亥革命，推翻帝制兮，大清亡。军阀占兮，革命历程难。

伟哉！1919年,五四风雷起,反帝反封号角响,中华震撼！东北赤子，热血激荡，五月六日，哈尔滨学生、工人哉相继示威上！呵兮1923年，哈尔滨中共小组建兮，红色血脉强。

呵兮，“星星之火，可以燎原”，“问苍茫大地，谁主浮沉”。

二、壮哉！长白泣血

光阴荏苒，岁月蹉跎。

悲哉！1931年,九一八,日寇入侵,突袭沈阳,东三省沦陷,长白儿女遭涂炭！长白山叹焉，松花江泣。

“我的家在东北松花江上，那里有……九一八，九一八，从那个悲惨的时候……”

国难当头，三千万东北同胞哉，沦为亡国奴，伪满洲国建焉，屈辱愤慨。张学良奉命率30万大军，退往关外兮，不抵抗。

嗟夫！长白山悲叹，东北从此陷黑暗。

伟哉！勿忘国耻！中共奋起兮救国难，中流砥柱兮，抗日烽火在燃烧，长白儿女英勇战。

壮哉！东北抗日联军，长白山抗日堡垒兮，中坚力量，奋力抵抗。击列车，烧敌营，痛击日军，反“围剿”，拼死战，白山黑水掀大浪。

嗟夫！杨靖宇、周保中、李兆麟率队兮，林海雪原焉大山深处与敌周旋干。

壮哉！杨靖宇，冰山雪地，孤身一人兮，奋战五天五夜，叛徒出卖，被击亡。断头剖腹，胃中竟无一粒粮食，却塞满了枯草和棉絮……敌人惊呆望。

呵兮！铁血英雄，天下震撼，无愧于长白山铁汉！

1945年，日寇投降，嗟夫，十四年泣血抗战，数十万将士焉牺牲在东白战场。呵兮！国耻终雪，慨而慷。

1948年，辽沈战役，林彪、罗荣桓，率东北解放军兮，“四战四平”，泣血奋战，东北终解放，天大亮。

长白山啊长白山，你终拨开云雾见天叹！

哦吁！旭日升，阳光灿，苦难的东北人民兮，终于冲破黑暗迎光亮。

三、伟哉！长白脊梁

长白山震撼，黑龙江激荡。

新中国刚立兮百废待兴，唇亡齿寒兮抗美援朝撼，东北边防军主力上，长白儿女兮泣血唱：“雄赳赳，气昂昂，跨过鸭绿江……打败美国野心狼！”壮怀激昂。

长白山啊长白山，民族的脊梁，三年兮血与火的考验，无畏虎豹与豺狼。抗日、解放、抗美三大战，长白儿女勇担当兮，无愧民族脊梁撼。

呵兮！六七十年代焉，重工业老大哥，鞍山钢铁，大庆油田，长春汽车造焉，国之钢铁后盾兮，建设支柱干。

伟哉！长白山，人才辈出叹。顶天立地兮，建设脊梁扛！

铁人王进喜，奋不顾身兮，跳入油井，以身搅拌兮，救井难。

雷锋精神，“全心全意为人民服务”，激励万千中国人兮标兵范。

难忘上甘岭，黄继光以身扑挡焉，堡垒枪眼，英勇悲壮。

董存瑞，舍身炸碉堡兮，壮烈震撼。

长白英雄啊，惊天地兮泣鬼神！

哦吁！改革开放，大东北，重工业奋力上，大连港岸商贸灿，大国航母建，长春汽车制造，生物工程，哈尔滨军工制造……东北在前进。

煌哉！长春电影兮东北好莱坞，《白毛女》、《董存瑞》、《英雄儿女》、《五朵金花》……震撼大江南北兮，何等璀璨！

伟哉！新时代，伟大复兴，钢铁工业，辽宁舰，国之大器绽，商贸大口岸，“一带一路”兮东北亚、东南亚延展灿。黑土地，东北大米，国之粮仓满。

呵兮！亿万东北人民在前进，中国特色现代化兮，踔厉奋发，东北在挺进！长白山歌吟。

呵兮！革故鼎新，东北要振兴，长白再闪光。

伟哉！铁人精神！壮哉！长白脊梁！

正是：铁人精神，民族脊梁哉；

东北要振兴，长白巨龙正腾飞！

其他篇

《二泉映月》赋

一、美哉！天籁之音

太湖之滨，惠山脚下，美丽的二泉兮，月色如洗，一轮明月映其间。小桥头，石板凉，盲人依依，流水清清兮，月光影下琴声慢。

仿佛兮，若梦中天音，百鸟惊；朦胧乎，犹临仙境，时梦时幻兮，让人心颤。

呵吁！天籁之音来，万家灯火亮……

“琴声悠悠，是何人在黄昏后，身披琵琶沿街走，阵阵秋风吹动着他的青衫袖，淡淡的月光，石板路上人影瘦……”

若乃，乐声戛然止，仿佛兮，一声长叹……

呵吁！琴乐再起，似高山流水，倾斜而下，如桥下小溪潺潺淌，夫时而悠悠，时激昂，叹人生如梦兮，悲喜两茫茫。

哦吁！融道家音乐兮，似仙乐哉，亦空亦幻；汇沙漠马头琴兮疑海洋望……

草原茫茫，天空湛蓝……

春之乐，红霞灼灼，鼋头渚上，白帆点点，乐声悠扬，盲人盼。

夏之音，大雨滂沱，风起云涌，湖掀狂浪，琴声昂。

秋之声，萧瑟秋风，叶落黄，小桥头上，石板霜，如泣如诉兮，琴声慢。

冬之吟，鹅毛雪中瘦长衫，踉跄街上，声声沧，天地叹。

呵吁！大江东去奔流忙，人生无常，叹仙乐兮，诞平民房……

夜茫茫兮，盼天亮。

二、沧哉！悲怆命运

太湖茫茫夜长空，月色隐隐映泉中，多少蹉跎伤心事，尽在悠悠琴声中……

嗟叹！唯恐月明月暗，多少往事难忘，街头兮徘徊叹！

嗟夫！双目黑暗，如临深渊兮，何日见光亮？

月无光，星空暗，滔滔琴声荡，抬头望兮，忧心伤……

琴妹啊！你的忧魂不散，难忘那一夜，殉情投湖兮，一堆孤坟傍……

呵吁！琴声碎，松涛翻，月隐泉暗，声声琴断肠……

夫历尽苦难兮悲叹，如泣如诉兮琴殇，恨蹉跎岁月长。

嗟叹！穷苦人婚丧，忙拨琴兮，同是天涯断肠人，琴声不言谢。

夫曾几何时，盲人街头殃，历尽沧桑，拒为军阀演哉，遭毒杖。受尽凌辱兮，命运跌宕操琴叹！

嗟叹！昂头拒为日寇奏，被逐城门焉，黑暗站，琴声傲岸。

呵吁！铮铮铁骨，拒当亡奴，扯断琴弦哉，誓死不从，琴殇叹……

呵兮！太湖哉，大浪拍岸，琴声激昂兮如万马荡，忧伤悲凉兮转激昂，盖民族危难，拨琴激上，人纷纷围来兮，热血激荡。

呵吁！一曲绝响天下扬，二泉映月，灿烂华章，千古绝唱。

三、灿哉！千古绝唱

东方红，太湖红霞彤，闪闪金光天边际，铿锵琴声人间换。

天亮了，一轮红日升天空，彩虹映月泉，盖千年铁树要开花。

呵吁！共产党来了，人间换，苦难阿炳兮，拨云晴天绽。

蜡梅香，阳光灿，终出深渊兮，苦难艺人舞台上。

哦吁！天籁之音，扣人心弦，优美悦然兮，悲怆激昂，中央音乐大礼堂兮，如星穹回荡……

仿佛兮，若月满空山，万物倾听；宛然乎，似流水激昂，飞溅拍岸，呵吁！如雪梅凌空，似苍松骨傲！

琴声已落，意犹未尽……

若乃！诸国倾听，无不惊叹！断肠之音，“应该跪听”，泪流赞！

呵兮！二泉映月，千古绝唱，惊响八邦，千古流芳。

嗟叹！民间瑰宝兮源于民，举世赞叹乎，国之宝藏。

哦吁！惜灿星坠落兮，苍穹划亮，似残阳如血焉，阿炳逝去叹。呵吁！余音袅袅，如痴如醉，行云流水兮，依旧回荡……

如贝多芬兮，《命运》交响还……

哦吁！中国之命运焉，东方之贝多芬。

正是：千古绝唱，《二泉映月》；

　　　盲人阿炳兮，中国贝多芬。

建党百年赋

醒哉，中华！雷鸣电闪，东方震响，十月革命霹雳，《共产党宣言》势不可当。

北大红楼，《新青年》，陈独秀吹响，李大钊开讲，星火燎原与列传，热血澎湃，青年挺身，五四运动风雷转。

嗟呼！百年屈辱清朝腐，沧桑满目，巍巍华夏蒙难苦。鸦片战争，甲午海战，《马关条约》，台辽割让，灾难兮中国！列强入侵，八国联军，虎狼瓜分山河碎，茫茫黑夜曙光盼。辛亥革命，国父中山，推翻帝制史册灿，求民主，三民主义有希望，长夜难明烛终亮。

哦吁！ 1921 年，上海一大，红船起航，开天辟地，锤镰党旗扬，航路茫茫，展民族兴亡。四一二政变白色恐怖，国共合作破裂，大革命失败叹！再革命，枪杆子里出政权，南昌亮剑，秋收起义，农村包围城市！“星星之火，可以燎原”，农运挥戈援。

嗟乎！反“围剿”，湘江流血，工农红军一举北上，红旗迎风扬。遵义转舵，北斗指向，四渡赤水，敌人晕向。娄山关，铁索寒，雪山草地白茫茫，红军长征壮。三军会师吴起山，延安塔灯亮。

哦吁！夜洞窗灯，北斗星闪，茫茫黑夜曙光亮，中华民族终有望。

壮哉，中华，哦吁，日寇入侵，东北沦陷，九一八，悲歌声声怨。七七卢沟桥，月寒雄狮吼，中华民族临国殇，何以堪！

嗟呼，生死关头，民族激昂，共产党挺身赴国难，抗日烽火燃！

西安事变，总理奔赴，力挺国共合作忙。停止内战，一致抗日齐呐喊。共产党，无愧中流砥柱强。

哦吁，危急时刻，《论持久战》闪光，八路军敌后游击战，日寇命丧。

地道战、运动战、阵地战，传奇三战，历史新章，军歌嘹亮。

皖南事变，“同室操戈，相煎何急！”“攘外必先安内”，蒋汪不抵抗！

嗟呼！“保卫黄河，保卫华北，保卫中国”，十四年抗战，倭寇终降，浴血重生，浴火涅槃。

哦吁！叹国殇，何以堪？共产党冲上，一柱擎天攀。

拯中国于水火，救民族于危难。中坚力量，民族脊梁。

正是：敌寇散，东方亮。

“没有共产党就没有新中国”，国人齐声唱。

伟哉，中华！哦吁，七大开，中国革命从胜利走向胜利。

西柏坡，到北平，农村转城新篇章，力推三座大山。

求解放，挥戈战，“将革命进行到底！”一扫隔江分治乾坤转。

三大战役，战光闪，百万雄师过大江，南京蒋家王旗降！

哦吁！东方红太阳升，开国大典，天安门城楼上，五星红旗国徽扬。

噫吁！新中国，百废待兴，大庆重工刚上，隔江炮声响，“雄赳赳，气昂昂，跨过鸭绿江。”抗美援朝，保家卫国，三年奋斗，打败美国野心狼。

噫吁！从新民主主义到社会主义，国家建设，开启新华章。东北重工业，三峡大坝，西藏天路通北京，科技创新，经济兴，两弹一星，日日新。

改革开放，中国特色社会主义新华章。港澳回归，祖国统一，嫦娥奔月，全民奔小康。新时代，新思想，创新理论，引领中华万年强。

新哉，中华！新时代，新思想，中国梦再谱新华章。

“一带一路”，人类命运共同体，世界点赞，和平共进，光辉风范。

京津冀，雄安新区建，港珠澳大桥，上海长江经济带，经济建设天天上。

抗洪抗震，人民必胜，神舟上天，蛟龙入海，贵州天眼，空间飞船，科技领先国强健。

全面小康，百年奋斗，脱贫攻坚，精准全胜，开世纪里程碑。

抗疫丰绩，人民至上，生命至上慨而慷，中国经验，载入史册，亿万人民齐点赞！

噫吁！一代大党，九千万忠将，肩负使命，两个一百年，伟大复兴，以民为中心。

嗟夫！得人心者得天下。此天理矣

中国从此站起、富起到强起。举世瞩目，东方震惊。

哦吁！百年党史,百年锤炼,不忘初心,牢记使命,肇始至今。

肩负使命，责任担当，五十六个民族，再启百年新征程。

哦吁！地覆天翻，波澜壮阔，砥砺奋进，再闪新光！

国庆中华赋

2021 年 10 月 1 日是祖国母亲 72 载生日，天安门广场花坛一新，人潮涌动，观之感慨万千！

正是：军乐奏响国旗升，天安门广场紫气增；

排山倒海盛世祥，东方巨龙正腾飞。

一、壮美河山

美哉中华！五千年文明，九百万里江山，滚滚黄河、滔滔长江。

哦吁！“长江长城,黄山黄河,在我心中重千斤。”震撼人心。

眺望壮美国疆，西有珠峰开吉，东呈泰山肇祥，中有万里长城拱卫，北依二兴安岭，南屏高黎贡山，中有五岳三山挺立，江山坚固，磐石一般。更有辽阔海疆，渤、黄、东、南四海连洋，三百万里海域，浩瀚无疆。

呵吁！辽阔国土，一望无际，中有华北、华中、华南三大平川，千里粮仓。洞庭、鄱阳、西湖、鱼米之乡。天府之国，四川盆地自古流芳。

噫吁！自戈壁大漠到燕山山脉，从河西走廊到巴蜀藏地，南北天山戈壁滩，大漠草原牛羊欢，辽沈大连金海湾，东北黑土稻花香。壶口瀑布，长江三峡，好壮观！更有巴山夜雨，秦岭四宝熊猫憨，黄山庐山武夷山，多威武！嗟乎！上有天堂，下有苏杭，桂林山水天下扬。

哦吁！东有阿里山，西对雅鲁藏布江，南望五指山，北眺黑龙江，沧海桑田、沃野山川，江山如画、品物咸章。

哦吁！煌煌中华，泱泱九州，五千年龙脉圣地！八百代炎黄子孙，圣土出杰人，虎踞卧龙盘。

呵吁！天耀中华！天安兮，天安地安到民安，安如泰山。地祥呼，地祥岁强至人祥，地久天长，代代强。

二、灿烂历史

优哉中华，源远流长，历史恒久，铭记沧桑。西周铜铭："宅兹中国"，崭露华光。

元谋、蓝田、北京人，开天辟地，一路拓荒。神农播种，肇启农耕，生生不息兮，沧海田桑。

三皇五帝夏商周，安邦有制兴九州。春秋战国群雄起，孔孟老庄百家兴，诗书礼易六经盛，中华文明显华章。嗟夫！炎黄浩宇，万古流芳。

哦吁，秦皇一统"书同文，车同轨"，天下归中，泱泱中华兮，四海荣升，浩浩九州兮，雄势日增。

汉唐盛世，文化艺术兴隆，敦煌壁画见证。玉门开关，丝绸之路，国威远震。张骞出使，玄奘取经，东西融领。震古烁今。

嗟呼！宋元明清，科技出新，文化灿烂辉煌，四大发明，龙山石窟，活版印刷，张衡天仪，祖冲历算，天文数医成就斐然。嗟呼！《本草纲目》、《天工开物》、《梦溪笔谈》科技灿！更有"二十四史"、《四库全书》、《永乐大典》，《孙子兵法》、司马《史记》气势磅礴，蔚为大观叹！

噫吁！郑和下西洋，四海臣服，威震八方。

百鸟朝凤，万邦朝拜，华夏文明，天下荣光。

哦吁！三皇肇基，五帝人文，亘古至今，地仰天翻。

从甲骨文到青铜铭文，自三坟五典，到汉字书亘，如繁星璀璨。

自兵马俑、马王堆，到三星堆，大国重器赞。

嗟呼！四书五经到诗词歌赋，洛阳纸贵，一字千金。更有红楼水浒三国西游记，文化弥彰，文学璀璨叹，难忘琴棋书画、戏曲雕塑，名乐高山流水，敦煌壁画，出神入化赞！

哦吁！耀光闪闪，气象万千，中华千古流芳，神州四海显彰。

三、苦难历程

壮哉中国！哦吁！通古今之变兮，明存亡之道。砺自强不息兮，当铭记不忘。

呜呼！近百年呼，晚清腐朽，国运日衰，列强蚕食灾！日寇占我辽东，沙俄侵西北，夺我新疆！更有八国入侵，火烧圆明园，北京沦陷，慈禧逃西天。

嗟夫！山河破碎，国难当头，民族奋起，虎门销烟林则徐，甲午战争邓世昌，戊戌维新六君子，如火燎原，势不可当。

哦吁，辛亥革命唤醒，帝制推翻。三民主义引领，国父北上，遗嘱：“革命尚未成功，同志仍须努力”撼动八方。

嗟夫！九一八，东北沦陷，七七卢沟狮吼，日寇欲吞我华北，中华危难！山河撼，何以堪，共产党挺身救国难，北上抗日忙！

“风在吼，马在叫，黄河在咆哮，黄河在咆哮！”壮士断腕齐呐喊：还我河山！

西安事变，国共合作，一致抗日，人心所向。共产党中流砥柱，领导中华民族，一致抗日“保卫黄河，保卫华北，保卫全中国”。

哦吁！铭记历史，不忘国耻，三年解放战争，大决战，南京总统蒋旗降。

哦吁！“打到长江去，解放全中国！”乾坤震撼，百万雄师过大江，五星红旗天安门扬，中华民族终解放。

呵吁！寰宇震兮九州撼，屹立地兮慨而慷。

四、伟大腾飞

伟哉，中国！“俱往矣，数风流人物，还看今朝。”

开国大典，国民振奋，中华人民从此站起来了！世纪霹雳，九州震撼。

从红船启航到五星飘扬，建党百年薪火相传，前赴后继，浴火涅槃。新中国诞生，地覆天翻。

噫吁！抗美援朝胜利阅兵,到两弹一星,科技振兴,国运乾坤。

改革开放，力挽狂澜，十里长安，人心欢畅。

新时代，新征程，千帆竞发，万舟奋桨。

哦吁！今日新时代，雄伟纪元，两个一百年，伟大复兴，炎黄腾飞，震撼人心。

港澳回归，濠荊一新。粤港澳大湾区，上海长江经济带，不同凡响。神舟上天，蛟龙入海，中国天眼，举世共仰。高铁如织，桥如梭。城乡一体，宏图展。

国贸中国尊挺立，大国重器，顶天立地兮，奥运火炬屹立。哦吁！北京冬奥圣火将点燃，双奥北京再辉煌。

百年征程，砥砺奋进，全民脱贫，小康奔。神舟上天，蛟龙入海,天安门城楼礼炮响,国徽光耀五星闪,国庆广场人欢畅。

雄伟哉！今日中国，如日中天，全面建设，震撼九鼎！

中国兮，站起、富起到强起，跨越神州到寰宇。

今日兮，跃起、复兴到腾飞，伟大新征齐奋起。

哦吁！十四亿同胞，五十六个民族，万众一心，日新月异。

赫赫兮五千年文脉璀璨，泱泱乎八百代炎黄震撼。

雄哉中国，气贯长虹，伟大征新，雷霆万钧。

哦吁！国家呼，有国才有家；国强哉，国强才有你我他！此至理矣。愿和亿万人民共勉。

二十大赋

一、浩伟哉！二十大

东方红兮阳光灿，人民大会堂兮雄伟壮，红旗闪闪国徽绽。

2022年10月16日，红叶菊黄灿，京城金光闪。党的二十大胜利召开，举世瞩目兮民期盼。

呵吁！十八大到二十大，新时代兮，十年磨一剑，百年大党新境界。

两个一百年兮，世纪跨越，伟大变革兮，新征程，历史见证焉，从头越。

哦吁！一幅宏伟蓝图绘到底，领袖掌舵领航兮，巨轮滚滚，无畏暗礁和险滩，乘风破浪上。

呵吁！从延安确立哉，二十大两确立兮两维护，吾党核心如砥柱，擎起天穹兮，坚如磐，北斗拱卫兮，七星强。

哦吁！开辟哉马克思主义中国化，时代化，新境界兮，伟大世纪跨。

若乃！矢志初心，牢铸根基，守正创新乎，革故鼎新，世纪新。

夫江山就是人民，人民至上，小康建兮，疫情控，民心在焉，彪炳史册载。

呵吁！新时代兮新征程，雄关漫道，心如铁，里程碑兮世纪越，向前飞越。

二、雄伟哉！二十大

菊花傲霜兮蓝天湛，满城沐浴兮金光灿。呵吁！伟大使命兮，中国式现代化上！

夫大国泱泱兮，共享甜甘，精神物质兮一统状，人与自然兮融合象，盖绿水青山焉，金山银山，美丽富饶兮，中国形象。

哦吁！和平奋进兮，强国铿，举世瞩目兮，中国力量！

若乃！科技强国兮，技术创新，高峰勇攀兮，中国精神。

哦吁！政治强军，科技强军，核心兮党领导军，镪锵壮军！

若乃！依法治国，法治革新，盖法治兴则国家兴，国安家安兮，长治久安。

嗟夫！冲破治乱兴衰兮，历史周期律，新的赶考征程上，夫永不变色兮，不负人民望。

夫自我革命兮，永远在路上。居安思危哉，明鉴戒焉！

哦吁！党旗高举兮，万众一心，社会主义现代化强国哉，伟大复兴。

新征程兮，新里程碑！

呵吁！天降大任于斯党矣，大风起兮海浪扬，鼓角响乎红旗展。

呵吁！东方巨轮兮，正启航，伟大里程兮，中国航！

三、壮伟哉！二十大

秋风阵阵凉意醒，快马催鞭朝前紧。只争朝夕兮，一万年太久！

哦吁！中国人站起、富起到强起，波澜壮阔兮，见证百年大党，丰功伟业壮。

呵吁！比山高兮，比海深，吾党这十年兮，举世震惊！

盖从红湖帆船到世纪巨轮乎，大海航行靠舵手，马克思主义是灯塔，无畏惊涛与骇浪，吾党已铸就一身胆量，乘风破浪！

若乃！自遵义会议兮，延安七大，十一届三中全会兮，今之二十大，历史转折兮，吾党伟大征程创。

盖启三湾支部建连上，吾军枪杆兮，永系党身上，强军核心壮。

若乃，延安窑洞对，到二十大跳出兴衰律，自我革命哉，从严治党，永远在路上。

哦吁！伟大真理兮马克思主义，从遵义中国化到二十大，座座里程碑兮勇越跨，竖新碑兮，现代化！

盖伟大转折到伟大变革哉，吾党从胜利走向胜利焉，历史见证兮，辉煌壮。

呵吁！吾党百年兮，九千余万党员在，万众一心兮，共闯新关，天下撼！

哦吁！巍巍巨轮，世纪跨越，乘风破浪兮，同舟共济，亿万齐心兮，壮伟中国航！

正是：中国共产党，二十大焉；
　　　扛中国使命兮，伟大仰彰。

冬奥北京赋

北京是千年古都，拥有灿烂的文明。我们要把北京及中国人的热情好客宣传到全世界去。对此我感触颇深，于是写了这篇赋文，以飨天下。

颂乎！

国贸中国樽兮傲天啸，力擎天兮气壮世；

冬奥圣火将点燃，今日北京再辉煌。

一、灿烂哉，北京！

九朝千载，京畿要地，千古京都，磅礴大气。

哦吁！唐哉皇哉，浩浩乎北京，天宇穹苍，龙脉祥。

西倚昆仑太行屏，东拥烟台渤海湾，南揽黄河入东海，北有古北山海关。

远靠万里长城拱卫，近枕居庸迎霞光，嗟乎！京师重地，固若金汤。

北斗映照，紫气东来，灵山福佑，潭柘启祥，玄鸟和鸣雨燕山。

呵吁！三面环山东抱海，紫禁中轴吞吐远，永定白河纵东西，千里运河贯南北。

远登西山巅峰望，浩浩哉北京，天边无际，紫煌煌。

近立中轴景山瞰，赫赫哉紫禁，众宫拱卫，金灿灿。

嗟夫，永乐至今，国之梁柱，六朝京师，首府重处。

哦吁！天安门城楼，世纪之门，金水桥旁，五星红旗升，华表立广场。

左拥人民大会堂，宏伟壮丽，右矗历史博物馆，沧桑勿忘，烈士纪念碑，永垂不朽叹！南立主席纪念堂，正阳门前阳光灿。

嗟夫！天安甲天下，天安地安，东西长安，盛世兴邦；地祥兆世纪，天坛地坛，南北祭坛，虎踞龙盘。

感三千年渊源，燕山永定凤仪腾，叹九朝代龙脉，仰山景山龙祥呈。呵吁！夏奥凤舞火炬城，今冬龙盘双奥承，兆中华龙之潜、在、跃、飞、腾！

噫吁！星移斗转，地覆天翻，昔日“病夫”，今启双奥新华章，举世无双！

天降佑祥，闪霞光，百鸟朝凤，喜鹊欢，普天同庆，喜迎八邦，国歌奥旗，再响四方。

哦吁！北京，华夏之命门，大国之心脏，万州崇敬，天下仰瞻。

嗟夫！得民心者得天下，天下唯黎民，以民为中心，心在北京。

二、悠久哉，北京！

呵吁，五十万年前，周口店北京人，狩猎农耕，生生不息，沧海田桑。

三千年前，武王分封，召公于燕，琉璃河克罍：“令克侯于匽（燕）。”《尚书·舜典》“燕曰幽州，左环沧海，右拥太行，北枕居庸，南襟河济，诚天府之国。”

战国七雄兮燕国，连横抗纵，逐鹿中原，扬燕赵风骨，佑民慨而慷。

呵吁！既往朝廷要塞，幽曰：汉唐屏障，契丹之南柱，金元之大都。

噫吁！明成祖朱棣，迁都建北京，紫禁城里，殿宇楼阁，金碧辉煌，京城一新。

若乃！城门宫殿，取意乾坤，中轴布局，象天法地，京师圣地，熠熠生辉，旌旌飘扬，京都煌煌。

哦吁！永乐盛世，荡平倭寇，郑和下西洋，康乾盛世，京都鼎盛，台湾收复，九州一统，海纳百川，万国朝祥。

噫吁！《图书集成》、《四库全书》、《永乐大典》，传华夏之文明；国粹京剧、国画名雕、京乐书法，展九州之风采。

哦吁！千古兴亡日出落，悠悠，何患辉光不复来！

京师盛地，千秋兴旺，八方云集，九州颂赞，盛乎哉斯处，俯仰乎日上。叹五千年华夏之心脏，赞九百万里星穹之腹地。熠熠东方，九州垂范！

三、沧桑哉，北京！

嗟夫，嗟咤岁月，不堪回首，百年屈辱，列强入占，鸦片战争，香港割让，长歌当哭，国蒙难。

君不见，台湾、辽东日本占，东北、新疆沙俄吞，《马关条约》，辛丑屈辱主权丧！

哦吁！危难之际义愤起，昏庸难挡民觉醒。然千人公车上书泣，康梁维新百日倾，六君子赴难，光绪囚瀛珍妃井，晚清昏庸国遭殃，八国联军北京占，火烧圆明园，慈禧逃亡，北京再蒙难。

呵吁！北大红楼，北京觉醒，《新青年》起燕京，马列入北大，五四风雷闪。中共一大，红色摇篮，举世震撼，陈独秀呐喊，李大钊血溅，革命洪流，火烧赵家楼，一二·九学潮，冲向黎明前黑暗。

北京见证，江河兴叹！

哦吁！辛亥革命，一声炮响，宣告封建帝制亡，国父北上，壮志未酬遗言撼！

呵吁！睡狮醒，中华民族起，试看井冈山，革命摇篮火炬灿。遵义会议生死转战，红军北上，延安宝塔灯亮。

七七卢沟桥血溅，雄狮怒吼，华北危，保卫北平，保卫华北，保卫全中国。

国破山河壮，共产党救国于危难，十四年抗战日寇降，受降仪式举，北平见证，太和广场，雪耻难忘。

哦吁！叹千古兴亡，不堪回望，几度浴火，几度重生，中华儿女多危难，正义撼！

四、雄伟哉，北京！

历史车轮，滚滚向前，西柏坡至双清，赶考进京，“不可沽名学霸王”，追穷寇，革命到底，香山见证，打过长江去，全国大解放，红旗灿。

哦吁！浴火涅槃巨龙腾，沧桑巨变天地新，领袖一锤定音，首都北京！

天安门国旗升，“中华人民共和国成立了”寰宇震惊。

噫呵！天下归心，万象更新，泱泱大国雄图展，赫赫华夏国威闪，国防科技上，两弹一星，振奋人心。

改革开放，天安门广场人欢畅，港澳回归，嫦娥奔月，北京夏奥圣火亮，“我和你，心连心，同住地球村……”高歌昂亢，全球震撼！

哦吁！新时代，新征程，两个一百年，伟大复兴，千秋伟业重千钧，谱写新北京。

全民脱贫奔小康，世纪再震撼！神舟上天，蛟龙入海，大兴机场凤凰翔。

呵吁！京津冀、上海长江、珠港澳大湾，三柱鼎力磐石般，中南海引领，副中心扛鼎，今日北京，震古撼今，日日新。

若乃！新冠疫情大考场，人民至上，生命之上，中国经验，北京榜样，万民齐赞。

呵吁！玉龙腾，银凤舞，冬奥火炬将点燃，燕赵高歌扬。

五环旗，再升杆，一起向未来，共筑奥运里程碑，北京再闪亮。

哦吁！北京强则国强，首都兴则国兴，天府之佑，世纪之京。

与日月同辉，并天地共祥，亿万中华，千秋万强！

千古英雄赋

日月合璧兮，伟大英雄；
一统江山兮，千古成功。

一、浩哉！美丽宝岛

浩浩东海兮，红日东升，金光灿，一颗似蕉叶明珠兮，碧绿宝石，如嵌东海上……

隔海望，白帆点点，宝岛台湾，如诗如画叹。

夫阿里云海兮，玉山积雪，多姿多娇；大屯火山，五岳天柱兮，雄天啸。

若乃！双潭秋月，日月天池兮，辉映彩出，疑仙境入。

嗟夫！华夏古陆，海峡两岸兮，世代相传，血脉相贯。

夫炎黄渊源长。北京周口店祖猿昌，黄河长江……盖河洛闽南文化哉，见证着两岸兮同祖同宗。

若乃，先秦《尚书·禹贡》之“岛夷”，汉代称夷州，清朝名台湾，今之台湾省。呵吁！叹五千年同胞兮，骨肉相连难分哉。

夫沧海田桑，历史兴亡，几度风雨几度殇。

恨外夷侵占，宝岛罹难，苍生黎民，生灵涂炭。

夫武夷阿里，遥遥相望，南山妈祖，钟声可贯，唯咫尺天涯兮难相唤……

呵吁！冬去春来，寒尽暖开，大雁归飞兮，因何未见？恨一汪海水兮相隔，天渊望断，何日是归期？

夫日落日出，月圆月缺，江山何日半璧圆？盖领土完整，合璧是盼，人心归问。

二、伟哉！英雄郑成功

美丽的台湾岛，那里有我的家，前面是茫茫大海，后有阿里山，隔海望，同胞唱，阿里山，在呼唤……

哦吁！金门立，水操台上东海望，烟雾茫茫忧心患，男子汉，不救国，何以堪！

夫半壁江山，同胞盼，何日挥师千千万，千艘战舰横渡洋，誓一统江山宝岛还。

嗟叹！山河破碎洋虏狂，斗转星移雷电闪，枕戈待旦十六载，英雄何惧洋夷蛮，誓收还。

呵吁！东海咆哮，霞光闪，旌旗蔽日，将士立，中军甲板上，头盔红缨扬。

呵吁！高举尚方宝剑，朝天啸：“朝发夕至，收复台湾！”震天撼！

1661年4月，试看！帅旗挥，军令下，三百艘战舰，齐破浪，鹿耳门勇奔向……

呵吁！天降大任兮，大海让，狂飙送我到战场，壮士吼兮敌胆寒，豺狼只得滚他方。

试看！神兵天降，敌胆战，激战八月，壮士浴血，慨而慷。

难忘！捍卫主权，拒议和，荷寇巢穴终攻破。

哦吁！军炮响，雄乐起，十二任荷总督终低头。伏首签降仪，中外震撼。

呵吁！风雷激，三百年前天地换，宝岛终回还，正义撼！

哦吁！英雄成功，江山合拢，祖国一统，东方狮吼。

三、痛哉，英灵早逝

盖拒绝称王，怒斥独立，拍案起兮，一生只为捍国疆。

呵吁！重整河山兮，百年大计，军民同心兮，霹雳惊，我牵牛兮，你扶犁。复台英雄何所惧，山河重壮丽。

哦吁！日月潭喜兮，阿里山笑，美丽宝岛兮彩云祥，两岸欢歌扬。

呜呼！惊天地兮，泣鬼神，一代英雄，英年早逝，历史悲怆，痛国殇。

盖生而忠正，长而英杰，青年壮志，报效国家，赐国姓爷，英气弥彰。

夫山河破碎，投笔从戎，危难之际，挺身而出，力挽狂澜，砥砺上。

回首看：愤荷寇兮，掠夺台湾，忧同胞兮，水火罹难，神圣国土，岂容侵占！

盖鼓浪屿兮击鼓，日月潭兮呼唤，誓驱洋虏，还我疆土，不复宝岛，誓不还。

不曾忘！挥师东征，何惧风浪，赫赫水师，浴血奋战。

铮铮铁骨，气冲霄汉，乾坤转，天地终换。三十八载沦陷领土，终回还。

哦吁！尽显英雄本色，挥洒罢民族气概，一片丹心，映襟怀。

呵吁！拒称王兮，忠心可鉴，不朽功勋，史册永载！

正是：功昭日月，勋盖天下；

合璧江山，千古英彰。

觉醒血溅赋

一、壮哉！觉醒先驱

夫岁月蹉跎，日近黄昏兮天渐暗。

若乃！封建晚清兮腐朽日落叹！关外崛起乎，早已欣欣向荣，唯中华怯弱憾！

嗟叹！受人欺辱兮《马关条约》，甲午涂炭乎，列强瓜分痛国殇。

哦吁！爱国救亡兮，觉醒六君，誓让光明换黑暗。公车上书，民愤上。

嗟夫！百日维新兮，一百零三天，惨遭涂炭！袁贼出卖兮，慈禧挥剑，戊戌血腥兮，光绪瀛台囚犯！

嗟叹！康梁外逃，六君子血溅！

哦吁！中国近代史兮，觉醒先驱！首端浴血奋起呼，砸封建枷锁哉，奋举战。

嗟夫，近代史之觉醒，五四运动之前奏！壮烈上。

呵吁！维新运动兮义非凡，拉开序幕乎，十三年后，孙中山辛亥革命上，中华革命波浪壮……

二、殇哉！六君血溅

1898 年 9 月 28 日，戊戌岁，秋风呼啸乎，叶落叹。天忽阴沉兮地忽暗，北京菜市口兮阴森惨淡。

嗟夫，马蹄阵阵，囚车进，六君子英勇赴刑场。刽子手凶立站，百姓涌上势如浪……

为变法，谭嗣同、林旭、刘光第、杨深秀、康广仁、杨锐，血溅菜市口，头断刑案。

呵吁！壮士横刀朝天笑，高喊：“有心杀贼，无力回天，死得其所，快哉快哉！”

“若死而中国能强，死亦何妨！”

“各国变法不从流血而成，今日未闻有因变法而流血者，此国之所以不昌也。有之，请自嗣同始……”

何等气概，何等高昂！

嗟夫！长城怒吼，黄河咆哮，壮士热血冲霄汉……天地震撼！

哦吁！壮志凌云，气吞山河。

三、醒哉！炎黄子孙

嗟夫！惊天地兮泣鬼神，人无言兮万马喑，叹壮志未酬身先死，感头断刑场忠魂扬。呵吁！碧血尽洒，化为斑斓。

若夫！哀日落之黑暗，恨朝政之残暴，试问苍穹，天理何在？爱国被斩，哪般国法？！

嗟夫！试看变法断头殇，身首离兮心呼唤。今以烈士之热血哉，催我中华之猛醒，撼我神州之八邦！

呵吁！肝胆照兮义如山，抱恨千古叹国殇。英灵在上，精神永垂！

盖洒下一掬热泪，奠上一樽热酒，默哀站……

哦吁，扼腕长叹，愿烈士遗志兮，千秋万代，炎黄子孙兮，觉醒时在。

呵吁！一步步兮，从觉醒到奋起，爱国救亡，变法图强兮，历史传承，百年壮伟历程叹！

正是：觉醒觉醒兮，变革再变革；
炎黄崛起兮，悲壮赫赫！

千古绝恋赋

一、浩哉！情殇

相见恨晚兮，悠悠伊人盼，今生得遇兮，如斗星相伴。

夫御花园中，鹅毛雪压重，唯蜡梅傲骨兮，早春一独秀，已在暗香中。

呵吁！春风暖煦煦,冬寒顿散云,深宫人情凄,惊喜遇知己。

嗟夫！愁愁忧国叹，苍穹夜漫漫，何日雄鸡高唱，重振河山。

更声声，梆当当，暖心殿，御案旁，皇上焉知西洋否？珍妃举眉问。呵吁！天外有天楼外楼，誓兴国兮，双手紧握，光绪帝和珍妃兮，四目凝望，一任圆月落星汉。

夫与君相知，纵天塌地陷兮，海枯石烂，未敢与君绝。

明月夜，一轮皎月正当空，凉风习习落梧桐，知心话语悄悄送，有人依偎在宫中。

嗟叹！皇后妒，太后怒，后宫干政，惨遭庭杖！

夜茫茫，泪眼望，依偎胸傍，两心相贴兮，无畏强悍。

呵吁！大江滚滚，日月星汉，维新变法声声浪。

深夜月下,御案旁,四目相对,两手紧攥兮,誓变法救国难。

夫从来情伤几多愁，若为国殇愁更愁。

自古天下情人共患难，何况为国难！

二、壮哉！变法

夫甲午之战哉，国难当头，与君分忧兮，一夜到亮。

恨马关条约，江山割让乎，何以堪？

呵吁！公车上书，数千举人卫国上，叹国殇，痛心疾首兮，力挽狂澜。

救国图强哉，变法维新上，召见康梁兮，变法救亡，天安门，皇上《明定国是诏》颁。变法上！

嗟叹！惊雷电闪兮，要变天，狂风暴雨乎，恶浪掀。

主战帝师兮，翁同龢，勒令开缺焉，恶旨降。

泪眼相望，宫外跪别皇上，二十年师诲难忘，从此苍鹰折断，何日再患难？

夫山河颤兮夕阳淡，宫内御案旁，抱头相拥兮，君莫伤，有吾在，誓与君相伴……

“朕绝不会上煤山，不会，不会……”

天呼！龙归大海望，忧心盼，月夜茫茫，双手紧攥，誓取江山，宁魂断。

嗟夫！惊雷电闪变了天，狂风暴雨恶浪掀，黑云压城万马喑，自古变法多悲怆。

盖袁贼叛，颐园慈禧连夜回紫禁，呵吁！刀光剑影颤，血溅菜市，六君英魂不散……

康梁奔外，光绪被囚，百日维新毁一旦，人何以堪！抚胸口，痛心疾首叹……

嗟叹！冷宫孤月，瀛台寒星，一对知己遭囚难，寒风呼啸，长夜漫漫，咫尺天涯叹。

哦吁！此恨何时能了然？夜漫漫兮，长歌当哭撼，共患难兮，纵然魂断也傲岸。

三、沧哉！魂断

嗟夫！庚子之乱哉，天昏暗，洋寇联军北京占，慈禧挟持帝西逃，国罹难。

嗟叹！深深冷宫兮，珍妃罹难，深井旁，光绪欲扑井兮，愿与君亡……未救心上人兮，终生痛憾！试问苍穹，天理何在？

夫黑夜茫茫，盼天亮，御和园哉玉澜堂，囚墙难断……

嗟夫！忆当年，图变法，救国难，两心相贴兮，历历在望。

叹而今，孤灯独影，十年囚禁兮，如牢中，单鸟凄凄，仍痛国殇，冷月暗落孤星寒，牢中犹望痛断肠。

呜呼！1908年，慈禧死前，光绪突亡，仅隔一日兮，冤魂难散！千古疑案！

嗟叹！崇陵墓兮，枫叶彤，秋风摇兮落梧桐，叶殷红兮，犹忠魂之血染……呜呼！犹伊人兮在呼唤。

夫生前形影相随，死后两穴相望，为变法兮，忠义魂断，图强国兮，千古绝唱！

哦吁！从商鞅变法兮，到戊戌变法哉，自五马分尸焉，到断头血溅，封建枷锁兮，变革难！

然：野火烧不尽，春风吹又生，千年难禁兮，变革图新。

呵吁！一部爱情悲壮史，一部晚清屈辱史！

呜呼！崇陵旷，山风飕，两墓相望，情不走，常回首……

正是：变法图强，救国救亡焉；

天上人间，千古绝恋。

悼念颜回赋

呜呼！天昏昏兮，日月騄黯；地茫茫乎，星光惨淡。

爱徒颜回，忽然舍老师而去……天呼，痛哉！

归来啊，回！

记得宋地被围时，回曾说过：老师在，回岂敢离去？如今兮，老师虽在，都已风中之烛，然你竟先老师而去……回啊！莫怪老师怨你言而无信矣。

一箪饮，一瓢食，居陋巷，人不堪其忧，回也不改其乐。

回兮，你从不迁怒于人，也从不犯贰过。呵吁！自从有了回，杏坛亲如蜜，相处如兄弟。

夫十五岁从师，勤奋苦学，二十五载如一日，一生与老师，同舟共济兮，忠贞不渝，未曾一日相离。

回啊，你视老师为父，老师待你如子，未曾忘记三盈三虚乎，那艰难的岁月，唯你不动摇。

十四载兮周游列国，甘愿随师乎颠沛流离，盖经受风雨兮，壮心不移。

回啊，你三月不违仁，要做像舜一样的人。你天慧过人，闻一知十，既能博又能约，淡泊名利兮，从无妄欲……

嗟呼！德行：颜渊。仁者回也。

哦吁！最有品德的学生，最能敏悟仁德的学子。

呜呼哀哉！天丧予也。

老天是在要我的命了……

归来兮，回！

悼念子路赋

呜呼！上天无眼兮，降下灾难，杏坛弟子兮惨遭命丧。

夫卫国内乱，子路蒙难，见义勇为乎无畏生死。

嗟夫！惨绝人寰乎，剁成肉酱，噩耗传来哉，举坛泣叹。

伤心哉，痛悼由也。

盖子路兮仲由，鲁国乎卞人。出生寒微，生性豪爽；耿直仁厚，骁勇忠良。养母笃孝兮，百里背粮。

夫师从孔子，行行如也，刚武诚直，仁勇异常。夫子叹曰：“自得仲由，恶言绝耳矣。”

呵吁！自谓治国，只需三载，笃行仁爱哉，忠信以待。

夫一介寒士，修身养性，闻过则喜。

嗟夫，跟随孔子，周游列国，爱憎分明乎不畏强权。夫子叹曰：勇人也，吾不如也。

唯出仕于卫，尽忠尽职。呵吁！临危之际，挺身而出，杀身成仁兮，豪气冲天。

夫子泣曰：噫！天祈予！老天要绝我了。

呜呼！仁者仲由，侠士子路；丈夫豪气，义无反顾。

盖忠义节操兮将垂青史，仁爱人性兮流芳百世。

呜呼哀哉！

呜呼痛哉！

悼母亲赋

一、悲哉！

呜呼！天塌地陷兮，山河呜咽；草木伏偃乎，日月遮掩。

蔼蔼母亲，撒手而去。

捶胸顿足兮悲天哭地，归来啊，母亲……

依旧是这间小屋，这盏小油灯，然而如今，人去楼空兮闪闪油灯，已成灵烛哉。

嗟夫！半夜不再传出咯吱的织布音；凌晨不再听到那揪心的喘息声。

叹哉！独坐空屋，伏案灵桌；茶饭不思，泪眼痴痴。

母亲的音容笑貌，历历在目……

二、痛哉！

先母姓颜兮名征在，籍贯兮曲阜。殁死时，年仅三十五。

悲夫！美丽善良兮母亲，温文尔雅兮书香门第。盖自幼聪明兮天慧，知书达理兮诗吟。

呵吁！琴棋书画，样样擅长。

嗟夫！童年，不幸的童年，三岁那一年，秋风凄凄兮草木萧萧，父亲孔纥乎不幸病逝，年轻的母亲啊，悲伤兮死去活来……

唉，一样的祭桌，一样的灵烛，母亲伏案恸哭……

若乃，刚满三岁的我，拉着母亲的衣角兮，哇哇直哭。

在我小小的心里，划下了悲伤的一痕，天呼！幼年的我，感到了人生的苦难。

嗟夫！三九寒天兮北风呼啸，孤儿寡母乎迁移曲阜。哦吁！母亲好辛苦，担起了对我的教抚。若乃，开荒种地兮五谷，日夜劳碌兮明月沉，晓星出，母亲的织布声未落……

黄昏，母亲披着晚霞，身背锄禾，汗水涔涔兮，用手一抹，上厨房。若乃，夜晚，豆油灯下，手持针线兮，对我讲诗文。一遍遍兮，我已困睡母膝上。

呵吁！清晨送我去学堂，晚上月色溶溶，如梦如幻，望着窗外的月儿，母亲优美的琴声兮渐渐送我入梦乡……

少年啊，难忘的少年，一次我病在床，母亲守候在身旁，烧退了，母亲一勺一勺兮喂我粥。凝望着母亲那苍白的脸……

嗟夫！皱纹乎已悄悄爬满母亲眼角，鼻子一酸，禁不住眼泪夺眶。母亲啊母亲，儿心好悲伤……

难忘那日兮，我没上学哉，当了吹鼓手，母亲打了我……长跪地上，听母亲讲铜鼎兮，诉说家族之悲壮。月儿已落，母亲替我拉上滑落的被子，用手轻轻兮抹去我挂在脸上的泪……

母亲啊，儿是为了替您分忧愁。

儿啊，母亲是要你成才……

嗟夫！两心相忧兮，感天动地矣……

三、天祭哉！

青年，苦难的青年兮尚未步入哉，父母双亡的灾难乎，顿降临。

嗟夫，难忘那一日，秋风瑟瑟兮落叶伴我回，“母亲……”没有了往日的应声。

飞跑到地里兮母亲晕倒在池塘……

苍天啊！噩梦降临，天地悲，问苍天，何以夺走我慈母？

从此孤苦无依，何以栖息？

母亲啊！十七年教诲恩重如泰山。

儿不忘，母亲教我诗书兮，习礼乐，育我品德乎，练琴瑟。

更难忘，临终拉我手，气喘吁吁兮，断断续续嘱：儿啊莫忘，周公吐哺，天下归心。

母亲啊母亲，大恩大德，终身铭刻，临终重嘱乎儿永记……

如今，父母合葬防山，前绿水兮后泰山，牵挂之时，可望儿安。

呜呼！天忽豁亮，百鸟鸣唱；地祥瑞降兮，千木溢香。

呵吁！母亲的一掬慈容，已化为祥云兮，变成彩霞，萦绕泰山……

呜呼痛哉！母亲在天之灵，安息矣。

龙赋

一、龙起篇

华夏民族兮，龙之传人哉；

一跃而起兮，蛟龙入海焉。

呵兮，盘古开天，天地一瞬间，霹雳一声震天啸，混沌换人间。

夫龙祖华胥兮，踩雷生伏羲，呵吁！惊雷电闪，龙现身。

《山海经》“龙身而人面焉”，太昊伏羲人祖现。从此，天上人间龙显神。

呵兮，有女娲者，面首蛇身，补天女神兮，造物之母哉。

哦吁！彩霞满天彤云间，伏羲女娲交尾焉，龙之传人炎黄先。

夫华夏图腾崇拜兮，自古龙为首。龙象威严，龙椅龙袍兮皇权至上，龙旌荡荡，呵吁！民间龙肖、龙剑、龙狮舞，更有龙舟威武兮犹海神舞。

呵兮！伏羲观天察地兮画八卦，一画开天兮，华夏文史跨。

昔文王囚羑里，龙伏潭渊兮，《易经》哲理深，忍辱七年终跃起，伐商灭纣矣，八百年大周龙兴。难怪《史记》叹“文王拘而演周易”。

哦吁！煌煌《易经》兮，一部龙经，一部龙之潜在跃飞焉。夫天卦乾元兮冠龙首，六十四卦兮龙身隐，奥在哲理卦中醒。

盖龙者，能伏能伸，能隐能显，善测善变兮，吉凶辨。

呵吁！“可上九天揽月，可下五洋捉鳖”，其雷霆万钧之力，犹排山倒海矣。

哦吁！试看万里长城龙脊梁，东岳泰山龙头仰。呵吁！千里黄河似龙翔，青龙长江入海洋。再观黑龙江上黑龙跃，碧龙珠江兮横跨伶仃洋。

呵吁！好一幅四龙纵横九神州，万千龙人共神舟……

哦吁！天马行空，独来独往，自强不息兮，龙之魂矣！

二、龙殇篇

夫《易》龙之潜在跃飞焉，蕴意深；藏起伏跃兮，定兴衰，与时预测兮，或跃在渊。

昔商纣肉林酒池兮，剖比干心，荒淫残暴兮，有辱龙祖尊。

西伯姬昌兮潜龙伏虎，武王蛟龙起兮，“龙战牧野，其血玄黄”兮，讨伐暴君兮，龙周兴。

呵吁！秦皇汉武，如龙似虎，六合一统兮，“时乘六龙以御天”。

大唐太宗兮贞观盛世，武则天中兴兮龙呈祥，丝绸之路兮，中西亚龙舞灿。

哦吁！一代骁龙兮成吉思汗，飞天强悍，一统蒙古兮，真龙祥。

夫真龙天子朱元璋，“高筑墙，广积粮，缓称王”，伏龙一跃兮统江南，大明昌。

更有康熙乾隆，一世蛟龙兮，如日中天，盛世康乾哉，大清龙兴焉。

嗟叹！日出日落兮，盛极必衰，苍天如是而况人龙焉！

嗟夫！晚清龙伤，痛甲午败，《马关条约》兮，割地辱国龙殇叹！恨八国联军，入占北京，火烧圆明园兮慈禧逃，龙悲叹。

呵吁！龙魂谭嗣同，奋起变法兮，遭砍头，血溅龙醒兮，我自横刀云龙上。

国父中山，辛亥革命昌，推翻帝制兮立共和，真龙神兮，堪比盘古开天彰。

嗟夫！李大钊呐喊头断兮，龙魂不断！

五四运动兮，陈独秀跃起，龙舟觉醒，万千龙奔上。

呵吁！痛殇必醒，辱必起，龙州薪火燃，九州浩瀚……

三、龙飞篇

叹《易》之“飞龙在天”焉，呵吁！日落再升，衰极必盛哉！

“九一八，九一八，从那个悲惨的时候”，日寇东北占，龙悲叹！

呵吁！“风在吼，马在叫”，黄河巨龙在咆哮。

“中华民族到了最危险的时候”，嗟夫！国殇龙啸上！

嗟夫！盘龙西安兮，两虎擒苍龙，震惊中外，周公急赴，力挽国难。

呵吁！国共合作，一致抗日兮，蛟龙得水，一跃起兮战豺狼。

难忘1945年，抗战胜利哉，呵吁！九州龙舞，旌旗扬。

嗟夫！龙蛇大决战兮，飞龙在天，誓降龙伏虎哉，一扫蛰蛇渊，红旗天下间。

呵吁！东方巨龙终站起，天安门上“大哉乾元，万物资始乃统天”。

不曾忘，从井冈山兮“今日长缨在手，何时缚住苍龙”！到北京双清，云起龙骧，扶摇直上九万里兮，龙云换！

难忘！改革开放龙跃上，珠江滚滚兮，碧龙吞潮浪。

今之新时代，伟大复兴，东方巨龙正腾飞，一跃天穹灿！

哦吁！中华历史哉，龙之潜在跃飞焉！

一部东方巨龙史，一部中华奋起壮丽史！

正是：自强不息兮，龙之魂魄哉！

　　　中华跃腾焉，巨龙正飞天！

第二篇

诗

龙凤颂

颐和殿前龙凤立，从来龙凤不两依。
自古豪杰多难料，龙上凤兮凤上龙。

垂钓吟

惊雷作兮闪电掣，蛟龙腾兮凤鸟折。
倘有仁者举贤来，西风起兮东风撤。

野花赞

紫色野花一片片，摘上几朵随我便。
风吹日晒寒霜践，自生自灭春又在。

梨花吟

满目梨花似雪境，疑是云河落枝头。
忽如一阵春雨来，雨打梨花似天仙。

滇池赞

一碧万顷金光沐，睡美人山西卧湖。
凤雕鹤琢半壁悬，龙门绝境千古无。

滇池吟

滇池天蓝靛，悠悠白帆点。
睡美倒影在，巍巍龙门险。

月溶吟

月色溶溶，银辉沐入。
竹院篱笆，有女纺纱。
琴声悠悠，小女轻吟。
何日遇君，结为心友。

荷姣吟

荷之姣姣，灿灿其华。
有女将嫁，其日多娇。
荷之姣姣，亭亭其华。
绿叶依依，其君多好。
荷之姣姣，盈盈其华。
莲藕硕硕，其宝多好。

女娲吟

黄河咆哮，渭水旋涡。
有女与斗，英姿飒飒。
人首蛇身，名曰女娲。
一生无涯，风雨叱咤。

观潮吟

钱塘观潮登堤台，排山倒海怒潮来。
自古英雄多感慨，历史兴衰如浪卷。
惊天动地浪扑面，雷霆万钧势如神。
从来君主皆自负，千秋功过看后人。

登泰山

登山巅兮，揫日月。
万山伏兮，千水低。
电光闪兮，雷声惊。
高高屹立兮，一人矣。

烽火台上

摘下星月兮，为吾照光。
登上烽台兮，心悬八方。
一扫六合兮，气吞九荒。
烽火连台兮，安定四邦。

八达岭观日出

日出登上八达岭，一览千里江山醒。
西风吹红万山丹，一条蛟龙云里穿。

龙凤颂

龙兮，龙兮，
长城之巅兮，蛟龙腾兮。
一统天下兮，君临八虚。
凤兮，凤兮，
东海之滨兮，红日曦曦。
龙凤传人兮，生生不息。
龙兮，凤兮，
泰山之顶兮，日照穹宇。
龙凤呈祥兮，自强不息。

千古智圣

羽扇纶巾兮，谈笑风生。
智者风流兮，雁过留声。
叱咤风云兮，出生入死。
三国鼎立兮，千古智圣。

苏武赞

手持旌节望斜阳，
十九载北海孤牧羊。
不屈不挠胡人仰，
忠贞气节千古扬。

月牙泉吟

沙山鸣晴惊，犹有丝竹音。
日映月泉镜，波光粼粼清。
大漠嵌翡翠，碧绿鱼翔轻。
一行白鹭醒，湖岸沙柳新。

大漠咏

金辉映斜阳，大漠沙丘浪。
孤烟袅袅上，长空无云荡。
大漠夜空寒，斗星照孤汉。
瑟瑟秋风起，沙翻似心浪。

菊桂吟

西风凉，落英茫。
唯有菊桂争秋芳。
桂花香，菊花黄。
人间最贵在吉祥。

心烛

长夜点燃一支烛，心顿亮兮如日出。
人间最重师生情，同生死兮共辱荣。

桃李操

杏坛育树兮，亭亭如盖。
莘莘学子兮，豪迈气概。
吾师孔子兮，有教无类。
今朝奋发兮，来日风采。
桃李芬芳兮，香溢四海。
弟子三千兮，天下胸怀。

何日能报国

抚琴泗水河，舞雩台上歌。
萧萧飞鸟过，点点远空廓。
落日映枫红，西风叶雨坡。
吾心已醒豁，何日能报国？

情吟

两情纵入爱河间，波涛汹涌无阻碍。
今生今世永相恋，海枯石烂不分开。

西山落日吟

西山落日美，红霞满天飞。
离去太匆匆，斜阳隐山中。

红荷赞

碧湖深处见红荷，一尘不染出绿波。
近望灼灼如丹霞，远眺点点似星火。

蜡梅吟

鹅毛雪压重，蜡梅依青松。
早春一独秀，暗把幽香送。

雁门飞雁咏

长城雁门落飞雁，千里边防系中原。
汗马泣血剑长啸，烽火台前连烟硝。

草原情吟

绿绿的草原，鲜花已盛开。
肥羊满山转，马头琴声扬。
蓝蓝的天边，炊烟绕云间。
姑娘赠我酒，深深的情爱。

阿里山美

站在阿里山巅，
远眺云海如雪莲。
拨开迷雾一层层，
红日隐隐现……

进入阿里山间，
神木高擎天；
近望林涛入浪，
白鹿戏水间……
下到阿里山前，
树树樱花开；
椰子树下是海滩，
白帆点点见……

吟雪松

大雪纷纷兮，郊外踏雪去。
万木枯萎兮，百花已凋零。
唯有松柏兮，苍山傲然立。
顶天立地兮，一任风雪袭。

叹半部《论语》治天下

一句名言一锤音，
撞响寰宇铿锵听。
哲人虽已乘鹤去，
千古不朽震古今。

采野菜

小狗蹦，小兔跑，
野外青草长得好，
弟兄们，踏青早，
喜看青山多妖娆，
绿绿野菜真不少，

你也摘，我也找，
带回家中锅里炒。

雁门吟

黄河滚滚东流去，
太行巍巍跌宕起。
夕照长城烽火台，
日映雁门紫气泰。

祭孔子

呜呼！
泰山倾倒，日月失光，
一代圣人，忽然仙逝，
天地呜咽，神州无欢。
嗟乎！
贤于尧舜，德比周公。
圣人伟绩，赫赫如山。
仰之弥高，钻之愈坚。
前无古人，业盖八邦。
哦吁！
天上北斗，人间正道。
巨星虽落，大道永彰，
满园桃李，永伴师魂，
功德千秋，万古流芳。

周公吐哺

为政以德，譬如北辰。
自古贤者，皆有效则。
为君之道，当仁不让。
为臣之德，忠义为先。
天不厌高，海不厌深。
周公吐哺，天下归心。

肝胆相照

从来携手共一船，忽然恶风掀黑浪。
风狂水急两分帆，国家安危忧心撼。
风雨行舟本已难，恶浪过后是太阳。
人生最毒离间谗，同心同德唯有你。
泪洒樽中再共饮，莫怪为兄哽咽长。
肝胆相照终释疑，乌云一散从启帆。

国运无疆

天上北斗兮，地下龙翔，
紫气东来兮，凤鸣朝阳，
泽沐九州兮，惠及八邦，
人心归向兮，国泰民安，
斗转星移兮，日就月将，
千秋大业兮，万古昭彰，
福如东海兮，寿比南山，
与日月俱兮，国运无疆。

山花袭人

山花绽兮芳袭人，
朵朵红兮坠山崖，
摘一朵兮心不忍，
朝霞放兮日落沉。

秋风叶雨吟

落日西沉兮，红霞起。
金辉斜映兮，丛林里。
西风卷起兮，落叶矣。
漫天红叶兮，如落雨。
蓝天白云兮，不分离。
秋风红叶兮，两相依。

弟子操

来兮来兮，
坐到一起来，
不分贫富，无论贵贱。
乾坤颠倒，慨而慷，
共同昂天外。
来兮来兮
走到一起来，
杏坛树下，舞雩歌台，
四海之内皆兄弟也，
一起向前迈。

英雄吟

一生忠义贯长虹，
浩气长存傲苍穹。
国民永远缅怀你，
千古英雄郑成功。

南山歌

鲜花盛开兮百鸟和祥，
尧舜禅让兮天下大安。
和平无战兮南山乃昌，
群臣和谐兮百姓安康。
女儿出嫁兮全民皆欢，
虞舜操琴兮奏起南山。
敬尧圣贤兮颂其德彰，
弦歌融融兮飞声远方。

咏牡丹

御园惊天一片红，疑是火焰落绿丛。
百花争艳谁风流，早有牡丹笑傲中。

惊艳叹

不是红荷亦非丹，容光灿灿人惊叹。
朝霞丽日顿伏光，星汉皓月亦黯然。

大河歌

大河滚滚兮奔流忙，千古朝代叹兴亡。
万马长啸兮鼓角锵，多少豪杰天下扬。

忍辱负重吟

老马难堪人鞭惩，忍辱负重尽赤城。
自古忠臣多遭毁，一片忠心又何悔？

问鼎中原

岐山金殿，蛟龙屹立，
赫赫文王，势如雷霆，
有朝一日，雪我国耻，
灭了暴君，问鼎中原。

石林颂

步入石林深，烟云冉冉升。
石峰背篓影，阿诗百态生。
林海石起浪，山山有回声。
天际一线泉，水珠飞溅身。
惊叹石境圣，千石万石神。
火节夜龙舞，狂欢不为甚。

泰山日出

泰山拂晓时，万岳起海浪。
冉冉托红日，彩霞扶桑上。

太湖吟

白帆点点映彩虹，远山茫茫隐长空。
多少蹉跎伤心事，尽在蒙蒙烟雨中。

月吟

月色姣姣升湖上，春风送暖冬寒散。
柳岸桃红琴声沉，归帆迎来鱼满舱。

琴吟

悠悠琴声扬，依依俩相伴。
疑是梦中人，声声琴断肠。

人生如梦

人生如梦兮，悲喜两茫茫。
天籁之音来，万家窗灯亮。

第三篇

词

忆秦娥·热血溅柱

烽火起，热血溅柱春去也，春去也，苍天染红，茫地悲切。

为义不负女儿身，捐躯哪堪玉容消，玉容消，国人皆泣，芳名永垂。

诉衷情·何日如梦

雨打梨花落无双，一只雁过窗，千里寻夫不见，恩爱过三载。

君何在？孤月升，寒星过，才送夜穹，残阳又暮，何日是梦？

浪淘沙·秦皇岛

秦皇岛海边，烟波浩渺，白茫茫碧浪接天。

登上城头望东海，几度风雨，几度兴亡，荣辱间，唯长城五千年未辱祖先。

忆秦娥·金台叹

枫叶秋，英主成汤金台屈，金台屈，鸣条血烈，夏桀终灭。

岁月河山依旧，七载含冤羑里囚，羑里囚。西风将狂，一扫纣王。

沁园春·汉魂

西汉盛世，如日中天，赫赫汉武，威武震八邦。文治武功，百家诸子，繁星璀璨。

司马史记，相如汉赋，风流千古天下昌。君不见，卫青霍去病，敌闻胆战。

大汉江山一统，开拓疆土，定国安邦，九州四夷安。泱泱汉风，人心归向，天之银河，地之汉水，人之汉魂。长长黄河，浪翻浪，惊心叹，汉魂千万代，千古流芳。

青玉案·叹李斯

巍巍秦岭山连山，滚滚黄河浪接浪，历史烟云硝弥漫。时运多舛，风云变幻，难全凌霄汉。

自古气节重如山，临危之际难过关。一代名相何魂断？晚年失足，一落千丈，让人扼腕叹！

浪淘沙·慈禧观红日

晨曦透烟枝，远眺瑶池，玉带桥上观红日，万道霞光映湖驰，漫天顿赤。

昔日武曌狂，遮天蔽日，留青史，曾几何时！而今，叹骄骄天阳，焉能二日。

思帝乡·何日是归期？

夕阳彤，阵阵秋风送，虞山已霜冻，枫更红。

长江滚滚流，望苍穹，何日是归期？岁峥嵘。

相思令·秋风阵

秋风阵，落叶纷，一行大雁南下跟，谁解心郁闷。

天何狠，难入枕，泪寄恩师多自珍，莫忘千古恨。

念奴娇·乱世英雄

满天银河满天星，千古英雄论古今，几樽清酒，叹兴亡，往事皆涌心。金戈铁马，白首丹心，转战千里行。

各路豪杰，一显身手大秦。

几度风雨几度晴，千古风流性难尽，无冕之王，饮鸩而亡，到头来，遗恨天地惊。北邙山下，几株衰草，几杯黄土。乱世英雄，可曾如梦初醒。

念奴娇·千古风流

秋风起兮，落日斜，西天残阳如血。

谋士风流三国起，一时峥嵘岁月，猿啼虎啸，百舸争荣，大江白浪卷雪。巫山神女，笑迎八方豪杰。

谋士韬略千古，一生傲骨兮，羽扇纶巾。月夜对酌，举金樽，一人乘鹤归去也。兴亡满目，叹旌旗伤别，人生无常，英雄也泪沾襟。

满江红·赞西周

巍巍秦岭岐山高，滔滔江水黄河长，代代豪杰，各显英烈。炎黄历史好辉煌。

龙凤旌旗千年展，夏商周，典章礼乐成，中国人。

西岐美，渭水肥，后稷勤，古公仁，赫赫文王，威威武王，一扫暴君神州昌。

太公智，周公善，硝烟漫，千古王朝天下撼。

忆秦娥·叱咤中国

乐鼓鸣，大河西来春风起，春风起，洛邑金殿，问鼎中原。

文武成王周公旦，牧野血战有姜尚，有姜尚，滔滔黄河，叱咤中国。

满江红·太行日出

太行山上，红日祥，紫霞东来，北雁翔，龙城灵气，傲雪凌霜。自古龙雁儿女刚，撼山震地英气长，望霄汉，披坚执锐兮，气轩昂。

黄河长，汾河湾，吕梁高，恒山茫，忆往昔，祖辈浴血拼战，但洒热血无眼泪，忧国忘身剑铿锵，慨而慷，捍边御侮兮，天下仰。

浪淘沙·雁门关吟

太行云霞长，黄河望断，雁门关山北雁翔。秋风秋雨秋松昂，英烈衷肠。

代代历沧桑，杨门雄彰，出生入死为国殇，昨日夕阳今朝阳，万世仰彰。

满江红·赵国难

山河破碎，鞑虏狂，国破家亡。誓不降，投笔从戎，急下南洋。斗转星移似电闪，日出日落太短暂。男子汉，不去救国难，何以堪！

隔海望，同胞难，阿里山，在呼唤，国难岂能忘。半壁江山，枕戈泣血十六载，英雄何惧洋夷蛮，挥泪执剑，跪别父老，誓收还！

长相思·十里长亭

古道旁，雪飞扬，千里送别割舍难，柔情人断肠。马嘶嘶，车辘辘，匆匆远行催人慌，无奈早春寒。

忆秦娥·临危吟

风声逼，大难临头生死依，生死依，莫迟疑，临危之际，千丝万缕。

悲之悲兮泣之泣，共渡难关不分离，终不渝，浩浩长虹，化作比翼。

忆秦娥·千古流芳

西天茫，九死一生雪山翻，雪山翻，誉满天竺，万世景仰，功德无量震四方，万经译藏大雁塔，大雁塔，牡丹红遍，千古流芳。

满江红·奏绝响

皇皇大秦，战鼓响，金戈铁马，出咸阳，横扫六合，气吞八荒，风卷残云兮，似飙狂。八百里秦川闪闪，银河灿，众星捧月兮，夜穹亮。

长城长，黄河黄，赤海红，出骄阳。霸气冲霄兮，顶天立地，一统天下兮，写新章。功盖五帝三皇兮，奏绝响，千古一帝兮，秦始皇。

水调歌头·赞文王

皇皇五千年，岐山月色姣，渭水日光浩浩，多少君王跃，干戈铁马中原，一河澄黄涛水，江波浮沉别，把酒问苍穹，关中谁能傲？

囚羑里，七载整，尝子羹，悲白首浩，龙归渊，岐山再起，浴血西关边隘，独行仁德天下，三分有其二，朝歌龙旌展，英灵在天笑。

渔家傲·姜尚赞

为报国，大智小计，驰疆场千征百战，钓鱼磻溪悲国殇，英姜尚，壮志难酬常嗟叹。

蛟龙入渊鹏展翅，文王姜尚要商丧。一展奇才披风氅，惊回首，牧野战场车荡荡。

圣人吟·大江东去

大江东去入海洋，一泻千里浩瀚，掀起惊涛骇浪。高山西来天涯，直插霄汉，历史春秋，滚滚终烟散。沧海桑田，唯泰山难撼。

多少贤人辈出，尼山诞圣，如黑夜秉烛，犹泰山日出，从此长夜无暗。君不见，星移斗转，地覆天翻，哪朝哪代，无不千古兴叹。

浪淘沙·观潮吟

黄河入海处，潮起潮落，沧海哪堪朔风妄，几多英雄悲歌销，遗恨难忘。

千古兴亡事，此起彼伏，人间最苦烽火乱，幸有蛟龙息干戈，力挽狂澜。

小重山·送帝师

一路保重莫多愁，挥泪送帝师，到城头，人生终有来日梦，叹江山，依旧现峥嵘。

悲生死关头，仰面望苍穹，风雨骤。从此天涯各一州。抚胸口，痛心犹疾首。

念奴娇·江风起兮

江风起兮，战旗摇，黄河愈加咆哮。
烟雨萧萧，七载囚，忍辱哪堪一笑？
怒发冲霄，壮志未了，当挥八师骁，岂容暴枭？
誓让黑夜换拂晓。

满江红·吟英雄

水操台上，隔海望，烟雾茫茫。忧心唤，半壁江山，可曾相叹，何日出师千千万，千艘战舰横渡洋，狂风暴雨雷电闪，神兵降。

战鼓擂，号角响，逐荷夷，收河山。同仇敌忾滔天浪，怒火冲天万众将。赶豺狼，中华民族头高仰，洋夷终腰弯，正气扬。

满江红·北京猿人

龙骨山洞，北京人，息周口店，裴文中，世纪发现，震惊世界。五十万年进化见，民族危亡敌寇奸，国宝失，北京人头骨，今何在？

北京人，智人先，火灰彩，石器坚，取火熟食先，生命之源开。揭人类进化秘，探古今生命演，为己任，写下新篇章，炎黄人！

赤壁怀古·敦煌赞

塞外西去，大漠旷，沙山映月壮。
金光灿灿，莫高窟，栩栩千佛藏。
无价瑰宝，千年匠心，几多耀耀赞。
煌煌敦煌，红霞西映宇寰。
古战血染沙场，藏经宝洞，萧萧久旷，洋人劫，敦煌悲天叹。
再见天日，旌旗红遍，丝路花雨绽。
宝洞灿灿，赫赫敦煌，耀我炎黄。

采桑子·拜谒中山陵

大江滚滚山悲壮，颔首英灵，泪洒襟沾，千古兴亡倚栏叹！

一代先驱应无憾，金陵垂梦，已不是梦，试看江山新朝纲！

浪淘沙·秦皇岛

秦皇岛岩边，沧海连天，长城山关老龙头，海水咆哮风卷愁，欲登高楼。

始皇叹卧虎，魏武鞭睡石，而今神州掀巨潮，风雷拍岸惊千眠，卧龙飞天！

浪淘沙·未忘家国怀

三十年河西，三十年东，隔洋未忘家国怀，想当初，金殿结义，志在龙凤。

举杯乘东风，道合志同，报效国土岁月匆，吾辈辉煌，再共愿不是梦。

兰陵王·甲骨命运

甲骨文，赫赫举世闻名，中国文字镇乾坤，古都安阳小屯村，煌煌殷之都，灿烂文明三千年。王懿荣，不朽之成，龙骨发现甲骨文。

昔日甲骨文，哀哀中国人，噩噩浑浑，一箱箱流境外，叹国宝宵遁，悲国殇叹！惊雷滚滚卧龙醒，安阳人奋起。今日甲骨文，中国甲骨字，举世瞩目，印证历史斑斓闪烁，炎黄智慧，更灿烂辉煌，甲骨魂！

酒泉子·巨龙飞吟

五千春秋，万千坎坷，黄河入海，炎黄人，正风流，巨龙飞。

千转折，长江归洋，叹往昔神州急，浪潮兴，飞龙杰，上九天。

苏幕遮·向人生

向人生，向人生，少年别父，壮志出征。大江东去云涯深，朝霞满天，一轮红日升。

向人生，向人生，目送兴亡，悠悠岁月珍。行路壮，雁过留声，人过留名，寰宇见嵘峥。

浣溪沙·月映荷塘

月色姣姣映荷塘，一缕清香扑面然，白荷红荷皆出泥。

朵朵荷花似洁玉，香也不香又何妨，荷叶伴我到天涯。

长相思·送别

才回眸，又回眸，依依相凝泪难别，谁知离伤情。

汝也泪，吾也泪，江岸远舟待启运，难平心潮浪。

望江南·盼望

多少盼，昨夜茫茫中，总有云开阳光灿，看见春风送冬风，严寒终消散。

渔歌子·窗外

夜半起身隔窗望，母亲织布唧唧响。
才披衣，又披衣，夜窗蒙蒙灯光亮。

一剪梅·思愁

一剪梅花送云中，挑灯伏案，几度春秋。多少个月明月暗，无声叹，几多愁忧。

人生愁啊，愁人生，大海无涯，何时休？终有云开蓝天见，大雁归来，又一秋。

浪淘沙·壶口瀑布

秦岭高兮渭水急，万马奔激，壶口瀑布经天下，排山倒海飞龙下，倾泻天涯。

秦晋峡谷奇，烟雾蒙蒙，一哮震天啸，冰封银龙天河下，顿失咆哮。

满江红·大河截流

横锁蛟龙，三门峡，滚滚大河，慨而慷，万里黄河第一坝，两岸梅放，江河让，大河归流铁堰降，出平湖，雁银波荡，举世叹！

峡谷悬，渭水湍，滚滚不羁黄河蟒。大禹憾，河图治水无望，重整河山志气昂，恰似天池银河现，福万代，煌煌千秋彰，九州撼！

第四篇

散文

我站在黄鹤楼上

2019 年 12 月，我趁赴武汉开会时机，再次登上黄鹤楼。站在祖国腹心的神阙圣地，放眼望去，浩浩瀚瀚的长江奔来眼前，想起 9 月份我曾经站在黄河边上，顿感黄河、长江这两条大河，一黄一青，仿佛两条飞龙奔腾在中国 960 万平方公里的土地上，几千年来哺育着亿万龙的传人在成长。

泱泱黄河，从青海的青藏高原流经四川、甘肃、内蒙古、陕西、河南、山东等九省，印记着从百万年前的蓝田人到北京人，从仰韶文化到龙山文化，从炎帝、黄帝到夏商周……直到当今的灿烂文明，我又仿佛穿越了时空，回到了八千年前，伏羲从甘肃、陕西率部落东迁到了泱泱黄河的中游，开创了黄河文化、《易经》文化及观象智慧。从郑州巩义河洛圣地，到安阳汤阴羑里圣地，再到山东齐鲁圣地的孔子儒家文化，是华夏文化博大精深的写照。

而长江，从青藏文化到巴蜀文化、荆州文化，再到江淮文化、淞沪文化都见证着华夏民族的灿烂文明。九曲黄河的百折不挠，浩浩长江的生生不息……都让人感叹不已，正是“大江东去浪淘尽，千古风流人物……江山如画，一时多少豪杰”。往西看，我似乎看到了三国时期的赤壁大战，耳旁犹如响起了“滚滚长江东逝水，浪花淘尽英雄，是非成败转头空，青山依旧在，几度夕阳红”的沧桑。向东眺，我仿佛看到了“钟山风雨起苍黄，百万雄师过大江……天翻地覆慨而慷……人间正道是沧桑”的雄壮。

看着长江大桥上下来来往往的车流、船行……我仿佛看到了黄河、长江两条巨龙的纹络血脉在汇融，融入了中华民族的同心圆，融合成自强不息……我环顾着四周，但见高楼林立，车水马龙，一幅幅繁荣景象。犹如在目睹顶天立地的祖国在一天天富强，让我心潮澎湃。我看着登黄鹤楼的人们，一个个喜笑颜开，满满的幸福感印在红扑扑的脸上……再眺望宏伟的长江大桥上车流滚滚，浩浩瀚瀚的江面上行船满满，仿佛在宣告着东方中国新时代的滚滚潮流正在奔向大海，奔向未来。

我站在黄河边上

十月二十五日我到郑州参加了河南省易经研究会和巩义市政府举办的己亥年祭祀伏羲大典。又来到了中国人伟大的母亲河黄河和洛河汇合之处，站在岸边上看着泱泱大河汇纳处形成的清浊，思考着八千年前中国的人文始祖伏羲带领着部落从甘肃沿黄河东迁来到了这片圣土是怎样的仰观天象、俯察地理悟出了太极阴阳，又怎样的结合龙马河图悟出了先天八卦，从此一画开天，开启了中国人的观象智慧。从此中国人从象数文化到象数思维，再到象数科学经历了三个伟大的历程。我再一次肯定了我提出象数科学的重大意义。我亲眼看到了象数科学的河水源头。深感中国人智慧的超前和伟大。也更加激励了我一定要把象数科学弘扬下去，一定要在全世界展示中国人从八千年前的伏羲时代就已经开始了的伟大的东方智慧！

我站在安阳周文王塑像下

今年九月份我参加了由安阳市政府、安阳周易研究会举办的 2019 年海峡两岸周易文化论坛暨第三十届周易现代化国际讨论会。我演讲了开创象数科学的重大意义。并赴羑里城参加了周文王的公祭大典。站在周文王的塑像下，我仰头崇敬地凝望着这位易学圣人周文王那饱经牢狱的沧桑面容和那双智慧的眼睛。凝望着周文王被商纣王囚禁七年，是怎样在牢狱中演绎后天八卦，是怎样的在困苦中作《周易》。也正因为是在牢狱中奠定了自强不息的风骨，所以孔子作《易传》才写出了“天行健，君子以自强不息。地势坤，君子以厚德载物”的千古绝句，奠定了中国人不朽的民族气节。所以司马的《史记》才写出了“文王拘而演《周易》”的著名论断。

我为了写好历史小说《周文王》，曾经多次站在周文王的塑像下以及羑里城的牢墙下思考这位西周盛世开创先驱不凡的经历。周文王在《易经》中，在伏羲开创的观象智慧的基础上发展了象数思维。于是在八千年前，从河南郑州巩义的河洛圣地，伏羲开创了观象智慧，提出了“仰则观象于天，俯则观法于地……以类万物之情，以通神明之德”。到安阳殷羑里圣地。约五千年前，在这片北面黄河，背靠太行的黄河中游的圣土上，既发展了伏羲观象文化，创造了象形字甲骨文，成为汉字之母，又奠定了象数思维的核心理论，成为《易经》的发祥地。为中华文化的发展做出了杰出的贡献。

我站在山东曲阜孔子塑像下

两千五百年前，黄河下游山东齐鲁圣地的孔子，《易经》圣人孔子在周文王作《易经》的基础上作《易传》，更加成熟了象数思维，写出了“易者，象也；象也者，像也”及“知幽明之故……以知死生”等象数原理，并把《易经》推崇为诸经之首，诸子百家之源，为《易经》、为中华文化的发展做出了不朽的贡献。两百年来医祖扁鹊，在《易经》《黄帝内经》象数思维的基础上开创了望诊脉象奠定了中医学的两大支柱，也奠定了中医象数科学的基础。

以前，我为了写好我的历史小说《千古孔子》、《论语》及《孔子哲学大智慧》等书，我曾经多次到山东曲阜站立在孔子塑像下，凝望着孔子那双智慧的眼睛，思考着孔子是怎样的“韦编三绝”研究《易经》，又是怎样的带领三千弟子撰写《易传》。我再次见证了黄河的伟大，见证了黄河无愧为中华文化的母亲河。

象数科学经历了从象数文化到象数思维，再到象数科学的三个伟大历程，再一次证实了象数科学的源远流长和博大精深，也进一步见证了象数科学来之不易，它有着发祥和发展于象数文化和象数思维的两大支柱，也更加激励了我一定要弘扬和保护好这个金字塔的金尖，一定要以博大精深的象数科学进一步证实中医学及东方自然科学的悠久和博大精深的科学性。

我站在扁鹊塑像下

昨天，我在济南参加了由山东中医药大学、济南社科联和《济南时报》主办的首届扁鹊论坛大会，我演讲了《扁鹊望诊齐桓公的重大启示》。次日在医祖扁鹊的故里山东济南长清山东中医药大学扁鹊塑像下，我凝视着扁鹊的那双眼睛，那双曾经开启了中医望诊、奠定了中医观象取义特色的眼睛是那样的神圣。那双曾经为齐桓公定死生而名震天下的眼睛，是那样的犀利、那样的神奇。从黄河中游的河洛汇流的河洛圣地河南郑州巩义，伏羲开创观象智慧到黄河下游的山东济南长清齐鲁圣地，扁鹊开创的望诊脉象，一脉相承，深感黄河这条伟大的中国文化母亲河，孕育了东方的观象思维，成为象数科学的河水源头，体验了从象数文化到象数科学的发展历程，倍感象数科学的源远流长和博大精深，也更坚定了我弘扬象数科学的决心。

决心在新时代一定要更加弘扬中医优势，弘扬象数科学，为健康中国做出大贡献。

我登到昆明西山龙门上

那一年，我刚满 15 岁，本来是和同学去玩的，没想到这一登却改变了我的一生。站在西山龙门上往下一看，呵吁！果然是“五百里滇池奔来眼底”，正如清代孙髯所写《昆明大观楼长联》，俯首仰望茫茫无边的滇池，在阳光下闪闪发亮，海鸥和燕鸟飞翔其上，美丽壮观……

我忽然心血潮涌，发誓“要把五千年中华文化尽收笔底”，下山时我边走边回望，就是这一次登龙门，让我一生都不能忘怀。

就是这一誓言，让我走进昆明翠湖图书馆，博览群书，一坐就是三年，文、史、哲、医都学习，为我考上北京，在北大图书馆艰苦坐写二十年奠定了基础。

就是这一誓言，我开始了对文、史、哲、医四大方面，齐头并进。

也就是这一誓言，让我放弃了报考北大哲学系，改考中医学院，因为我要把易经哲学和中医以及多种自然科学的哲理相结合，以便从中提取社会哲学和科学哲学相融合的升华。

也就是这一誓言，成为我的百万字巨著《周易与中医学》诞生的摇篮。

也就是这一誓言，我决心上北京，只有在北大图书馆才能满足我的需求。

为了实现“将五千年中华文化尽收笔底”的誓言，于是我报考了北京中国中医科学院研究生院。报到的第一天，我就走进了北大图书馆，呵吁！浩如烟海的图书，目不暇接……

从此便开始了，我在北大图书馆，艰苦坐写二十年的崭新人生。

我在北大图书馆二十年

呵呀！北大的图书，宛如五百里滇池一样浩瀚无边。我们中国中医科学院研究生院离北大仅一站路，于是，我一下课就骑上自行车直奔北大。

呵呀！看着浩如烟海的书，我如饥似渴，无论节假日或周末，我一天都不落，晚上要到十点闭馆，我才恋恋不舍地离开。

每到中午，我便用方便面来充饥，可以说方便面是我在北大图书馆的最好“朋友”。后来，图书馆的老师都感动极了，他们替我买食堂饭票，这样我就在学生食堂吃饭。我非常感激图书馆老师们对我的帮助，尤其他们给我开了“专座”，让我把当天未看完的书留在桌子上，次日再接着看，使我万分感动，可以说是热泪盈眶。

作者在北大图书馆查阅资料

就是这样早来晚归的日日夜夜，二十年来我几乎把北大图书馆文、史、哲、医的书都看完了，正因为有了这一雄厚的基础，让我写出了六百万字的《中华五千年文化经典》《中华五千年文学经典》和《中华五千年科学经典》。

接着还写出了《易经哲学大智慧》《孔子哲学大智慧》《老子哲学大智慧》《中国禅佛大智慧》《历史与哲学大智慧》等之后还写出了十部长篇历史小说“千古系列”……

尤其让我写出了即将出版的《诗赋新韵集》中整整40篇赋文。

呵吁！其中的艰辛难以想象……

可以说，我已经做到了在昆明西山龙门发的誓言，“誓将中华五千年文化尽收笔底”的誓言，为我一生的写作奠定了坚实的基础。

呵吁！难忘的北大图书馆！难忘的二十年！

我平生最喜欢王国维的《人间词话》所提“治学三境界”：

昨夜西风凋碧树，独上高楼，望尽天涯路。

衣带渐宽终无悔，为伊消得人憔悴。

众里寻他千百度，蓦然回首，那人却在灯火阑珊处。

我站在井冈山上

站在井冈山上，望着浩渺的山峦，我仿佛听到了“山下旌旗在望，山头鼓角相闻，敌军围困万千重，我自岿然不动”。

看着这个著名的革命摇篮，心潮激荡。

就是这个小小的井冈山，竟是农村包围城市的开山。

呵吁！伟大的武装夺取政权，枪杆子里面出政权！

站在朱毛会师的雕塑下，热血潮涌，感慨万千，如果没有朱毛的会师，那么就没有这个革命根据地，也就不可能有红四军的开创。

如果没有朱毛会师，那就不可能有今天星星之火，可以燎原。

我举头凝望着雕塑，久久不愿离开。

是啊！就是这一会儿，壮大了武装力量，汇聚了革命湘赣，创建了红军主力，坚定了革命信心，打击了敌人的包围。

到了黄洋界，耳边似乎响起了“黄洋界上炮声隆，报道敌军宵遁”，热血激荡……

井冈山啊井冈山，你是中国人的红色烙印，永远铭刻在中国人的心中。

啊！“星星之火，可以燎原”，井冈山，你见证了这一伟大真理。

我站在遵义会议楼上

呵吁！太伟大了，就是这个小小的二层楼上，竟决定了吾党的前途和命运。也就是这个小小的会堂，竟是我党生死存亡的转折点。

这个小小的二层楼，结束了以博古、王明和李德的“左”倾错误，我党首次独立，首次自己掌握自己的命运，这也是首次把马克思主义中国化。所以，这是一次历史性的转折，是我党我军史上的一次大转折。

我上到楼里，站在窗外，看着里边的桌凳，深切体会到，就是这个小小的二层楼会议室里，确定了毛泽东的领导地位，中国革命从此从失败不断走向胜利。

我也深深体会到了什么叫力挽狂澜，就是在最危急的关头，遵义会议挽救了红军、挽救了党。

试想，如果没有遵义会议，我站在小楼上逆想，那么中国革命还将受“左”倾和国外的摆布，那么中国革命还将遭受多少曲折和风浪。

遵义啊遵义，你曾经起到了战略转移的决定性意义，你曾经开启了四渡赤水的辉煌，红军终于跳出了敌人的包围而北上，踏上了伟大的二万五千里长征。

呵吁！遵义会议太伟大了，这个小小的二层楼，顷刻间仿佛变成了巨厦高耸云霄……

试想，如果没有遵义会议，中国革命会是什么状况？所以，伟大的遵义会议将永放光芒……

我站在宝塔山上

登上宝塔山，一览雄伟的陕北风光，看着这革命圣地，感慨万千。呵吁！巍巍宝塔山，清清延河水，曾经经历了多少磨难啊！

我站在宝塔下，久久不忍移步，只是举目眺望这高高的宝塔山，心潮澎湃。

宝塔山啊宝塔山，你标志着吾党在延安的光辉历程，你是红色的灯塔、信仰的灯塔。

不曾忘，你被重兵包围的时候，你仍然昂首挺胸，屹立在山巅！你不愧是革命圣地，延安的标志，你的震慑力让敌人都不敢炸毁你。

宝塔山啊，你是红色延安精神的象征，你曾经让多少人向往和奔赴。

呵吁！吾党十三载春秋，指挥抗日战争、解放战争辉煌永载。

吃水不忘挖井人，延安精神永垂不朽！

正是因为宝塔山太伟大了，所以我才决定要把《延安赋》写好。从井冈山到延安，我更加体会到读书破万卷，行程走万里的意义。

宝塔山啊宝塔山，你曾经是苦难中国人心中的灯塔，你见证了中国革命最艰难的历程。

延安啊延安，你赴汤蹈火的精神，将永远激励着国人，亿万斯年！

我站在鸭绿江边

碧碧鸭绿江，源于东北长白山，缓缓流入朝鲜疆。

站在鸭绿江边，脑间耳旁就响起了雄壮的歌声，“雄赳赳，气昂昂，跨过鸭绿江”的悲壮激昂。

站在桥上，仿佛看到了抗美援朝的悲壮。尤其想起长津湖，更让人感动不已，志愿军在零下三十度的冰天雪地里英勇顽强，让人无限敬仰。

42 万志愿军雄壮过桥，还有徐国臣舍身救列车的悲壮，让人震撼！

呵吁！隔江遥望，往事怎能忘！中日甲午战，日本铁蹄就是通过这条江、这座桥，踏到了东北土地上，中国人民从此罹难。

鸭绿江啊鸭绿江，铭刻着中华儿女的悲壮。

血溅鸭绿江，怎能忘怀曾经的国难和惨烈。

呵吁！英雄的鸭绿江大桥，你曾经是抗美援朝生死线的见证，铭刻着中朝儿女浴血重生的友谊和悲壮。

呵吁！雄伟的鸭绿江大桥，你是抗美援朝的丰碑。

站在江边，感慨万千，让人念念不忘……

第五篇

赋

（增补一）

南昌赋

一、浩哉！人杰地灵

登上滕王阁兮，呵吁！三面临江，五湖近端，浩浩赣江城中穿，两岸高楼兮倒影灿，城中八一军旗绽。哦吁！举目望，茫茫湖光闪闪兮，红日亮，远江白帆点点，碧天灿，美轮美奂……

壮哉！王侯之阁兮滕王阁，唐代一杰作。呵兮，碧瓦飞檐，雕梁画栋，似大鹏展翅兮九万里……呵兮，好一栋巧夺天工、气贯长虹之王家阁。

灿哉！文化圣阁，艺术长廊兮，流光溢彩，群星灿！

王勃，《滕王阁序》兮千古绝唱，“落霞与孤鹜齐飞，秋水共长天一色”兮，天籁之词！田园诗鼻祖兮陶渊明，“采菊东篱下，悠然见南山”（《饮酒》），尤《桃花源记》哉，穿越时空理想与现实焉，无愧江西文学开山叹！黄庭坚，江西诗派之鼻祖，“我居北海君南海，寄雁传书谢不能。桃李春风一杯酒，江湖夜雨十年灯”（《寄黄几复》），千古名诗赞。

呵兮！历代登阁兮吟诗作赋者，名家之众乎，叹为观止。白居易、苏轼、杜牧、辛弃疾、李清照、文天祥……

音乐家、画家、书法家哉，不胜枚举。

更有宰相陈恕、晏殊、大儒朱熹、高士徐孺子、航海家苏芬……

真可谓群星璀璨，让人惊叹！

浩哉！滕王阁！壮哉！南昌！豫章大地兮，无愧于“物华天宝，人杰地灵”赞！

二、壮哉！英雄赤城

岁月蹉跎，历史沧桑，几度风雨几度晴，滕王阁兮何惧烟火急。

嗟夫！滕王阁与岳阳楼兮遥相望，“先天下之忧而忧，后天下之乐而乐”兮共震撼。

壮哉！昔鄱阳湖上兮两王大决战，朱元璋与陈友谅！不逊赤壁之战！呵兮，千舟万船，犹群龙翻滚兮惊涛浪。

嗟夫！历史如镜，鉴言当训。缓称王胜早称帝兮，“欲速则不达”焉，哲理金。

伟哉！1927 年 8 月 1 日，南昌起义，惊天动地。冲破白色恐怖兮，打响革命第一枪！革命建军兮铿锵扛！

9 月，长沙响应，秋收起义兮党旗举。呵兮！湘赣共振，工农红军兮，革命火炬，浴血长征兮北上战！

壮哉！十大元帅，八大龙头兮南昌熔炉出，朱德、刘伯承、贺龙、陈毅、聂荣臻、叶剑英、林彪、罗荣桓，红军栋梁柱，龙头帅兮军魂壮。

呵兮！峥嵘岁月，何惧血腥？江西革命领袖兮方志敏，被捕入狱兮，《可爱的中国》“我生存一天，就要为中国呐喊一天”，英魂悲壮！

哦吁！刘和珍，学生运动领袖兮，“三一八”惨案赴难，鲁迅《纪念刘和珍君》壮烈悲怆！

伟哉！南昌，红色基因强，革命血脉长，英雄辈出兮，无愧建军圣地矣。

三、伟哉！八一军魂

金光闪闪兮八一广场，纪念碑高耸兮，一柱擎天锵。叶帅题兮“八一南昌纪念塔”哉，军旗高飘扬。

呵兮！南昌起义、秋收起义兮，交相辉映。八一赤城，井冈瑞金兮，红色烽火红遍天。呵吁！“枪杆子里出政权”哉，验证先。无愧乎，军旗升起之地焉！

壮哉！红色圣地，奋起八大元帅兮，赴汤蹈火，浴血天下。呵兮，红军长征八帅先，挥军一、二、三、四野哉，抗日、解放、抗美三大战兮，金戈铁马，赫赫战功，开国元帅兮名垂千古！

哦吁！天翻地覆日月换，新中国兮红日灿，南昌兮昌大南疆绽。改革开放，高楼叠起，商贸兴隆兮，经济科技上，第一架飞机、第一枚海防导弹，航天航空干！

伟哉！今日南昌，新时代兮伟大复兴，老区新颜换，全民脱贫兮小康奔。呵兮！科技产业兴，通信先进行，赣江大桥飞架兮两岸通途灿，水陆商贸绽，南昌大变样，中国特色现代化兮谱写新华章。新哉！南昌日日新。

哦吁！夜景下的滕王阁，万家灯火亮，灿烂夺目兮，霓灯闪烁似仙境，如诗如画绽……

呵兮！晨曦红日彤，登高远眺，八一广场，红色圣帜兮，永不变色壮。

伟哉！红色圣地。壮哉！老区英雄。

正是：英雄之城焉，铁血人民；
　　　军旗永扬兮，赤龙天奔！

安阳赋

一、灿哉！文字之都

巍巍太行兮滚滚黄河，大商盛世兮殷安阳；
文字之都兮《易经》圣地，后母戊鼎兮天下扬。

夫历史沧桑，岁月汤汤，“天命玄鸟，降而生商”兮，大商泱泱。

嗟夫！鸣条之战兮，商汤灭夏大商建，公元前十四世纪焉，盘庚迁都兮，由奄（曲阜）至殷（安阳）殷商兴。270年后，曹魏、后赵、冉魏、前燕、东魏、北齐，呵兮！七朝古都安阳金。

壮哉！1899年，清朝国子监，金石学家、甲骨文之父兮王懿荣，中药龙骨焉，发现甲骨文，千古一现兮倾国惊。“洹水安阳名不虚，三千年前是帝都”（郭沫若）。

呵兮！一片甲骨文兮惊天下，十万骨文乎撼四宇，中华文明兮前推上千年！

灿哉！1937年3月，晴空如洗，历史再惊喜，安阳武官村，吴培文掘出后母戊铜鼎。

呵兮！一鼎震八邦，鼎辉闪金光，宫殿王陵相继出焉，三千年前大商盛世现。哦吁！历史画展兮殷商辉煌彰。

殷墟啊殷墟，甲骨文啊后母戊，凤凰涅槃兮，浴火重生叹！

呵兮！大邑商啊大邑商，三千年前中华彰，革故鼎新武丁兴，青铜文化举世惊。

壮哉！三千年前盛世泱泱，中华文明东方彰，比肩巴比伦、埃及和印度，一座煌都金光灿，世界四大发明兮跃前绽。

哦吁！镇国之宝兮后母戊，盛世之光兮掩不住；

煌煌文字都兮，千古文明兮似金柱。

二、圣哉！《易经》圣地

太行之东黄河北，七朝古都殷墟赫；

《易经》圣地兹发祥，煌煌哲理千古扬。

呵兮！圣安阳兮《易经》发祥，周朝奠基兮赫赫文王，囚羑里兮《易经》扬。

壮哉！“天行健，君子以自强不息；地势坤，君子以厚德载物”，周易金句兮，千古诚言！

夫司马迁《史记》，“文王拘而演《周易》，仲尼厄而作

《春秋》”，三千年前，“宅兹中国”兮壮志中原，遭商纣疑兮囚窗箝。

叹黑暗羑里闪曙光，周易精髓出姬昌。呵兮！七年斗窗心天下，囚堡变灯塔兮，浩瀚易理终悟灿。

呵兮！太极阴阳两仪开，乾坤天地万物演，预测辩证哲理先，天下万物演易皆。

哦吁！一座羑里城兮，半部周易史，伏羲画八卦兮，文王演重卦，博大《易经》哉，三千年前哲理先。

壮哉！矛盾法则兮哲理入，象数预测兮忧患出，启古今治世之道兮，开东方哲理之端，堪比古希腊之苏格拉底、柏拉图、亚里士多德兮三圣强。更有，德国莱布尼茨二进制兮启于《易经》，计算机出兮，伟大信息时代入。《易经》啊《易经》，见证哲学兮科学源头金。

嗟夫！诸经之首，大道之源，难怪孔子研《易》兮，“韦编三绝”叹！“加我数年，五十以学《易》，可以无大过矣”。

圣哉！诗书礼易兮六经，中华文明兮铿锵；

自强不息兮永传，无愧兮《易经》发祥。

三、伟哉！红旗渠精神

人工天河兮红旗渠，太行儿女创奇迹；

龙的传人兮民族魂，红渠精神永不息。

夫古有大禹治水，今有红渠引水，呵兮！开天辟地兮敢牵星河，创世界第八奇兮天下惊。

嗟叹！十年九旱，打翻一桶水兮上吊一命殒，悲剧兮焉能再重演？难忘，1960 年，号角响，夫以其悲天泣地，不如战天斗地。呵兮！一把铲、一条锤，县委书记杨贵兮，挺身出，率三十万人民兮，双手干！誓引漳水兮穿太行。

伟哉！党中央支持，共产党员兮正当时，置之死地而后生兮挽手上，穿山越岭兮千里红渠干。

永垂！81英烈兮镌铭丰碑，工程设计师吴祖太，坍塌压兮壮烈牺牲。舍身救人兮妇女队长李巧云，腿压碎。更有鹰神兮任羊成，无畏生死焉碎了四颗牙，入凌空除险兮飞身崖。凿洞先锋兮王师城，一线天上兮显身手，300青年兮拼死开凿600里青年洞……

哦吁！君不见，万千村民山上唱“蓝天白云做棉被，大地荒草当绒盖……”何等气概！

呵兮！“自力更生，艰苦创业，团结协作，无私奉献！”壮魂千载！

伟哉！新时代，伟大复兴，红渠精神昂首兴，安阳再创新。

红旗渠啊英雄渠，新时代兮精神扬；

艰苦奋斗中华魂，非凡十年兴国锵。

踔厉奋发兮砥砺前行，城乡面貌兮新颜奇，攻坚脱贫兮小康启，安钢凤宝工业上，安阳大变样。安阳蓝兮人欢畅。呵吁！科技创新，改革开放兮，高质量发展，中国式现代化兮矢志不渝上！

呵兮！文化强国兮，安阳殷墟博物馆，中国文字博物馆，文王演易坊，历史画卷兮何等璀璨！中华字都，出彩安阳，字魂不息兮，脉根不移，何其熠熠！

哦吁！赫赫安阳周易研究会，海峡两岸兮三十四届，影响世界。段长山、秦文学、现任会长王志轩兮功勋建，“周易文化兮，安阳闪亮名片”。

呵兮！文化强国兮，国际品牌范，建现代化中心城兮，拼搏上。

壮哉！大邑商啊大安阳，凤凰涅槃灿，洹河畔兮，紫薇花开烂。

哦吁！红渠精神兮铿锵，太行儿女兮昂扬，呵兮，河南多名城，自古威名扬，郑州携手中原兮，亿万人民在奋战。

伟哉！自强不息兮革故鼎新，砥砺奋起兮鹏程万里！

正是：新时代兮新安阳，红渠精神扬；

中原大地兮，蛟龙正飞翔！

山东赋

一、圣哉！圣人贤地

泰山黄河兮，礼仪之邦孔孟乡；

圣人贤士兮，仁爱之域文脉灿。

夫“登泰山而小天下”，入曲阜而知华夏。炎黄根脉兮，仁礼绽。

自古礼圣周公兮制礼作乐，仁德礼义兮，儒学先河范，难怪乎孔子周公梦。

韬圣姜太公，文武王辅臂兮，周朝开国勋，文韬武略金。

至圣孔子兮，儒学之宗，“集古圣贤之大成”兮，仁义礼忠孝兮震古今。呵兮！万世师表兮首开杏坛，“有教无类”兮启平民教育之先驱。哦吁！弟子三千兮，贤士七十二，儒学代传兮天下兴。

亚圣孟子兮恭行仁政，以民为本焉，孔孟仁礼世代惊。

嗟夫！曲阜孔子大成庙，四大配圣兮，左颜回与子思兮，右曾参和孟子。夫复圣颜回兮，仁德先，孔门七十二首圣兮，“一箪食，一瓢饮，在陋巷，人不堪其忧，回也不改其乐”，“贤哉回也”，孔子赞！

述圣孔汲（子思）兮举中庸之道，倡“礼之用，和为贵”兮世代扬。

宗圣曾子兮，以孝为本，忠孝两彰兮，《孝经》传。

呵兮！忧国忧民兮儒家四圣举，夫“为国以礼”“为政以德，譬如北辰”兮，半部《论语》治天下，仁爱忠孝铿锵传。

更有使圣，晏子使楚兮，春秋齐国捍国威。

夫兵圣孙武、孙膑和吴起，春秋战国兮显身手，三子兵法兮甲天下。

智圣诸葛亮兮，忠臣智相范，“鞠躬尽瘁，死而后已”兮，天下唏嘘。

医祖扁鹊、字圣王羲之、匠圣鲁班、婉约宗主李清照兮，层出不穷赞。

呵兮！十五大圣人兮齐鲁出，十三大帝王兮封禅泰山入，无愧乎圣人贤地兮古今无。

二、壮哉！峥嵘岁月

齐鲁大地兮，乾坤春秋风雷灿；

沂蒙儿女兮，峥嵘岁月几悲壮。

嗟夫！何曰山东？太行之东，五十万年前，沂源人兮，生息于兹。何以齐鲁？西周兮封邑于斯，姜太公建齐，周公封鲁，齐鲁天下彰。

嗟叹！三千年兮，潮起潮落，风云荡，蹉跎岁月兮，剑难断。

夫春秋孔子，十四年周游列国兮，“如丧家之犬”，回归倚门叹兮，“天不亡吾矣！”设杏坛兮，仁礼千古传。

嗟夫！秦始皇遣徐福，东渡求仙兮，三千弟子一去无归，中华文明兮东海辉。

呵兮！泰山怒，黄河咆哮兮，东海啸，鸦片战争兮，青岛割让，国耻难忘。甲午海战，邓世昌驶船撞倭舰兮，激烈悲壮！民族英雄戚继光，“但愿海波平”，三千精兵败倭三万兮，国魂撼！

若乃！峥嵘岁月兮，何惧悲怆！

卢沟桥事变兮，日寇入占，中华危难！民族英雄赵登禹，打响抗日第一枪！抗日名将张自忠，枣宜浴血战焉，壮烈殉国，十万军民冒死送葬兮，激昂悲壮。

呵兮！鲁南会战兮，台儿庄血战，击日寇嚣焰兮，抗倭斗志壮。

哦吁！铁道游击队兮，“千里的铁道线上，是我们杀敌的好战场”，歌声撼！“蒙山高，沂水长，我为亲人熬鸡汤……”百姓抚伤员兮，热血肠。

伟哉，壮哉！解放战争兮，孟良崮战役，陈毅、粟裕指挥兮，所向披靡，扭转战役灿。

呵兮！山东人民，齐鲁大地，奋勇杀敌兮，可歌可泣叹！

三、伟哉！今日山东

巍巍泰山兮，滚滚黄河入东海；

国之巨臂兮，三面临海扬帆远。

伟哉！新中国，泰山日出彤，齐鲁大地兮，牡丹红。

嗟夫！古有“樊迟问仁？子曰：仁者爱人”。呵兮！千古绝问叹！

夫周公孔子到而今，齐鲁仁爱基因强，几千年华夏文明长。

呵兮！顶天立地兮山东汉！昔之《水浒传》，108 条好汉，今之“该出手时就出手哇”感动中国撼！

难忘，唐山、汶川地震，“非典”、新冠疫情，河南水灾大危难……燃眉之急兮，山东输血冲前上。十位山东大汉兮，一辆三轮车，三千里奔赴汶川救灾难。哦吁！救援菜车源源送，沂蒙儿女争先到，生死救援兮，英雄本色赞。呵兮！昔日“闯关东”兮，山东大汉硬骨头，今日救灾难焉，齐鲁人民爱心撼！

壮哉！改革开放，数十年山东新颜换，沿海岸口贸易灿，人民生活上。

伟哉！新时代，伟大复兴，山东日日新！城乡大变样兮，脱贫攻坚，山东榜样！

呵兮！沿海港口吞吐量，全国首位兮，海洋经济上。数字经济兮，高科技、高质量兮山东工农海陆并举干，三新一高上。谱写中国式现代化兮新篇章。

夫自古“和为贵”兮，千古绝句。包容、厚道、好客兮，山东人，“一带一路”共赢共利兮，当代仁。

壮哉！齐鲁样板兮，山东先范，文化强国兮，标杆上。

呵兮！大山东啊大山东，亿万人民奋进中，国之巨臂兮，山东砥砺冲。

伟哉！泰山脊梁兮沂蒙精神，千古仁爱兮山东人。

正是：新时代兮，齐鲁大地热血昂；

今日山东兮，浩瀚巨龙正飞翔！

长沙赋

一、壮哉！英雄之城

岳麓山下湘江畔，钟灵毓秀文脉灿；

革命摇篮沙星亮，英雄辈出忠魂强。

橘子洲头，伟人塑像，呵兮！苍穹巨亮，闪烁铿锵，“问苍茫大地，谁主沉浮？”千古震撼！

嗟夫！三千年城史，楚汉名域，马王堆汉墓见证兮，璀璨景象，煌煌呼震惊天下。

哦吁！星城自古多英烈，壮怀激昂兮，三千年峥嵘，无愧炎黄啸汉！

嗟夫！楚国屈原投江殉国，呵兮！大江东去不复还，忧国兮人间永垂传。

嗟叹！1898 年，戊戌变法，惨遭扼杀，谭嗣同兮头断北京菜市口，天下震撼！辛亥革命先驱黄兴兮，民主革命旗手撼，国葬岳麓山上。护国将领蔡锷，国葬第一人兮，魂归岳麓叹！

壮哉斯岳，尽埋忠魂汉！

1911 年，辛亥革命兮，长沙响应，“焦陈”起义兮，《讨满清檄文》，誓推翻封建专制兮，惊天下。

五四运动，毛泽东、蔡和森，建新民学会，《湘江评论》兮响彻天下，“天下者，我们的天下，我们不说，谁说？”1921 年，中共建立。清水塘边，毛泽东刘少奇握手兮，叱咤湘江，共擎火炬兮，搏击九州上。

伟哉！秋收起义兮，义非凡，首擎党旗兮，首建工农红军，首创农村根据地。三首兮，农村包围城市转，井冈山上，中国革命大方向！呵吁！《湖南农民运动考察报告》兮，里程碑叹！

伟哉！共产党员杨开慧，大义凛然，宁死不屈兮似柔弥刚，血性铿锵，“骄杨”兮天下撼！

长沙保卫战，中日长沙三激战，伤亡九万兮，歼敌十一万，保卫湖南大西南兮功勋撼！

壮哉！斯城，湘江处处埋忠骨，苍穹垂泪岂无哭？

呵兮！湘江儿女多壮志，岳麓山下尽忠魂；

革命风云洒热血，古今湘麓多英烈。

二、灿哉！千古学府

岳麓书院千年长，煌煌中华文化灿；

几度风雨几度毁，文人巨臂双手擎。

嗟夫！湘江西岸，岳麓山下，历经千年兮弦歌不绝。呵兮，古之岳麓书院，今之湖南大学，绵延古今兮，文脉长。

若乃！北宋开宝兮九年，潭州太守朱洞兮筑兹院，宋真宗赐“岳麓书院”兮，千年学府灿。

夫“惟楚有材，于斯为盛”，岳麓书院“圣学渊源”兮文化窗口绽。主师张栻兮理学先驱，巍巍书院兮千年不息。

壮哉！朱张会讲，岳麓书院兮声名大振，“一时舆马之众，饮池水立涸。”赫赫朱熹者，二程理学源宗兮，朱子集大成。煌煌程朱理学兮宋元明清五代宗，书院官学盛顶峰。“存天理、灭人欲”，格物穷理兮，天理取代天命焉，哲学变革先。夫船山先生王夫之，“天理即人欲”兮再变革。唯物思想家兮“从一叶风帆到一座高山”，学识渊博兮气节重，船山祠兮彰仰众。

元军攻长沙焉，书院付之一炬，百名学生挺身战，城破自杀殉国兮气节壮。忽必烈令重建，叹元末战乱焉，书院再毁坏。明朱元璋主兴官学兮，百年书院再衰废。康熙重建赐“学术性天”，乾隆“道南正脉”兮，理学再兴。

嗟叹！几度烟雨，几度兴衰，一座岳麓书院史，半部中华哲文史。

壮哉！昨日书院，今之大学，千年学府兮，百年名校赞。

三、伟哉！今日长沙

高楼霓虹如星河，苍山巨变仙境若；

幸福满满人欢唱，今日长沙星光灿。

伟哉！新中国，朝阳彤。橘子洲头，万山红遍。答曰：今日天下兮，人民主兴亡。见证伟人天问兮，千古壮怀！

呵兮！煌煌湘潭兮伟人故居赤光闪，赫赫刘少奇故居红色灿，四方瞻仰人海茫，红色火种兮薪扬传。

改革开放，湘湖新颜换，高楼叠起，江帆竞逐兮胸怀畅。

伟哉！新时代，伟大复兴，如日中天兮，长沙日日新。高水平兮全面小康奔。连续十四年兮“中国最具幸福感城市”榜，呵兮！幸福满满人欢唱。

壮哉！自“五一路时代”到“湘江时代”，从“制造强市”到“智造标杆”，科技现代化引擎兮，高质量发展上。呵兮，长江经济带中心，上承南北兮下启东西，战略地带金。

非凡十年兮，180 家世界 500 强焉，长沙投资上，中国 V

谷兮长沙马栏山，平台经济兮网络强国绽。“两桥一隧”兮，山水州域畅。呵兮！美丽蝶变兮，经济腾飞上。

美哉！夜景下，湘江倒影看，一江两岸兮星光灿，宛若沙星闪亮。

呵兮！君不见，湘绣美，湘剧绽，芙蓉花开灿。

伟哉！大长沙啊，大湖南，亿万人民在奋航。

正是：新时代兮，长沙人民意气昂；

湘江大地兮，浩瀚骄龙正飞翔！

山西赋

一、灿哉！地杰人灵

滚滚黄河奔流忙，巍巍太行浩气长；

地杰人灵汾河畔，红色血脉英烈强。

山西者，晋也。历史悠久兮地杰人灵。夫自古轩辕尧舜禹哉，战天斗地于斯兮，生生不息。呵兮！春秋分封之晋国，彰显五霸之魂魄，霸气昂！

嗟夫！战国赵、魏、韩三家分晋，三晋雄风起兮，黄土大地撼！

壮哉！龙兴之地兮，君王崛起！春秋五霸晋文公，从流亡重耳到立强晋兮，“会盟天下”惊！唐高祖李渊，龙兴太原兮功高大唐建。一代女皇武则天，凤出文水焉，姣龙登天。嗟叹！长治之龙凤出慈禧，统治清朝半世纪哉，兴亡叹！

雄哉！雄狮之域兮，将帅辈出！一代雄主赵灵武王兮，倡胡服骑射哉，赵国兴，堪比齐、秦钧。夫自古燕赵多豪杰，卫青霍去病兮，金戈铁马征战悍！三国关羽兮，大刀阔斧天下闯。呵兮！烽火雁门关，杨业父子兮，一万胜乎十万辽兵捍，杨家将四代镇守关兮，精忠卫国天下赞！

灿哉！名相之州兮高人拔萃！奴隶出身兮，商相名傅说，立“知之非艰，行之惟艰”，知行合一兮建武丁中兴辉。战国蔺相如兮赵国上卿，“完璧归赵”焉名扬天下。唐代名相狄仁杰，直谏正义兮无愧“北斗之南，一人而已”誉。清朝名臣于成龙，“天下廉吏第一”赞，死后，数万民众兮江边伏地泣送叹！

伟哉！今之杰人兮，英杰挺膺出。“刘志丹来是英豪”，转战晋西北焉，壮烈牺牲，英魂中阳葬。共产党员，十五岁兮刘胡兰，大义凛然，从容赴铡刀焉，“生的伟大，死的光荣”赞！和平起义傅作义，保卫北京功勋建，开国元帅徐向前，国家领导华国锋，《三国演义》罗贯中、作家赵树理……呵兮！山西英杰，如天上星河，无愧黄河鲤鱼跃龙门！

灿哉！大山西啊灵山西，龙兴之域，地杰人灵叹！

二、壮哉！太行英烈

太行山上汾河畔，浴血奋战救国难；

一寸土兮一滴血，抗日英雄天下撼！

呵兮！壶口瀑布惊天涯，滔滔黄河呼啸下；排山倒海掀大浪，万马奔腾怒涛上。

嗟夫！卢沟桥事变，北京沦陷，日寇侵华哉，中国危难！

“风在吼，马在叫，黄河在咆哮，黄河在咆哮……”

伟哉！八路军总司令兮朱德，副总彭德怀，东渡黄河兮挺进山西，总指挥抗日战。哦吁！吕梁游击兮万山丛，太行山上汾河畔，三晋儿女兮，大刀长矛乎浴血上！林彪、聂荣臻，指挥平型关大捷兮。呵吁！当头一棒！日军抱头窜，“三月占领中国”焉，梦狂幻！

呵兮！娘子关战役、忻口战役兮奋勇歼敌，打响太原保卫战！

壮哉！“保卫黄河，保卫华北，保卫全中国！”中流砥柱兮山西怒吼上！

哦吁！百团大战，彭德怀指挥，歼敌五万，打击敌人气焰焉，彰显我军威望！

嗟叹！反扫荡，左权将军组织突围哉，壮烈牺牲，彭总泪面朝天唤……

伟哉！三晋热土在沸腾，六十万热血青年兮，上战场。呵兮！伤亡战士三百万兮，苍天亦泪望！

壮哉！一寸热土兮一滴血，三晋儿女无一缺，一筐土豆，一双鞋，老区奋勇朝前接。

嗟夫！黄土处处埋忠魂，青山林林悲壮行，烈士碑前万人仰，英烈千古难忘怀！

伟哉！山西儿女。壮哉！太行英烈。

三、伟哉！今日山西

黄土高原钢刃强，长城凝聚雄风然；

三晋儿女多壮志，吕梁筋骨天下扛。

伟哉！新中国兮太阳红，人民当家作主兮山西建设强。呵兮！陈永贵兮大寨精神壮，艰苦奋斗兮天下撼！

改革开放兮经济转型战，山西大变样，哦吁！人民生活在改善，煤铁工业上。

伟哉！新时代！伟大复兴，日日新。中国式现代化山西新篇章。呵兮！脱贫攻坚兮，三百万民摘穷帽，三千自然村搬迁笑。

破茧蝶变兮工业化、信息化，高质量发展兮新兴产业上。呵兮！产煤一百亿吨，“一煤独大”兮能源产业革命上。

壮哉！新能源装机突破四千万，137 家世界五百强兮来晋投资干！

呵兮！山西哉！由“黑”变绿兮青山出，从“煤味”变香兮芳气入。呵兮，菊花馨香兮，汾河水呀清悠悠，吕梁太行乐融融。

若乃！锦绣太原兮龙城之源，煤都大同哉天下共享，运城盐湖兮千年天盐。呵兮！赤帜长治哉长治久安，三晋共同富裕兮永安康。

哦吁！五台山上云冈石窟兮，荣居世界遗产赞，夫云岗和龙门兮，北魏两大明珠绽，中华石雕文化灿。

嗟夫！不曾忘，走西口兮驼铃声声，乔家大院汇票争，商贾云集兮，晋商纵横天下惊！呵兮！“牧童遥指杏花村”焉，汾酒扬天边，油盐柴米酱醋茶哉，山西陈醋能缺焉？

呵兮！太行精神，吕梁魂魄，汾河两岸兮勃勃生机上！

伟哉！大山西啊大三晋，万千人民在前进！

正是：新时代兮，太行精神扬；

　　　三晋儿女兮，巨龙正飞翔！

甘肃赋

一、壮哉！边隘英烈

大漠孤烟马蹄急，多少慓汉铁血烈；

自古边关多悍将，国之咽隘河西廊。

夫八千年前，“华胥履大迹”兮伏羲诞，“作结绳为网罟”哉渔业上，壮哉！华夏于兹兮生生不息赞。呵兮！伏羲观天察地兮一画开天，人文肇始彰，天水兮羲皇故里，煌煌伏羲庙哉，公祭大典兮炎黄文化绽

夫甘肃形似如意兮吉祥象，黄河穿流兮天水降，嗟叹！自古兵家必争焉，一夫当关兮万夫莫开叹！

嗟夫！公元前 139 年，汉武帝遣一代战神卫青、霍去病兮击退匈奴，收复河西天下撼！张掖、酒泉、敦煌、武威四郡建，呵兮！张骞出使西域，丝绸之路开，欧亚交流灿。然兵马不断，

复派卫青、李广兮横扫大漠战，张骞再出使焉，驼铃复响祁连山兮鸟欢唱。

呵兮！东汉明帝，班超父子兮，三出大漠通西域，哦吁！东之洛阳长安，西罗马，大汉欧亚兮驼马欢。

嗟叹！夫三起三落兮，走廊再遭难，安史之乱！英雄张仪潮兮高举义旗收复四千里乎，蹉跎河西重现辉煌！

哦吁！河西走廊啊关隘撼，几度风雨兮几度春秋叹！

昔之隋炀帝巡临张掖兮，盛宴诸邦彰！曾经的诸葛亮，六出祁山憾，呵兮！不曾忘，左宗棠抬棺西征，收复新疆乎，功盖青史赞。

嘉峪关啊玉门关，多少将士白发泪，浴血沙场兮，不负英烈关！

呵兮！春风吹度玉门关，大漠茫茫祁连山，一路朝阳沐兮，车水马龙欢。

二、灿哉！文旅胜地

鸣沙山下月牙泉，雅丹风貌七彩岩；

敦煌壁画三关魂，文旅胜地甘肃金。

咽隘关啊，阳关玉门关，河西走廊最西端，丝绸之路圣门焉，万里长城汉始砖。呵兮！烽火台兮遥相应，祁连山上雁难进，虎踞长城兮，大漠安。

雄哉！北之玉门兮南阳关，远眺大漠沙无垠兮，近望玉门遗址焉，关魂存……

夫历史沧桑兮顿涌心，多少英烈兮护边辛，呵兮！浴血沙场兮未辱玉门关。

嘉峪关啊嘉峪关，曾经多少金戈铁马穿，边塞要隘兮风骨在，不负天下第一关。哦吁！屹立大漠兮雄魄壮，“大漠孤烟，长河落日”伴。

灿哉！敦煌莫高窟兮璀璨艺术叹！壁画彩雕兮千古国宝赞。天水积麦山石窟兮，历史文化泥塑彰。呵兮！四大石窟两甘肃，河西文化灿！

鸣沙山上落霞观，满目金黄满天光；

月牙泉边望星汉，疑是月弓落漠弯。

壮哉！张掖地貌灿，七彩丹霞彰，斑斓绚丽哉，一缕彩虹落山间。

夫驼背悠悠转，红柳胡杨间，满目春色无阻拦，“错把张掖当江南”……

呵兮！君不见，瓜州戈壁上，天为被，地当床，大地之子婴儿憨，寓意地球母亲样。举目望，瓜州大漠上，汉武帝、霍去病雕像，彰显开疆拓土，汉武雄风壮。

呵兮！一览甘肃兮，中国画卷半！

哦吁！大美河西走廊，大漠敦煌煌，驼铃声声伴雁欢，“一带一路”车马宽。

灿哉！羌笛异装穿梭过，民族相悦乐融融，边关塞外阳光灿兮，不负文旅胜地赞！

三、伟哉！今日甘肃

马踏飞燕鹰击穹，一路飞奔任风中；

三陇儿女扬鞭急，龙马精神九霄冲。

呵兮！如玉甘肃如玉州，非凡三陇非凡郡，金州玉地西部焉，大国金廊朝阳新。

伟哉！酒泉。航天摇篮兮，核业发祥。2003年10月15日，首航天杨利伟送太空兮天下惊！呵兮！百余次航天发射、百颗卫星、十艘飞船，11名航天员翔九天乎举世撼！酒泉文昌双惊叹！

壮哉！省会兰州。黄河明珠，浩浩黄河城中穿，金城汤池兮丝绸之路泱，呵兮！“联络四域，襟带万里”，西部中心兮，“一带一路”口岸兴。

威武兮武威。大西北枢纽兮丝绸之路天马壮。呵兮！“金张掖，银武威”，武功军威九州捍，马踏飞燕天下镪！

伟哉！新时代，伟大复兴日日新，高楼叠起兮，城乡巨变兴。呵兮！脱贫攻坚战底线，七十贫县摘帽焉，七千贫村全退困，五百万贫困人兮全脱贫！

哦吁！甘肃蝶变兮，全民小康鹏程金。

呵兮！矿业生产、电子工业，高质量发展兮经济实力大幅升，中国式现代化兮西部大开发，兰州引领上。

哦吁！黄河母亲雕塑前，生生不息炎黄人，玫瑰花开两岸艳，兰州牛肉拉面驰中外。

夜景下，黄河大桥兮霓虹闪烁似银河，呵兮！如意甘肃兮吉福金。

伟哉！三陇儿女齐奋进，黄土高原惊天地，傲然天下焉携手上，甘肃人民齐心干！

正是：新时代兮新甘肃，万千人民奔腾促；
　　　黄河儿女好昂扬，西北巨龙正飞翔！

云南赋

一、美哉！彩云之南

云贵高原彩之南，美丽山川吉福祥；
多元民族乐融融，孔雀飞舞大象游。

登上兮，昆明西山龙门上，俯瞰滇池兮，水天一色叹，呵兮！“五百里滇池奔来眼底”，孤帆远影哉，“数千年往事，注到心头……”天下第一长联（孙髯翁）赞。

呵兮！睡美人山龙门上，浩渺湖光烟雨望；

白帆点点天际然，五百里滇池焉能忘？

壮哉！春城石林兮，天下奇迹。

正是：巍巍石林仙气升，座座石雕皆天成；

踏入林中举目望，栩栩如生千姿神。

“阿诗玛呀阿诗玛……”电影一出九州唤，无畏强权兮英勇抗，“你是撒尼一朵花”，石像屹立兮，壮魄撼！

呵兮！“大理三月好风光，蝴蝶泉边好梳妆……”苍山洱海兮山明水秀，白族儿女在欢唱。阿鹏找金花兮大理转。

正是：苍山白云洱海蓝，大理古城古韵长；

勤劳白族生息兹，五朵金花九州扬。

美哉！香格里拉兮，藏族心中日和月，青藏高原明珠嵌，举世寻觅一天堂（《消失的地平线》）。

正是：青藏高原一明珠，香格里拉天堂都；

梅里雪山“金字塔”，茶马古道今通枢。

呵兮！丽江玉龙山兮，冰川一仙州，湖水碧蓝兮，高山草甸牛满山。纳西民族安居兹，雕塑乐舞和绘画，纳西文化美名扬。

正是：玉龙雪山冰岭连，峰峰似箭巨龙腾；

一湾碧湖蓝月谷，纳西古都奔眼前。

灿哉！西双版纳兮，傣族之乡，动物乐园兮，植物王冠。美兰孔雀舞跳兮，小伙相鼓舞。呵兮，果然一片神奇之热土。

壮美哉！大云南啊美云南，无愧武帝梦寻的彩云之南。

二、壮哉！抗日精神

高黎咆哮沧江怒，滇缅公路血肉筑；

滇西人民日夜战，抗日烽火生命柱。

嗟夫！1937年，七七卢沟桥事变哉，北平沦陷，日寇扬言乎“三月拿下中国”，国难当头叹！

哦吁！高黎贡山呼兮怒江吼，危难之际，云南主席龙云拍案乎，抢筑滇缅公路战。呵兮！国际支华大动脉兮，抗日生命线，粉碎日寇封锁兮，再难也要扛。

壮哉！二十万民工焉，彝、汉、白、苗、傣、哈尼、景颇、傈僳……十余民族上，男女老少，血肉之躯兮勇赴工地战。一条锄头，一个背篓，自带干粮，自背罗锅兮，开山凿岭，掘地挖土昼夜干。

嗟叹！头顶烈日兮风餐露宿，汗流浃背兮无畏征途。劳累加疟疾兮有病坚持上，唯工程不能断。

若乃！公路国内段，昆明至畹町兮，九百公里共，新建下关至畹町段（西段），哦吁！崇山峻岭，万丈沟壑，翻越六座高山，穿跨五条大江焉，极其艰难。

嗟夫！临危受命兮工程师二百人。哦吁！“省公路总局在保山县设立滇缅公路总工程处，命段纬主持该项工程。”（云南省交通厅主编：《滇缅公路》）呵兮！翻山越岭，抱病勘探设计兮无畏艰难。

伟哉！1938 年 8 月，滇缅公路全面竣工，历时九月的生命线哉终通畅，国际救援兮源源上，粉碎了日寇速亡中国之狂妄，誉为世界奇迹兮举世撼！

悲壮哉！二十万民工，牺牲三千人，每六公里兮长眠一人叹……

嗟乎！日寇狂轰炸焉，滇缅公路啊，几度劫难几度复。

1941 年哉，李温平任全线总工兮，再翻修哉确保血道通。

云南人啊云南民族，抗日救国兮，勇赴国难，无愧国之柱石赞！

伟哉！滇缅公路，你救了吾国之危难，一寸公路兮一滴血，杜鹃也啼血……何等伟大、何其悲壮！

聂耳墓兮铭记着人民音乐家，著《义勇军进行曲》之激昂铿锵。

云南人啊云南人，英雄的民族，爱国的热土叹……

三、伟哉！今日云南

巍巍高原六岳辉，三江滚滚急浪催；

云岭大地齐奋进，艳阳天下彩云追。

呵兮！1949年，卢汉起义，云南和平解放兮，红旗灿。

伟哉！民族团结之典范，呵兮，云南民族团结纪念碑耸立兮昆明西山足下叹。庄严誓词曰：“众志成城，团结一心，携手前行，创造辉煌。”天下撼！

哦吁！七十年来，见证哉，云南民族焉团结的楷模，奋斗之榜样。

哦吁！昆明五华区兮云南英雄纪念碑，铭记着1930年焉中共云南党组织的悲壮，难忘！1935年兮红军过云南，革命薪火传。嗟叹，1938年兮，滇军开赴台儿庄，英勇抗日兮，数万将士哉，血洒疆场。

伟哉！新时代，伟大复兴日日新，翻天覆地兮大变化，高楼耸立兮高铁架，城乡面貌兮蝶变跨。九百万农村贫困人口全脱贫，88个贫困县全摘帽，八千多贫困村全出列！呵兮！伟大的“千年跨越”哉，云南全省小康奔。哦吁！“一个民族都不能少！”共同富裕兮全民在。

哦吁！自贸试验区兮，昆明红河德宏首倡哉，绿色铝兮金属产业是强项。昆明玉溪曲靖焉，数字经济能源产业上，曲靖楚雄保山兮，硅光伏产业旺，西双版纳与昆明兮，共建国际金海岸，全省与成渝经济圈兮“飞地经济”哉，高质量飞速发展上。

壮哉！昆明引领兮，各民族携手上，砥砺前行兮，中国特色社会主义哉铿锵干！

呵兮！大美云南，民族融乐兮，文旅泱泱，乘风破浪兮未来可期。

灿哉！山茶花开红艳艳，云烟、云南白药、普洱茶、汽锅鸡兮驶中外。

伟哉！云岭大地兮，五千万人民在前进，25个民族奔马竞！

正是：新时代兮新云南，彩云之南红旗扬；

各族人民心连心，云南巨龙正飞翔！

福建赋

一、浩哉！天涯咫尺

武夷巍巍闽江泱，海岸千帆诗画般；

站在岸边东海望，有福之州亦有殇。

嗟夫！“天地玄黄兮，宇宙洪荒。”八千年前，闽台一地兮和和美美，其乐融融。

一天，一家三人行走兮“东山陆桥”（林观得《中国国家地理》）上，呵兮！东来西往人欢畅。忽如兮，一阵狂风海浪翻，桥路渐渐兮海下降……

“儿啊，你在哪里？”

“娘啊，儿在阿里山。”

嗟叹！武夷山啊阿里山，“东望岳山”（《山海经》）泪盈眶。

正是：闽台两岸本一家，忽如一阵海浪翻；

东山路桥下沉江，望断天涯两重山。

忆哉！昔属百越之闽越，三国建安郡兮唐代名福建，生息几千载。

浩哉！十四世纪明永乐间，郑和下西洋兮，舟帆浩浩荡荡，两岸灯火灿。

嗟夫！闽台两岸兮几度离合、几度沧桑叹！

1601年，荷兰武力侵占，台湾沦陷，奴役台胞哉，38年辱，何以堪？

呵兮！天怒地嗔兮东海哮，1661年，民族英雄郑成功，挥军三万兮，百艘战船，收复台湾兮，荷夷投降！

正是：跃马披甲剑指东，挥师跨海炮火中；

驱逐荷夷收复台，一统江山千古功。

嗟叹！十九世纪，甲午战争，《马关条约》焉，台湾割让，日寇奴占五十载，国耻难忘！

伟哉！十四年抗战，1945年，日本投降，台湾回归母怀兮，两岸热泪淌……

壮哉！鼓浪屿兮郑成功雕像，身披盔甲、手按宝剑兮东海望。

感叹！岁月沧桑，荣辱难忘，闽台两岸兮割不断，何日归根盼。

二、壮哉！赤色圣地

闽西赤色根据地，古田会议方向定；

红色老区薪火燃，革命摇篮征程长。

壮哉！蹉跎岁月，雄关漫道长，闽西圣地，赤色壮行镪。

1927年！中共古田支部兮红色摇篮，革命燎燃兮薪火传。

嗟叹！中央红军攻赣州兮遭重创，朱毛红四军兮东进闽西，方向转。

1929年，古田会议，思想建党、政治建军兮里程碑！呵兮，农村包围城市兮大方向，浩浩荡荡……革命根据地兮工农武装上。

伟哉！赤色福建，古田会议。

红色赤地红上杭，古田会议放光芒；

长征摇篮军魂铸，闽西革命青史煌。

闽西革命纪念碑兮屹立，万人仰崇兮永彰。

壮哉！威武福建，英雄辈出。

郑成功、施琅哉收复台湾，林则徐兮虎门销烟，邓子恢高举赤旗，林祥谦兮工人运动先驱范，民族气魄撼！

抗日战争，闽南游击队兮英勇抗战；解放战争，林、罗统帅赫赫四野兮，福州解放红旗绽。呵兮，英烈纪念碑兮，英魂壮。

灿哉！人文福建，人才济济。

呵兮！理学家朱熹，北大校长严复，著名作家林语堂，谢婉莹兮“一片冰心在玉壶”。

呵兮！大福建兮圆福建，几十个民族，高山族、壮族和畲族……客家土楼遍布兮民族融。

哦吁！一座座土楼兮，一部民族乡园同心史！

三、伟哉！今日福建

古有郑和下西洋，千舟百帆万里翔；

今之“一带一路”哉，携手九州天下扬。

伟哉！新中国兮，太阳红，改革开放江山荣。站起奔腾兮中国龙。

呵兮！大福建啊阔福建，亿万斯年兮，浩浩大海线。有福之州兮，恰逢新时代，“一带一路”优势在。

美哉！明珠厦门，擎海洋经济兮天柱，倡海洋文化焉先行。

正是：南海明珠厦门美，富饶岛兮白鹭飞；

鼓浪屿兮霓光辉，渔火晚霞千舟归。

浩哉！海丝泉州，开海上丝绸之路兮起点，跋奋楫新程兮赓续。

正是：海港泉州名港绽，日出彤曦勇争上；

古丝之路新活力，扬帆谱写新华章。

壮哉！潮起福州，续红色血脉兮传承，启磅礴征程兮引领。

正是：福山高兮闽江长，太平港外千帆扬；

潮起闽兮奋楫挥，“一带一路”东海金。

呵兮！福建六港兮东海宽，潮起潮落兮迎霞光，千舟万帆画卷般……

伟哉！新时代兮新征程，伟大复兴日日新。全民奋斗兮，翻天覆地大变化。十三万脱贫已保障。海洋经济兮先行范，“一带一路”贸易壮，年生产总值兮连跨三个万亿赞，谱写中国式现代化兮福建新篇章。

呵兮！工业化、城镇化，高质量发展兮，高楼倒影闽江灿。大福州啊，铿锵之州，引领厦漳泉一体兮，全省比肩战！

呵兮！“好一朵美丽的茉莉花”，武夷红袍佳，“两岸一家亲，闽台亲上亲”，融合先行焉，一路携手牵。

伟哉！不忘使命哉大福建，五千万人民在前进！

正是：众志成城气势磅，砥砺前行齐扬帆；

　　　新时代兮新福建，东海巨龙正飞翔！

贵州赋

一、美哉！多彩贵州

云贵高原一明珠，滔滔瀑布惊天殊；

浴血涅槃赤圣地，翻天覆地今贵州。

“天地玄黄，宇宙洪荒”，沧海桑田兮，蚩尤后裔夜郎国焉，生生不息哉历史悠悠，宋朝已有贵州称。明清设置州府兮民国定省县。

哦吁！巍巍乌蒙山兮横断纵横，茫茫大黔州焉层峦叠嶂，乌江水急兮瀑布灿。

呵兮！天下第一瀑布兮，安顺黄果树。

　　　惊天动地震天响，疑是万马奔腾锵；

　　　举目银河飞泻下，一轮彩虹映朝阳。

嗟叹！赤水丹霞冠华夏兮，彩霞地貌，万千激流兮七彩崖映，呵兮！绚丽斑斓兮，无愧多彩贵州叹！

君不见，铜仁梵净山兮武陵主峰，远眺兮疑一对雄狮立，近观乎似佛尊天降。呵兮！真乃鬼斧神工叹。晨曦霞云环绕，金顶兮摩崖一线天，释迦弥勒两佛立，佛光闪闪庙钟鸣，无愧乎“立天地而不毁，冠古今而独隆”。

嗟夫！贵阳花溪焉青岩古镇，古色古韵扑面兮今辉映，西江千户苗寨焉万家灯火好惊艳。呵兮，大贵州啊美贵州，千古江川无不彰，万里河山皆华绽。

嗟叹！更有黔灵山兮黔灵河，灵山灵水兮人杰地灵。君不见，清代洋务派兮张之洞，太子太保丁宝桢，乐山大佛兮海通法师建，著名诗人杨龙友，天眼之父南仁东……更有革命先辈兮林青、周逸群，革命英烈兮王若飞、旷继勋，抗日救亡英烈李策……

呵兮！贵州革命烈士纪念碑、抗日战争纪念碑、遵义会议纪念馆兮屹立，不忘峥嵘岁月焉铭记！

正是：多彩贵州美，山水壮丽魅；
　　　人才辈出兮，钟灵毓秀佩。

二、壮哉！赤色圣地

红色圣地赤贵州，通道转兵黎平经；
遵义会议方向鼎，绝地逢生曙光金。

壮哉！通道转兵。

嗟叹！行路难，红军殇，五次反“围剿”兮，湘江惨，红军八万减三万兮通道转兵救红军。

正是：血溅湘江惨烈殇，八万红军剩三万；
　　　避实击虚转黔边，生死存亡一线天。

嗟夫！中央红军兮甩五十万敌军围，放弃湘西入贵州。

甩开围剿弃湘西，通道转兵贵州趋；

黎平会议方向定，遵义会议前奏启。

伟哉！遵义会议。

嗟叹！生死攸关兮大转折，确立毛泽东同志路线哉方向正。嗟呼！结束“左”倾错乎走中国路，马克思主义中国化兮从此树。

“左”倾错误红军殇，遵义会议闪金光；

伟大转折北斗亮，中国革命从此彰。

神哉！四渡赤水。

嗟夫！以少胜多兮奇用兵，摆脱围困兮抢渡金沙江。

四渡赤水红军绽，纵横驰骋运动战；

“调虎离山袭金沙”，用兵如神巧渡江。

沧壮哉！迎红军啊送红军，娄山关兮六盘水，参军援军兮壮红军，赤色圣地兮贵州扛鼎，铭记历史兮不朽功勋。

嗟叹！送红军兮山冈站，赤旗远去兮泪盈眶；

仰头一望兮月儿弯，满天星斗闪烁光。

呵兮！绝地重生再启航，浴火涅槃重翱翔，历史关头挽救党，无愧红色圣地撼！

正是：惊涛骇浪曙光亮，纠正“左”倾挽狂澜；

伟大转折挽救党，中国革命从此灿。

三、伟哉！今日贵州

巍巍黔州多彩云，黄金十年展新景；

今日贵州书奇志，山乡巨变砥砺上。

伟哉！新中国，东方红兮人民站起中国龙，改革开放江山荣，新时代兮中国红，中华富起到强起哉腾飞龙。

呵兮！智慧黔南，中国天眼，未来星际兮航行灯塔。哦吁！天眼天坑兮好震撼，中国高科技征象叹！

伟哉！黄金十年兮新时代，伟大复兴日日新，翻天覆地兮山川变。

若乃，高楼叠起兮城乡换新颜，铁路纵横，天堑兮通途变。苗族、汉族、布依族、侗族、瑶族……呵兮！多民族一体兮，携手共上乐融融。

哦吁！农业生产科技化、工业化兮，全面脱贫小康奔，高质量发展兮大数据产业核心区兮，贵阳引领上。

呵兮！兰花香兮苗家舞，贵州茅台天下扬。枫叶谷兮红枫湖，红山红树映黔红。

伟哉！大贵州啊今日贵州，四千万人民在前进。

正是：多彩贵州大贵州，天翻地覆慨而慷；
新时代兮新征程，西南巨龙正飞翔。

安徽赋

一、美哉！秀丽山川

山川秀丽人文美，南北文化交融兴；
地杰人灵群星灿，江淮大地日月辉。

嗟夫！“人字洞”兮250万年前，人类生息源。“龙潭洞”兮三十万年间，“和县人猿”……

呵兮！地老天荒兮岁月泱泱，从“夸父追日”到文王“叱咤中国”，中华文明焉由西向东、自北朝南哉，江淮日荣昌。夫依江近海，南北腹枢，风水宝地哉安徽殊。

壮美哉！三山两湖一古城。

夫“开天图画，松海云川”兮仰黄山，前瞻雄伟兮后秀丽，李白“丹崖夹石柱”兮“菡萏金芙蓉”。呵兮！云海奇松兮千仞万峰，瀑布天挂兮泉流弯，别有洞天……难怪徐霞客叹：“登黄山，天下无山。”后人曰：“黄山归来不看岳。”

正是：黄山云海莲花峰，崖上最伟迎客松；
烟波佛光仙气祥，古刹隐现疑梦中。

哦吁！更有天柱山兮高耸入云霄，道吟佛颂兮一圣境，呵兮！“三千道人八百僧”。

高耸入云一柱天，仿佛置身九天间；

寺庙钟声阵阵闻，宗教圣地宛若仙。

呵兮！登上九华山兮奇峰壮石见，洞天福地兮禅宗佛寺遍。哦吁！徜徉其间，流连忘返兮遂心愿！

哦吁！自古军事要枢“淮右襟喉”兮巢湖，堤岸倒影绽，远眺冯玉祥、张治中、李克农墓兮湖北岸，功绩难忘。

美哉！黄山脚下太平湖，山水相依兮碧如镜，一抹彩虹兮晚照映。呵兮！《红楼梦》兮拍摄醉！

壮哉！古色古韵兮徽州古城馨，亭阁掩映焉诗书韵，古屋祠堂牌坊三绝兮，无愧徽州文化大观吟。

呵兮！安徽山川文化美，美不胜收，真可谓：山美水美人文美，江淮宝地兮宛如画卷……

二、灿哉！人文圣地

人文圣地安徽全，杰才荟萃灿若星；

大江南北铸心魂，海纳百川日月辉。

呵兮！“鼓钟将将，淮水汤汤”，三江纵横兮三角近，南北横跨兮东西通，八邦辐射，四方连贯。嗟乎！钟灵毓秀兮天造安徽，无怪乎人才辈出文化彰。

壮哉！地杰人灵。

夫夏代大禹，齐姜太公，老庄荀子兮千古颂，更有华夏首相兮管仲，三国风流兮曹孙周瑜众，明帝朱元璋，宋朝包拯，清代李鸿章、张廷玉、年羹尧、胡雪岩，当代段祺瑞、张治中……呵兮！无不蜚声古今中外。

哦吁！红色革命人物兮中共创始人陈独秀，无产阶级革命家兮王稼祥、李克农，红军彪将彭雪枫，革命烈士杨兆成…抗日名将冯玉祥、孙立人、方振武……

当代哉多位叱咤政坛之国家领导人兮，功似北斗……更有汉代大名医华佗，中国首名诺贝尔奖获得者杨振宁，两弹元勋邓稼先，计算机之父慈云桂，电器巨商张近东……哦吁！名人壮士兮，灿若繁星。

呵兮！一部安徽名人志，半部中国人物史。

灿哉！文化圣地。

历史悠久兮文脉深，海纳百川兮交融洪，徽淮皖庐四大文化兮合璧辉。

淮河文化兮源远长，历史泱泱兮文脉祥，孔孟儒学隆兮墨法家昌。呵兮！南北交融乎学术灿。

徽州文化兮徽学之宗，程朱理学兴兮孔孟老庄盛，淮南子阚里彰。哦吁！徽派建筑艺术、徽画、徽剧，流光溢彩兮徽商誉八邦。呵兮！徽文化与敦煌、藏学享誉乎中国三大地方显学绽。

皖江文化兮孔孟儒学倡，方苞、姚鼐、刘大魁文坛三祖灿。桐城文化扬兮芜湖商埠壮。呵兮！经济文化双灿兮黄梅戏《梁山伯与祝英台》天下唱。

庐州文化兮源远流长，合肥中心兮古城今韵绽，周瑜、包拯、李鸿章名人出兮，朱熹、王守仁学术传。呵兮！中国科大、安徽大学兮科技文化彰。

呵兮！文安徽啊杰安徽，璀璨文化兮群星灼，无愧人文圣地兮双辉荣。

三、伟哉！今日安徽

高制造兮高质量，科技创新硅谷扬；

“一带一路”潮头立，今日安徽日铿锵。

呵兮！雄关漫道真如铁，中华民族百年越。

伟哉！新中国兮太阳升，国歌震天响兮，九州换新天。中国龙兮从此飞……

改革开放，小岗村兮十八农民焉，立下生死状，按下土地承包红手印兮，改革序幕拉开赞！

壮哉！徽商经济兮先发展，贸易经济兮八方闯，呵兮！无商不徽，经贸兮九州荡。

伟哉！新时代，伟大复兴砥砺新。呵兮！山川巨变换新颜，十年奋进兮重千钧！跨越式发展哉，年总产值焉连跨三个万亿兮！ 480 万贫困人口小康奔。

呵兮！“祖冲之二号”“九章二号”兮量子计算机，“科技硅谷”兮正创新。首批综合性国家科学中心、首个国家实验室兮落地安徽，科技创新高地金。

哦吁！工业、制造业、数字经济兮蒸蒸日上，汽车、冰箱、空调兮产业创新高质量。

呵兮！传统农业到新兴工业、制造大省兮历史性跨越，安徽赶超上！

壮哉！徽商精神，牵手长江三角兮国际商联建，商业经济携手干。

哦吁！上海带领哉，携手苏、浙、扬、皖三角长，“一带一路”国之新龙头兮飞天扬。

嗟夫！滨江近海兮三大水系，八百里沿江城市群。哦吁！江淮大地兮天然优势强！

呵兮！合肥引领全省兮农业、工业、制造业，高质量兮发展上。美兮！桂花开兮三江香，两山红茶兮贡酒扬……

伟哉！大安徽啊雄安徽，六千万人民在奋进！

正是：大江南北跨连地，波浪壮阔踏步扬；

新时代兮新安徽，江淮巨龙正飞翔。

新疆赋

一、灿哉！国之宝疆

一座雪龙卧北疆，天山南北好地方；

春天红日驼铃阵，冬雪篝火伴笛羌。

美哉！大美新疆。

大国西疆，浩浩泱泱。三山两盆兮北阿尔泰南昆仑，中横天山兮，尺幅万里天造疆。

云上耸立一圣山，白雪皑皑闪银光；

天工神造南北疆，沙漠绿洲良田宽。

北疆之都，乌鲁木齐，昔之优美牧场兮，今之摩天大厦立，镇馆之宝兮伏羲女娲交尾画。呵兮！新疆中原焉，一脉同根撼！哦吁！“一带一路”欧亚枢，车轮滚滚东西中。

灿哉！新疆明珠吐鲁番，丝绸之路绿洲灿，胡琴琵琶马帮欢。呵兮！今之吐鲁番，欧亚交枢更辉煌，“一带一路”班列双兮，声响八邦。日出商旅红似火，堪比丹貌火焰山。

喀什、塔城兮国际商埠哉南北桥头堡。古之丝路兮今之“一带一路”灿，矿业经济上。呵兮！亚洲腹枢兮伊宁，自古南北文化交融昌。东西贸易灿。哦吁！塞外江南兮勃勃生机。

美丽的准噶尔兮，克拉玛依抽油机，一路点头迎客喜，夜景如繁星。

克拉玛依美新疆，百里油田白碱滩；

车马歌声穿流过，千支万台点头欢。

壮哉！国之宝藏，塔里木盆地，地球第三兮大油井，哦吁！堪比黄金兮前程似锦。“金生丽水，玉出昆冈”，和田美玉兮耀古今，浑如天成兮“皇后之玺”。

呵兮！大新疆啊宝藏疆，嘉禾藏机，未来可期。

鹏程崛起兮，扶摇直上九万里……

二、壮哉！国之边陲

银装飞雪映天山，茫茫大漠戈壁滩；

几度夕阳又朝阳，多少英烈青史彰。

风云变幻，历史泱泱，古往今来兮壮烈域，英烈辈出哉魂魄沧。

壮哉！两千多年前，汉武帝兮挥鞭拓西域，设都护府兮新疆定。

呵兮！雄才大略汉武帝，拍案起兮挥戈壁；

国之新疆版图定，终让西域换汉天。

哦吁！张骞两赴西域兮凿空开，丝绸之路先。

张骞出使西域边，手持节使马背艰；

九死一生使命在，功比玄奘丝路开。

灿哉！汉元帝间，昭君出塞，汉匈交和兮边安康。

长安琵琶渐西去，玉门关外胡笳迎；

“汉月还从东海出”，鸿雁声中青史留。

哦吁！大唐玄奘兮西天取经，历九九八十一难兮，邦交天竺，功不可没，佛学东渐兮中印融。

几度风雨、几度春秋，嗟叹！中原屏障兮新疆安则中原安，新疆危则京师危。

壮哉！1878年，左宗棠兮抬棺出征，誓死收复新疆兮，功勋震九天，气概撼八邦。

抬棺出征定天山，人生何畏裹尸还；

收复新疆左宗棠，民族英雄千古铋。

嗟叹！光阴荏苒、风云变幻，潮起潮落兮英烈奋勇。革命烈士哉陈潭秋、毛泽民，坚贞不屈兮尸骨埋疆。

伟哉！霹雳一声震天响，东方亮兮新疆解放。

呵兮！十万雄师抵天山，建设兵团拉犁干，王震“骨灰也要撒天山”，张仲淪“两袖清风乘鹤去”，热血激昂风骨壮。

万千戍边疆土兮风雪战，“不教胡马度阴山”，何惧凶悍！

敢问苍天！“花儿为什么这样红”？古今英烈热血染……

壮哉！大新疆啊雄壮方，风云壮程千古镪！

三、伟哉！今日新疆

天山天池月儿弯，车轮滚滚大漠穿；

红日新映天山疆，好客新疆歌舞欢。

哦吁！西部口岸兮八国接壤，欧亚大陆兮东西枢要。呵兮！天造之路灿。

古丝路兮河西走廊到新疆，欧亚地中海兮罗马宽。史诗般兮天下赞，大唐长安洛阳绽。

嗟叹！痛清朝三百年哉闭关锁国，扼丝路兮大衰落。

伟哉！新时代，伟大复兴日日新。今日新疆，重启丝路兮“一带一路”，凤凰涅槃兮再飞翔！呵兮！

钢铁驼铃大漠穿，中亚欧班列地球转；

“一带一路”核心区，一条条蛟龙新疆穿。

亚心之都，乌鲁木齐，中亚欧大陆兮桥头堡，“一带一路”腹心灿，高楼万丈兮让人惊叹！

壮哉！十年磨一剑兮翻天覆地大变样，全省年产总值兮1。6万亿元，三百多万农村贫困人口兮全脱贫。君不见，特色优势兮能源猛腾上，石油天然气石化工业兮，强力经济兴。

哦吁！依法治疆兮长治久安，宗教信奉兮自由仰彰。

呵兮！维吾尔族歌舞、哈撒马欢，民族团结兮和谐携手唱。

壮哉！乌鲁木齐引领兮，科技创新、高质量发展上。

呵兮！玫瑰花开红艳艳，葡萄哈密甜又香，和田美玉响八邦。

伟哉！大美新疆啊雄新疆，三千万人民在前进！

正是：雄新疆啊壮新疆，大鹏展翅万里疆；

新时代兮新华章，西北巨龙正飞翔！

青海赋

一、大美哉！青海

三江水源通天泉，三大天藏聚宝盆；

美青海啊宝青海，天然福地在高原。

万山之祖兮，中华龙脉昆仑山，祈福吉脉兮，祁连山下黄河祥。壮哉！炎黄子孙发祥域。

三千年前兮，羌人生息兹。呵兮！公元前 121 年，威威汉武帝遣霍去病兮青海归汉图，从此，青海兮中原王朝属。

美哉！高原明珠兮青海湖，天然水源兮屏沙谷。鹿鸣鸟翔兮碧海天，湖畔佛寺兮铃声阵。呵兮！青草茵茵，黄花灿灿，牧羊童兮欢歌唱，彩霞满天兮红日绽。呵兮！青海美兮美如画……

一颗明珠嵌高原，三百里青海跃眼前；

佛寺圣地塔铃悠，人间仙海梦幻游。

嗟夫！入藏高原兮日月山，文成公主庙兮，白玉雕像银光亮，汉番融合像。呵兮！日月宝镜闪金光，丝绸之路兮，唐番古道穿。

高原江南兮河湟谷地，黄河湟水交汇兮，高原文化彰。丝绸辉辉，驼铃阵阵，呵兮！寺庙林立兮，煌煌塔尔寺，佛黄教圣地兮金碧璀璨，堪比布达拉宫叹，哦吁！“十万狮子吼佛像”，绕八座白塔转兮祈祥象。仰瞻酥油花、壁画、堆绣兮，艺术三绝叹。

壮哉！数届班禅行宫兮，声名远扬。1949 年，十世班禅坐床典礼兮致电北京，贺新中国成立兮天下仰彰！

灿哉！神奇天路兮，像一条天龙在飞翔！青藏人民兮从此吉福祥。

呵兮！大青海啊美青海，藏、蒙、汉兮携手舞，幸福歌声扬。

二、灿哉！大国宝藏

青海高原玉树泉，黄河长江澜沧源；

三龙头兮冰山渊，中华水塔万千年。

壮哉！何以三江源？

玉树三江源兮，高耸五千米，雪山环抱兮冰川封，天造水塔兮通天泉。卡日曲、沱沱河、扎曲河兮三江头，上千湖泊兮江之源。呵兮！天上地下兮仙水泉，无愧兮三江之水天上来。

灿哉！玉树人民叹曰：皑皑白雪兮喜马拉雅昆仑山，像一条洁白神圣的哈达兮，飘在仙云端，象征青藏儿女兮纯洁善良。呵兮！青海水源福地兮，吉祥象。

问哉！何以三极？

与北极、南极并肩兮，世界三极之可可西里，呵兮！千湖万姿兮“美如少女”。

天然生态兮藏羚羊、野牦牛、野驴……动物天堂；灵芝、红花、虫草……植物仙园。呵兮！三江源、生命源、动植基因源兮，珍贵生态源。哦吁！资源之丰兮叹为观止。

灿哉！聚宝盆兮柴达木盆地，青海之西北，祁连昆仑环抱兮一仙盆。

呵兮！石油煤矿兮能源藏，镁铜锡锂哉应有尽有，藏量之壮兮蔚为大观。更有“盐之天下”兮察尔汗盐湖，国之最大盐藏！储备五百亿吨乎天大盐盆！

呵兮！大青海啊宝青海，三大宝藏兮国之三金盆。

三、伟哉！今日青海

大国高原一明珠，碧光闪闪朝天呼；

翻天覆地大变样，今日青海辉煌殊。

伟哉！新中国！青海太阳红，人民当家作主兮日月换新天。

呵兮！两弹一星兮震天下，探空火箭焉响八邦，原子城纪念馆兮历史功绩金。

伟哉！新时代，伟大复兴日日新，青海翻天覆地新。

省会西宁兮青海高原东门户，唐蕃古道丝绸路，今之内陆开放城兮“一带一路”。呵兮！青藏高原兮商贸咽喉域，高楼林立兮，车轮滚滚转，夜景下，天路高铁呼啸穿，璀璨灯光闪闪亮……

青藏咽地兮海东市，历史文化悠久兮，古丝之路，今之“一带一路”兮，新兴商贸上。

呵兮！海西、海南兮青海重镇，风光壮丽兮资源丰硕，碧湖绿草兮水天一色，一幅幅画景兮，美不胜收，引无数商旅踏奔兮文旅胜地灿。

壮哉！全省42个贫困县兮全摘帽，1622个贫困村焉皆出列，53万贫困人口哉全脱贫。哦吁！能源、盐湖、钾钠镁锂氯兮产业上！

呵兮！藏、蒙、汉……各族携手兮，高原儿女小康奔。

哦吁！西宁引领，高质量发展兮，“行稳致远”上！

伟哉！“守护好中华水塔，是青海义不容辞的责任！”

呵兮！保护生态，字字千钧，使命之重，重于泰山。

壮哉！三江源啊，长三江，浩浩千里入海疆，十几亿人民兮，中国、缅甸、老挝、泰国、柬埔寨、越南，六国兮，共饮一江，同系一源兮命运共。

大青海啊宝青海，让高原变天堂兮各族人民同心上。

格桑花开红艳艳，“一碗拉面”兮闯天下，鹿茸、虫草、红花兮声名遍。

伟哉！高原奋起兮，千万青海人民在前进！
正是：大青海兮宝青海，守护生态高风扬；
新时代兮砥砺进，三江天龙正飞翔。

内蒙古赋

一、美哉！大国北疆

大国北疆美宝地，碧草连天羊儿戏；
马上英骑赛雄鹰，天性豪放山水壮。

呵兮！草原天堂兮，碧草茫茫，日出东方兮，红霞闪闪，呼伦贝尔，最美草原兮歌声扬。“蓝蓝的天上白云飘，白云下面马儿跑……”

天苍苍，地蓝蓝，茫茫草原羊儿欢；
鸿雁翩翩星光闪，马头琴声篝火傍。

呵兮！“鸿雁，向南飞，飞过芦苇荡……”歌舞欢畅，酒正酣。“酒喝干，再斟满，今夜不醉不还。”夏日夜景下，草原月光灿，蒙古包外，烤全羊兮醉难忘。

嗟乎！沙漠歌吟兮鄂尔多斯响沙湾，骆驼背上沙漠穿，高山滑沙下，阵阵沙歌响兮好奇幻。

壮哉！大漠英烈兮胡杨林，额济纳旗兮胡杨立，千年不倒兮生机盎然。呵兮！无畏风沙兮，坚如磐石，不怕寒霜哉傲然展，粗犷伟岸兮蒙古族。

灿哉！元上都遗址兮锡林郭勒盟正蓝旗，蒙文化发祥地哉“一座元上都兮，半部元朝史”。

呵兮！忽必烈雕像哉庄严闪亮，台胞“父亲的草原，母亲的河”唱响大陆两岸。

灿哉！黄金草甸，黄花沟草原兮风车转，满目金黄兮诗画般，鲜花草原兮“塞外江南”，奇山异崖哉引无数英豪竞争雄。

壮哉！神奇的大兴安岭啊，阿尔山，古树参天林如海，松鼠蹦跳小鹿奔。美丽的天池啊，宛如明珠兮群山嵌。呵兮！六月飞雪兮“忽如一夜春风来，千树万树梨花开”，满天雪花兮梦幻般……

盛哉！千年盛会兮那达慕，摔跤、赛马、射箭和商贸，呵兮！万千人兮盛装入。欢呼雷动哉，古老神圣叹！

呵兮！大美哉！美丽中国兮国之北疆，难忘诗画之邦。

二、壮哉！英雄之邦

贺兰山啊大兴安，浩浩雄风呼啸穿；

几多壮烈几多殇，彪悍之地多铿锵。

嗟乎！大国北疆，巍巍阿尔泰东，阴山北兮，大兴安岭西，哦吁！广袤无垠兮大内蒙古邦。

嗟夫！战国属赵燕，汉之匈奴，宋代西夏兮，辽金清之内蒙古，历史泱泱兮华夏之邦。浮沉兴衰兮几烟云，历史沧桑兮多壮烈。

伟哉！成吉思汗，统一内蒙古兮千古功勋，铁马金戈，威武扬鞭征天下，呵兮！一扫欧亚兮寰宇颤。

一代天骄成吉思汗，统一草原功勋撼；

所向披靡地中海，横扫欧亚惊天下。

呵兮！鄂尔多斯成吉思汗雕像哉，高矗云端。手持长剑兮指向远端，伟岸英姿兮举世仰瞻。

壮哉！忽必烈，入中原兮灭南宋，一统南北兮功勋荣。呵兮！“大哉乾元兮乃统天”，迁都燕京建大元。

正是：一代枭雄忽必烈，大哉乾元建北京；

南下中原蒙汉融，中华元朝百年荣。

嗟叹！星月斗转，潮起潮落，剽悍民族兮英烈辈出。

壮哉！草原英雄兮嘎达梅林，反军阀王爷兮抗垦卫疆，保卫科尔沁草原兮壮烈牺牲。一曲“南飞的小鸿雁啊，不落长江。不呀不起飞……”悲怆激烈，唱响大漠南北兮，草原铭记！

伟哉！草原之子，赤色英雄兮乌兰夫，领导“百灵庙起义”兮，打响草原抗日第一枪，与云继仙、朱实夫焉，保卫内蒙古乎功勋建。哦吁！包头市之百日庙，抗日武装暴动纪念碑下兮，万人仰彰。

壮哉！大内蒙古啊英雄之邦，壮烈天下撼！

三、伟哉！今日内蒙古

鸿雁高飞傲碧空，万马奔腾任雄风；

新时代兮内蒙古，乾坤扭转奋进中。

伟哉！新中国兮太阳红，内蒙古自治区人民政府建，草原人民当家作主兮，敢教日月换新天。呵兮！龙马精神兮挥鞭扬，草原儿女兮奋进强。

呵兮！草原明珠，乌兰牧骑兮红色文化队，一个牧民也演一场兮文艺下乡先锋范，走遍大蒙古兮东西南北中，登上世界舞台兮举世赞。

嗟夫！草原大爱兮，三千孤儿入内蒙古，感天动地兮“国家的孩子”，伟大的额吉母亲，“接一个，活一个，壮一个”兮，何等博爱。

伟哉！新时代，伟大复兴日日新，内蒙古翻天覆地兮万紫千红，呵兮！草原巨变兮，腾格尔一曲《天堂》唱响八邦。

灿哉！府都呼和浩特，中心之城，亚欧大陆桥兮中俄蒙商贸兮金口岸，“一带一路”灿。呵兮！车水马龙班列滚滚，一条条蛟龙穿梭过。夜景下，一排排高楼兮霓虹似星河，湖边倒影如梦幻，好一座繁华北都市。回首望！仿佛兮穿越时空叹……

草原赤城兮钢铁包头市，内蒙古经济核心兮赫赫包钢工业城，稀土之都，冶金机械兮，对外开放，“一带一路”绽。

玉龙之乡，赤峰市，内蒙古东南中心城哉，煤炭能源上。东亚之窗满洲里，欧亚大陆桥兮中俄蒙口岸，“一带一路”兮闪闪亮。

壮哉！大内蒙古啊！“东林西矿，南农北牧”兮天然叹！“一道北疆绿兮增色中国蓝。”呵兮！生产总值兮已跨两万亿元关，人均GDP8。5万元，跃居全国第十。哦吁！能源、煤电、煤化工业兮新兴上。

呵兮！呼和浩特引领兮，高质量发展上！

美哉！丁香花开香喷喷，涮羊肉兮九州遍。羊绒、伊利蒙牛奶兮全球赛！

伟哉！大内蒙古啊强内蒙古，共同富裕兮三千万人民在前进。

正是：社会主义特色兮中国化，农牧现代化兮内蒙古扬；
新时代兮新北疆，草原巨龙正飞翔。

第六篇

赋

（增补二）

天佑中华赋

一、祥哉！天佑中华

天佑中华兮“五星出东方利中国”；

人不负天，五星红旗兮天安门。

嗟夫！天佑中华，“五星出东方利中国”（汉·蜀地，锦臂），出土兮新疆和田（1995）。

呵兮！赫赫周文王，被纣囚羑里兮，七年斗窗观天下，“叱咤中国”兮文武成王哉，灭商定鼎洛邑（洛阳）祥，一统中原兮，开大中国先。

威威秦始皇，一统六国兮奠定西晋、隋唐、元明清兮，大中国基。

祥哉，孔孟仁爱礼义开，老庄思想，道法自然兮，无为而治。华夏文明灿烂祥。

哦吁！孙中山一声吼，辛亥革命义旗走，推翻清皇，砸烂中国两千年焉，封建君主专制枷锁叹！

十月革命，一声炮响，雄狮惊，李大钊、陈独秀，一声呐喊，雄狮醒，五四运动兮，开新民主革命先声启。

壮哉！井冈山，朱毛会师，首建哉农村革命根据地，呵兮，农村包围城市兮，里程碑！

通道转兵，遵义会议，哦吁！“一盏小马灯”，走自己的路，湘江惨战后焉，绝路逢生！

西安事变，国共合作，呵兮！天佑中华，全力抗日大转机。

双清别墅，打过长江去，解放全中国！粉碎哉“划江而治”分裂撼！

伟哉！天安门，五星红旗升，毛泽东宣布，新中国成立哉，中国从此站起来！

抗美援朝，唇亡齿寒，哦吁！跨过鸭绿江，也跨上哉世界台阶昌！

1969，珍宝岛核危机，中国正义化解兮，灾难避免叹！

大庆油田发现哉，能源灿，东北重工业发展上。

雄哉！两弹一星，大国安全展，国际地位上。

土豆、红薯、玉米哉，明朝引入，中国人饭碗兮丰满端。

呵兮！1978，十一届三中全会，邓小平，改革开放，中国命运转，市场经济兮，中国特色社会主义开。

嗟夫！绝路逢生，天不亡我，老天关了一扇门哉，又开了一扇窗……

中国啊中国！“天下大势,浩浩荡荡,顺之者昌,逆之者亡。”

正是：天佑中华兮生生不息，

　　　五星红旗兮苍穹高举。

二、殇哉！国祸中华

历史沧桑，国运不堪；人乱祸国，百姓难安。

痛哉！人祸殃国。

五胡乱华，西晋时期，八王之乱而衰，汉族几灭，冉闵、谢安奋起兮平乱叹！

安史之乱，唐玄宗时，安禄山叛，大唐几灭焉郭子仪，挥师勤王兮救大唐。

靖康之耻，北宋末年，金兵南入，东京（开封）陷，中原人民哉惨遭涂炭。

崖山海战，宋元决战，陆秀夫哉，背少帝赵昺兮投海尽，嗟叹！十万军民焉跳崖叹！

奸哉！奸人害国。

秦朝早亡，宦官赵高擅权焉，残害扶苏，篡改遗诏，秦早夭。

杀害忠良，宋朝秦桧，陷害忠良，杀死岳飞焉宋速亡。

开关引兵，明末吴三桂，“冲冠一怒为红颜”哉，开关引清军入兮大明亡。

崇祯吊槐，闯王攻陷北京城，吴三桂开关清兵入，皇帝吊死煤山叹！

殇哉！昏君祸国。

契丹入乱，后晋儿皇帝焉，石敬瑭，为败后唐焉认贼为父，引契丹入，致丧幽州（京津）焉，国破朝亡。

土木堡之变，明中期，瓦剌入，英宗被俘，于谦率 20 万大军哉守卫北京定江山。

闭关锁国，清帝乾隆兮故步自封，井底之蛙兮错失工业发展机。

扼杀变法，晚清慈禧太后专权哉，杀死六君，致中国焉落后西方。

汉奸卖国，卖国贼兮汪精卫，与日签约，成立伪国民政府焉，祸国恨！

嗟叹！历史沧桑，国运不堪。国难当头，既有“风啸啸兮易水寒，壮士一去兮不复还”兮壮士，更有“捐躯赴国难，誓死忽如归”兮血汉！

叹兮！哪里来的天佑中华！救中华者非天也，中华也！

嗟叹！祸国殃民，朝代衰落；
代有英烈，危难救国。

三、痛哉！国耻中华

铭记历史，勿忘国耻；
警钟长鸣，忧心勿平！
呵兮！位卑未敢忘忧国！

耻哉！鸦片战争（1840），民族英雄林则徐，虎门愤销烟。哦吁！广州沦陷，英逼签《南京条约》，割地赔款焉，丧权辱国叹！

英法侵华（1860），咸丰十年，火烧圆明园，总管大臣投福海自尽哉，《北京条约》屈辱签。

八国联军（1900），光绪二十六年，攻陷北京，慈禧逃西安兮《辛亥条约》卖国约，中国啊！从此半殖半封深渊坠……

中日甲午战（1894），清朝败签《马关条约》，台湾割让叹！

嗟叹！中国啊中国，列强瓜分中国焉，垂涎三尺长……

英垂涎，香港维多利亚港湾，鸦片战争败兮《南京条约》，香港割让。

痛哉！“七子之痛”港澳台九龙威海卫，广州湾旅大焉，列强割占！

嗟叹！英占港，葡占澳，德日占青岛，中国啊中国，屈辱割地何以堪！

血溅菜市口，康有为、梁启超戊戌变法举，遭扼杀哉，康梁外逃，慈禧囚光绪焉，谭嗣同六君子兮，菜市口斩杀，嗟夫！中国首次觉醒叹！

辱哉！“华人与狗，不得入内”（1855），上海外滩公园，门外牌。

呵吁！孙中山，一声呐喊！辛亥革命（1911）震惊中外撼！

左宗棠，年逾古稀，抬棺收复新疆，166 万平方公里兮，占中国面积六分之一，从沙俄手中夺回撼！

戚继光，明朝抗倭寇英雄，保卫东海护国疆。

痛哉！1931，“九一八，从那个悲惨的时候，离别了我的家乡，流浪……”日寇占我东三省。“七七”卢沟桥事变，北京沦陷，华北沦陷……十二月十三日，南京大屠杀，三十多万同胞惨死日寇屠刀下，永远的痛焉，人神共愤！

西安事变，张学良、杨虎城，兵谏擒蒋，国共终合作，抗日烽火举。

呵兮！“今日长缨在手，何时缚住苍龙？”

哦吁！铭记国耻，挺身国难；

忘记历史，意味背叛。

四、伟哉！强国中华

“大风起兮云飞扬。”

万民奔赴兮佑国强。

问曰：何以天佑？

答曰：一种民族共同的祈愿、期盼和奋斗目标精神之征象！

壮哉！凝心聚魂兮齐赴，犹天佑哉共仰，浩浩国运，泱泱民族兮佑国盼。

呵兮！“天行健，君子以自强不息”奋发图强兮铿锵。

嗟夫！周文王囚羑里兮写《易经》，“自强不息”惊天下，“叱咤中国”兮奠基西周叹！

屈原“路漫漫其修远兮，吾将上下而求索”，呵兮！越王勾践卧薪尝胆，苏秦头悬梁、锥刺股，司马迁宫刑忍辱兮，《史记》成。

嗟叹！华夏从来奋力强，女娲补天、精卫填海、大禹治水兮愚公移山撼。

呵兮！一盏马灯救红军，通道转兵定乾坤，一张地图撼天下，西柏坡至双清别墅哉，半个中国兮变全国。

伟哉！新中国，中国人哉站起来。

哦吁！两弹一星惊中外，农业国转工业国哉，鞍钢武钢、长春汽车、大庆油田上。

呵兮！“一桥飞架南北，天堑变通途”，武汉、南京长江大桥灿。

青藏铁路，“那是一条神奇的天路，为藏家儿女带来吉祥”歌声扬。

哦吁！加入联合国兮国际地位上。

壮哉！改革开放，中国人哉富起来！

走中国特色兮社会主义，市场经济灿，加入世贸，接轨兮世界经济上。

哦吁！安徽小岗村，承包先范。

港澳回归，“一国两制”，港澳珠大桥畅。

北京奥运会，“我和你心连心，同住地球村”响彻云霄赞！

伟哉！新时代，中国人哉强起来！

航空航天，飞船上天，航母下海。呵兮！“可上九天揽月，可下五洋捉鳖。”

十年磨一剑，全民脱贫奔小康，历史性跨越兮里程碑。

壮哉！中国梦兮伟大复兴人民梦，新中国 100 年哉，富强、民主、文明、和谐兮，社会主义现代化，2049 年哉，一定要实现。

壮哉！新质生产力兴，数字经济上兮人工智能，高质量发展灿！

呵兮！科技创新、经济活力兴兮，赋能体制，经济强国兮。

伟哉！党的二十届三中全会指引兮，深化改革，扩大开放。

锚定中国式现代化兮，十四亿中国人哉，同舟共济，鹏程万里航！

伟哉！天佑中华，伟大复兴；

自强不息，不负古今。

京津冀赋

一、灿哉！京津双城

巍巍太行雄燕山，浩浩渤海天津湾；

燕赵腹地京津冀，中华心脏魂魄强。

西依太行，东临渤海，燕赵大地多豪侠，炎黄儿女壮志强。

呵兮！万里长城西北上，京杭运河东南下，“人”字形兮拱卫京，北京中轴线兮脊梁心。

伟哉！北京。

京津冀兮中国中，何以“中”？首都中轴线兮纵贯中。天安门坐北朝南兮中轴中，天安门广场中心中。呵兮！紫禁城兮皇宫正，北轴出故宫兮地安门，钟鼓楼兮奥体中，左右鸟巢水立方。哦吁！南轴出天安门广场兮正阳门，前门大街大栅栏，珠市口南永定门，东天坛兮西地坛。

若夫，忽必烈建中轴线兮八公里长八百年，呵兮！故宫后景山兮右北海，虎踞龙盘西中南海。呵兮！1949年10月1日，天安门兮国旗升，新中国兮赤诞生。国徽下面主席像，中华民族兮北斗象。广场左兮人民大会堂，人民民主专政堂，右历史博物馆兮国史铭，中央烈士纪念碑兮南立毛主席纪念堂，万人仰彰。

哦吁！铁中轴兮中华脊梁，炎黄民族魂兮千古铿锵！

呵兮！北京中轴线兮天安门、新华门，中华民族心脏门兮赤圣门。正是：

京津冀兮心脏心，天安门兮中轴金；

北斗星汉中南海，龙腾东方天下兴。

煌哉！天津。

紧连北京心，双城兮京津，何以津？明朝“天子渡津”曰天津，倚江临海兮口岸金。哦吁！华东南北兮咽喉地，拱卫京师，保卫华北兮桥头堡。哦吁！大运河与海河渤海汇兮，海陆经济金，漕运中枢兴。呵兮！煌煌天津港，百舸争流万帆扬……

若乃！中俄蒙经济走廊兮欧亚大陆东，东北亚门户兮海丝之路，“一带一路”开放处。

哦吁！天津啊天津，赤色之城、英雄之城，五四运动，一、二九，中共天津起，京津并肩兮火炬举。周恩来引领。恩来故居兮赤印记。不曾忘，鸦片战争，抗日战争，八国联军侵，天津保卫战兮唇齿相依，英勇抗敌，大沽口炮台铭。呵兮！抗日战争，咽喉卫，平津血战桥头堡。哦吁！保卫北京，保卫华北兮不朽功勋。今日天津兮智能科技、装备制造、轻工汽车新高地。

呵兮！大天津啊伟天津，京津并肩兮手足亲。渤海明珠，海河英才，奋进双城兮天津兴。

二、壮哉！北京两翼

政治副中心兮通州，经济雄区哉雄安；

首都核心兮两翼，一体化发展兮千年计。

壮哉！通州城市副中心，北京市委居。

呵兮！疏解首都功能兮以副助心，建功勋。哦吁！千年之城拔地起，高楼叠起，图书馆、博物馆、大剧院兮文化兴。京杭大运河兮通州穿，两岸如画兮绿水青山。呵兮！北起通州兮南西湖，两千五百年兮漕运灿，东西南北经济昌。正是：

京杭运河通州灿，纵行千里贯五江；

黄金水道黄金城，半国动脉万里昌。

呵兮！运河商务区兮文旅兴，联手中关村兮科技创新，亦庄经济开发区兮经科兴，哦吁！大河朝天兮未来可期。

哦吁！壮通州啊美通州，高速度、高质量发展兮万象更新。

雄哉！雄安新区。

冀中部，京津保定兮新腹地，东临白洋淀兮荷花灿，西望狼牙山兮英烈壮。呵兮！公路“四纵三横”网兮，京保、京雄铁路贯，如火如荼干。城市高楼拔地起兮新兴工业上。

哦吁！“大脑”之枢，大数据，云计算兮人工智能，未来科技创新兮新高地。更有中国石化、华能、星网、中国……数家央企公司争先入，高质量发展兮雄安上。

呵兮！大雄安啊新雄安，京师两翼兮展翅翔。正是：

京师两翼展翅翔，京津冀兮日愈壮；

新时代兮新京津，鹏程万里宏图强。

三、煌哉！“人”形两卫

西长城兮东运河，“人”字形兮非天造；

千百年兮相拱卫，金流水兮铁屏障。

嗟夫！双城两翼协两卫。哦吁！长城与运河，“人”字形兮东西卫。

壮哉！京杭大运河。

北起通州兮南杭钱塘江，贯五江兮纵南北，东穿数十城。

若乃！春秋吴王夫差兮开凿第一锹哉，迄今两千五百年，争霸中原。隋朝一统天下兮翻修大运河，盛唐繁荣哉漕运贯南北。呵兮！东线南水北调西湖金。

哦吁！北之海河航运天津港，南之与长江钱塘汇，大国威尼斯兮天下灿。正是：

京杭运河千里长，南水北调东线忙；

天津卫兮镇杭汇，两岸百城荣昌盛。

呵兮！一条大运河，半座华夏皆壮阔！

伟哉！万里长城。

嗟夫！两千多年前，骊山“烽火戏诸侯”兮一鸣惊人。哦吁！西起戈壁嘉峪关，东入渤海龙头湾，一条天龙横贯北国川，两万里焉东西穿。

呵兮！秦始皇一统六国兮筑长城，嗟叹！征夫泪兮孟姜女哭倒长城。

若乃！一夫当关兮万夫莫开。曾几何时，山海关，吴三桂一人开关兮万军入，明朝没……

难忘，古北口，抗日浴血战兮保卫华北。嗟叹！几度兴亡几度殇，烽火长城彰。

哦吁！大长城啊壮长城，一座长城兮一部中华悲壮史！

呵兮！“长江、长城；黄山、黄河，在我心中重千钧。”

哦吁！民族魂兮筑国歌，“起来不愿做奴隶的人们，把我们的血肉筑成我们新的长城”。正是：

万里长城万里墙，历史兴衰铭兴亡；

自古长城多好汉，中华龙兮卫天翔。

四、伟哉！京津冀一体化

呵兮！壮哉“冀”，何曰冀？一曰河北冀，二曰北京河北共展双翼冀，三曰期望“冀”。

哦吁！京津冀一体化，协同共进兮千年计。若乃！以北京为中心，京津双携通州、雄安两翼协共进。

壮哉！京津双城兮日日新，通雄两翼兮月月进，京津冀协同发展兮年年金。

哦吁！通州政治为辅，雄安经济以助，双城两翼兮并肩石家庄。西张家口，南保定，北唐山兮三角鼎立。

呵兮！核心中枢北京引领兮辐射全省，带动全国兮彪范全世界。

省会石家庄，全省政治经济引领地，交通枢纽兮赤圣西柏坡，党中央指挥辽沈、淮海、平津三大战役兮，从西柏坡到北京，农村转战城市兮最后一战。北京香山双清别墅兮粉碎“划江而治”，打过长江去，解放全中国兮，功德无量。天安门兮红旗终插上！呵兮！新中国到新时代兮光芒万丈！

嗟夫！自古燕赵多悲壮，今日京津展雄伟，赤冀大地一声吼，中华儿女齐欢唱。

“北京啊北京，祖国的心脏，团结的象征……”李双江唱，歌声震天撼……

月季花开红艳艳，从天安门、故宫、颐和园、圆明园、天坛、北海、八达岭、通运河……到天津、秦皇岛、北戴河、承德避暑山庄、古都邯郸……游个遍。

呵兮！敢问路在何方？路望灯塔，共产主义理想兮中国式现代化。伟哉！北京中南海引领兮，京津冀全国十四亿人民在前进！

正是：社会主义兮中国化，共谱中华新篇章；
新时代兮京津冀，心脏巨龙正飞翔！

长三角赋

一、新哉！上海龙头

长三角啊华东金，一市三省龙头兴；
上海引领巨龙翔，大江东海闪雷惊！

大上海啊长三角，国之东方大海阔。呵兮！最早见红日兮最先感悟“苟日新，日日新，又日新”。哦吁！新益求新，革故鼎新，新、新、新……

大上海啊大长江，站立岸兮江海滔滔，试比天高。呵兮！“大江东去，浪淘尽，千古风流人物……”

哦吁！上海龙头，长三角一体化兮大国伟略。呵兮！沪苏浙皖，一市三省兮协同发展，共享共赢兮新标杆。上海南京苏杭合肥兮三角鼎立，左膀右臂兮力铿锵，四十余城兮比翼翔。

呵兮！一海三江，天造优势兮一市三省，江龙饮海兮东海巨龙正飞翔。

壮哉！龙头上海。

呵兮！东方明珠兮国际大都市，对外开放兮国之大窗口，东海吞吐兮大口岸。哦吁！高度现代化兮高度繁荣，金融、经济、科技、信息、商贸兮五大中心，数字化、智能化、产业化兮大国高地撼！呵兮！高新科技引擎兮浦东新区，中国硅谷兮科创核心，光子、量子、天文科学兮人工智能，新能源汽车、生物医药……哦吁！数字经济、云计算兮大数据，新质生产力兮龙头引擎上，长江三角龙头灿。

呵兮！一市三省两翼展，百里江河共绽放，哦吁！“江南好……日出江花红胜火，春来江水绿如蓝，能不忆江南？”

若乃！敢问上海人啊，何以敢？何以龙头当？

大上海啊，长在大海边，看得远啊望得深，同样敢闯、敢干，敢、敢、敢！

忆昔之陈独秀，敢创《新青年》兮唤醒中国人，中共一大上海召开，中共建兮东方亮，安源罢工，五卅运动，抗日救亡兮血战上海滩……上海人啊英雄人，敢举火炬，敢举赤旗，敢与敌搏拼……正是：“惊涛拍岸，一时多少豪杰。”

呵兮！大上海啊英雄海，热血澎湃兮永跨海……

二、力哉！左膀右臂

东海滔滔天茫茫，长江滚滚奔流忙；

新质核心迅猛上，左膀右臂苏徽杭。

呵兮！上海龙头启兮江浙徽三省展，长江经济带兮巨龙翔。

哦吁！潮涌杭湾，激流泱泱，苏杭兮一马当先，一跃起兮欲上天……

壮哉！左膀右臂。

苏州，长三角兮耀眼明珠，一跃而起兮惊天殊。呵兮！迅猛发展兮创新惊，太湖光子中心，电子信息，空中客车，西门子、飞利浦……总部兮纷纷落驻，哦吁！小桥流水兮摩天大楼相映照，流光溢彩兮新面貌。若乃！2023 年 GDP2.47 万亿元兮全国第六，无愧于“上有天堂，下有苏杭”。

杭州，浙江省会，科技创新兮数字经济惊。呵兮！云计算、大数据、人工智能兮高科日新。阿里巴巴、海康威视、蚂蚁金服……令人瞩目，数字制造，智能科创……呵兮！高科技兮新质力，迅猛速兮引擎惊！

哦吁！君不见，长江滚滚，大浪滔滔，南京快马加鞭兮潮浪高！

南京，江苏省会，科研实力强兮一流高教人才出，创新孵化器兮新高地，集成电路、人工智能、新能源汽车、生物医药，四产业联盟引擎兮优势先，智能制造、大数据、工业互联网兮升级贡献。

呵兮！南京、苏州、杭州，三角鼎立兮臂挺上海龙头上。

嗟乎！巢湖掀浪，长江后浪推前浪，安徽黑马惊闯上……

合肥，安徽省会，科技黑马兮亮眼叹！呵兮！科大硅谷引领兮创新排头兵，君不见，首批综合性国家科学中心，首个国家实验室兮入驻安徽。呵兮！十二个大科学装置、量子通信、新型显示、超薄玻璃……产业新型兮领羊上，新景无量……

哦吁！上海龙头，左膀右臂兮苏宁徽杭，四大核心城兮铁臂力扛！

三、壮哉！三省四十一城

一海三江中东争，四十城兮似龙身；

座座龙城焕然新，生机勃勃紫气升。

呵兮！长江、钱塘并淮河，三江汇流入东海，三省四十城兮尽风采。

灿哉！东海两岸南北港，金岸城兮两翼展。

北翼南通、盐城、连云港，南翼宁波、温州、舟山和台州，哦吁！开放早兮黄金海岸商贸兴，迅猛发展兮繁荣灿。先进制造冠兮海洋经贸灿。呵兮！誉称“北上海”兮“南广州”，高新发展叹！

辉哉！江河湖城兮双柱绽。

大长江啊大运河，华东福地尽壮阔。镇江、无锡、扬州和蚌埠、马鞍山兮江河畔。呵兮！拥江携河兮优势上，自古贸运商贸畅，经济发达兮高等教育绽。呵兮！科技新高地兮数字经济上，科创链、制造链转化兮新质生产力上，前程无量……

煌哉！枢纽重镇兮鼎立上。

不靠江不靠海，敢问何以闯兮何以新？

六州市啊，徐州、常州、泰州、滁州、池州、衢州，铜都铜陵兮安庆淮南北，更有金华和阜阳，交通枢纽兮通贯八邦，人口聚集兮经济发展灿。呵兮！传统制造业兮升级上，新能源、新材料，绿色转型兮生态绽。哦吁！数字经济引擎兮新质生产力上。

美哉！美丽名城兮文旅灿。

呵兮！天佑江南，座座美城兮文化底蕴深，绍兴丽水、黄州和宣州，哦吁！丝绸之府兮鱼米之乡，戏曲工艺文旅经济金。

哦吁！三省四十一城兮各有千秋，取长补短兮协同发展。

呵兮！一市三省兮百花齐放，巨龙飞天灿。

四、伟哉！引擎天下

上有天堂下苏杭，今之三角兮三省扬；

引领华东高新创，辐射中华兮奔天堂。

呵兮！大国东中，一海三冲，大海咆哮兮潮涌浦东……

2019，《纲要》举，大格局兮伟大战略，总书记“擘画蓝图”兮一市三省上，前景灿烂。

哦吁！一马当先苏杭冲，合肥黑马闯兮，三省奋勇中。呵兮！开弓没有回头箭，“君不见，黄河之水天上来，奔流到海不复回……”

龙头上海引领兮中心辐射，两翼展翅兮，巨龙奔腾东海间……

新时代兮伟大复兴，龙头效应，先行先试排头兵兮引擎全国，共振九州惊！

嗟乎！区域协作，优势互补，科技链兮引擎产业链，助推经济链。哦吁！共享共荣兮共富裕。

呵兮！站得高，望得远，新质生产力兮高科技创新，产业转化兮新益求新，新、新、新……

哦吁！科技活力兮赋能经济兴，新质生产力兮科技是核心，引擎高质量发展，新三角兮蝶变惊。

展望未来，传统制造业兮高端上，产业转型兮智能化，金融物流兮信息化。呵兮！迅速崛起，深度融合兮赋能区域哉新兴动力化。

灿哉！长三角兮一体化，共同富裕兮在路上，人均可支配收入兮稳步增长，正奔焉“上有天堂兮下有沪苏徽杭”。

茉莉花开红艳艳，华中东大地正巨变，文旅胜地兮人潮涌，欢乐歌声九州遍……

站在上海滩，远望黄浦江，浩浩海天兮滚滚舟船忙，晚上，华灯璀璨兮不夜天，著名经典《夜上海》兮歌声起：“夜上海，夜上海，你是个不夜城。华灯起，乐声响，歌舞升平……”登上东方明珠塔，俯瞰大上海，呵吁！万千座大厦流光溢彩，霓虹闪烁，仿佛兮置身银河，太厉害了，我的国！

大上海啊新三角，新质生产力、高质量发展兮路壮阔。

伟哉！上海龙头，长三角引领兮二亿三千五百万人民在前进。

正是：中国式现代化兮，长三角共筑新篇章；

新时代兮新三角，东海巨龙正飞翔。

粤港澳大湾区赋

一、灿哉！四大核心

珠江大潮掀天浪，粤港澳湾区奋勇上；

华南一声惊雷响，南海巨龙跃天翔。

呵兮！天降大任兮，四十五年前（1978），伟大先行，伟大特区，世纪之定兮深圳、广东一跃起。

哦吁！改革开放，伟大转折，中国革命兮里程碑。

天呼！辐射全国，广东引擎兮天下惊，已“杀出一条血路”兮，广东大腾飞！

哦吁！2019，深化改革、扩大开放兮《纲要》（粤港澳大湾区发展规划纲要）下，总书记擘画蓝图兮，广州、深圳携手香港、澳门兮共建粤港澳大湾区。

伟哉！金《纲要》兮伟战略，粤港澳一体发展兮更上一层楼。

壮哉！伟大战略兮新使命，总书记亲自谋划、亲自部署兮亲自推动上。

煌哉！四大核心。

香港、澳门：嗟夫！饱经苦难兮港澳同胞，回归祖国怀抱兮港澳内地一家亲。携手共筑兮金湾区。呵兮！发展经济、金融、国际纽带桥梁兮三大活力兴。共建国际人才、国际贸易、国际科技兮三大中心焉高地新。

呵兮！港澳内地共展兮机遇金，堪担大湾区兮四核心。

广州、深圳：呵兮！引领全省兮首府广州，政治、经济、文化兮中心，哦吁！高科技兮新阵地，先进制造业兮东南亚、南亚，国际商贸兮大口岸。

深圳、深圳，科创实力强兮雄深圳。比香港兮正青春。呵兮！先进科技、先进人才、先进产业兮，无愧科技中心兮中国硅谷！哦吁！华为、腾讯、大疆创新、比亚迪……先进电子信息、先进技术、先进制造、先进转型……呵兮！“春风得意马蹄疾”，高新先进兮闯荡激！

呵兮！高科创新是核心，深圳广州排头兵，数字经济、大数据、云计算、人工智能兮新质生产力兴，高质量发展，全湾新质兮引擎全国兴。

二、壮哉！珠江七城

珠江七城九龙身，砥砺奋勇攀峰争；

江水滚滚海浪壮，南海彤彤红日升。

珠海，南海明珠。经济特区兮省域副中心，江海港口优势兮航海航空，海洋产业旅游灿。

东莞，制造大王兮赫赫全球制造业中心，呵兮！电子信息、机械装备、先进制造业兮创新活力强。

佛山，制造业大市，高新科技产业兴兮家电陶瓷旺。

中山,文美侨乡兮山水优美文旅灿,电子信息兮生物医药绽。

肇庆，工业大城，湾区腹枢兮交通枢纽要，承东载西优势在，呵兮！先进制造业、新能源兮科技创新前沿强。

江门，湾区明珠，湾西华南港口，商贸物流兮海贸壮。

惠州，珠江腹地兮，电子信息、汽车、石油化工优势在。

呵兮！大珠江啊大动脉，三江一海兮七城阔，各有千秋兮动力活，集群优势兮生机勃。

伟哉！九城百镇。

港澳广深，引领珠江九城百镇兮，资源互补产业旺，呵兮！推进城乡一体兮同发展，共同富裕兮在路上。

壮哉！雄关漫道真如铁，港珠广深四大核心，领珠江七城兮勇跨越。

哦吁！2023年，大湾区经济总量兮，破十四万亿元大关。呵兮！势将登顶兮全球湾。

呵兮！与纽约湾区、旧金山湾区、日本东京湾区兮，比肩上。

哦吁！大湾区啊大湾区，九城起兮辐射全广，引领粤北兮共同富裕哉路程壮。

三、伟哉！泛大湾区

大湾区兮何以大？九城百镇兮奋力踏；

两翼两湾三省携，共同富裕在路上。

大湾区啊大珠江，科技创新是核心，比肩长三角兮引擎全国，辐射全球兮潮浪震天翻……

伶仃洋啊不伶仃，港珠澳大桥兮阳光灿，车轮滚滚呼啸穿，呵兮！大巨轮兮正启航，鲲鹏展翅兮大洋翔……

雄哉！两翼。西湛江兮东汕头，泛大湾兮两翼港，贸物吞吐展，处粤桂琼三省交会，连西亚、东盟兮要枢处，海洋经济灿。呵兮！西翼湛江东翼汕，比翼双飞兮齐助大湾上。

煌哉！雷琼半岛。

一声春雷琼花放，雷琼半岛迎潮浪；

泛大湾区谐波上，宝岛煌煌前景灿。

天佑广东，拥国之三大半岛兮雷琼半岛。呵兮！居南北海湾间，处粤桂琼交汇处，哦吁！通东南亚、西亚兮重要塞。当年四野解放海南兮军事基地在。天乎！美丽海滩，东西口岸哉海洋经贸灿。呵兮！天造琼州海峡兮堪比巴拿马运河叹！前景无量……

壮哉！一湾三省。

大湾区啊泛大湾区，大海川兮波浪壮。粤桂琼三省兮携手展辉，海洋经济、国际贸易、大洋工程、军事战略兮未来可期。

呵兮！大湾区啊泛大湾区，集群联手兮更上一层楼兮，楼上楼……

哦吁！站在珠海兮举目望，港珠澳大桥兮似长龙，奔腾天穹兮俯瞰……呵兮！滚滚珠江奔流忙，两岸高楼万千闪，车水马龙纵横穿……东西海岸兮港口如星状，集装箱满满，大南海啊大南洋，千舟万帆扬……太厉害了，我的国！

呵兮！醒狮舞兮步步高，龙舟搏兮火龙滚，大湾区啊欢舞兮，如火如荼赞！

伟哉！新质生产力新科技，社会主义现代化，大湾区引领兮亿万人民在前进！

正是：中国式现代化兮，粤港澳展翅扬；
新时代兮大湾区，南海巨龙正飞翔。

成渝双城经圈赋

一、灿哉！双星城

长江滚滚掀天浪，成渝双城奋勇上；
西部一声惊雷响，双龙展翅飞天翔。

呵兮！天有双子星兮，地有双星城，自古西边两灿星兮四川成都并重庆，今日携手兮巴蜀辉。

嗟夫！贡嘎峰山英气壮，长江奔流兮浩浩荡荡，川渝儿女豪气壮。

呵兮！重庆地图兮恰似一匹战马在奔腾，巴渝雄风兮自古图腾蛇吞象。

哦吁！市中心耸立兮，雄伟解放碑，正是：

一柱红旗风雨中，任尔阴晴与狂风；
巴渝儿女多壮志，练就一身雄魄冲。

呵兮！红岩精神、巴蜀雄风，魂魄兮永驻，红色活力树。

成都啊成都，成就之都，天府之国，非天造兮，人造天湖都江堰，人造天路成渝路，人抗天难哉汶川震……何等壮怀悲怆！

三星堆，太阳神鸟兮敢逆时转焉，巴蜀自古兮敢扭转乾坤，敢教日月换新天。

重庆巫山下庄村，绝壁凿天路兮，天坑变通途。

呵兮！巴蜀自古风骨壮，改天换地兮砥砺战。今日成渝双城兴，担当引领全川上。

壮哉！核心双城。

重庆，国家直辖市，中心城市，超大城市，长江上游经济带中心兮西部国际交通枢。呵兮！经济、金融、科创、船运、商贸金融物流五大中心兮高新阵地撼。

哦吁！国家重要先进制造业中心、西部金融中心、西部科创中心，三大优势兮领先上。

成都，四川省府，国家中心城市，超大城市，世界文化名城。呵兮！区域经济中心、国际门户枢纽、科创中心、商贸中心、金融中心，五大优势撼。哦吁！人才济济，资源丰硕，电子信息、装备制造、航天航空、生物医药兮文旅灿。

呵兮！重庆成都一体化，高新科技创，数字经济、实体经济相融哉，新质生产力兮高质量发展上。

天乎！弓箭开，干戈举，壮士征途兮马蹄疾，新时代，巴蜀大地兮风云激……

二、壮哉！十星城

巴山蜀水气势壮，图腾蛇吞象；
引擎西南哉，敢叫日月换。

大四川啊天府之国优势多，一曰，人口密集；二曰，城市云集；三曰，资源丰硕。

呵兮！双子星，核心城兮重庆成都，引领十星城兮砥砺上。

宜宾，名酒之乡，万里长江第一城兮电子轻工上，竹都商贸绽。呵兮！五粮液兮天下扬。

绵阳，高科之城，呵兮！中国工程物理研究院、西南科大兮科创实力强，电子信息、冶金机械、航空航天、军工高科技强兮农业、纺织绽。

德阳，工业名城，中国重大技术装备制造基地兮跨境电子商务综合试验区。呵兮！新兴重型机械、动力设备兮高新工业地。

南充，著名商城，化工重地，省石油天然气兮能源化工重基地，西部交通枢纽兮“丝绸之都”，粮农商贸灿。

泸州，名酒之乡，长江上游商贸兴兮要口岸，电子商务试验区兮文化名城。呵兮！泸州老窖九州扬。

达州，中国气都，国之三大气田兮“川气东送”，国家天然气综合开发示范区兮，能源大市。呵兮！茶叶、牛肉香八方。

乐山，文化名城兮乐山大佛名天下，峨眉山佛道教、武术、茶业夹江造纸兮工商文旅灿。

内江，成渝之心，巴蜀要塞，川中重城，“宽带中国”示范城兮电子信息、农工机械、制糖甜城兮蜜柑盛，呵兮！张大千《长江万里图》兮天下扬。

黔江，重庆辖区，渝鄂咽喉，全国标准化示范县兮，生态文旅灿。万州，重庆东北“万川毕汇”兮“万商云集”商贸绽。

广元，历史文化悠久兮蜀道咽喉，川北能源工业名城，“蜀道难，难于上青天”兮惊天下。

康定，四川甘孜藏族自治州，川藏咽喉，茶马古道，“海外仙山，蓬莱圣地”，一首《康定情歌》唱天下。

雅安，天府之门，民族走廊，大熊猫兮天下扬，古丝之路，仙茶圣地兮禹贡蒙山文旅灿。

攀枝花市，川西南钢铁名城，工农业兮双兴上，万里长江第一城兮花美园林灿。

呵兮！十余星城兮，各显春色，正是：大四川啊宝四川，满天星斗闪烁光。

三、伟哉！双城经济圈

巴山呼蜀水唤，成渝双城新激荡；

风骨雄蓝图壮，川蜀大地阳光灿。

辉哉！成渝一体化。

伟哉！新时代兮伟大复兴，西部大开发兮伟大战略，2020《纲要》出，总书记擘画蓝图，成渝一体化兮更上一层楼。

煌哉！双城百城镇。

呵兮！大四川啊大四川，百城一家亲兮，打断骨头连着筋。双城引领一体化兮战略金，共同富裕兮在路上。

哦吁！引领西部开放，拓展全国兮未来可期。内陆西南北，东西海陆通。呵兮！贯西亚承东南，丝绸之路兮“一带一路”灿。

灿乎！核心双城引领百城镇兮优势互补，城乡协同展，大兴天府之国兮里程碑。

哦吁！川蜀大变样，2023年全区经济总产量兮破8万亿元大关，呵兮！国家级奔世界级城市群兮，在跨越。

壮哉！双城三省。

云贵川啊兄弟三，从来老大带老三。呵兮！成渝牵手三省上，资源互补、科技交流、产业转型兮助新质生产力上。呵吁！大西南发展兮征途壮。

夜成都，夜晚登上天府熊猫塔上兮俯瞰，呵兮！流光溢彩华灯灿，一幢幢摩天大厦不见边，霓虹闪闪似星河，美轮美奂兮如梦幻……步入繁华春熙路，灯火辉煌，人流如河，老字号商店兮琳琅满目，一首《康定情歌》，“跑马溜溜的山上，一朵溜溜的云哟……”呵兮！夜如昼兮盛世升平象。哦吁！蓉城啊蓉城，“芙蓉国里尽朝辉”。

昼重庆，昼立市中心兮仰彰，高耸屹立哉解放碑，叹哉！无畏风雨不怕雷电兮威武象，顿感革命征程兮壮怀激昂！旋望四方，高楼万丈兮阳光灿烂，呵兮！人流滚滚兮东南西北中，复兴力量兮辐射八邦冲……

天兮！天穹俯瞰大四川，尽收眼底在云端。哦吁！成渝双子星东西闪烁光，天府宝盆地兮紫气升，百城镇金光闪闪兮群星烁，呵兮！恰似一钵金宝盆兮大国西南端……天乎！太厉害了，我的国！

芙蓉花开金灿灿，四川火锅麻辣烫，大熊猫笑迎兮川酒天下欢！

伟哉！社会主义现代化兮，成渝引领亿万人民在前进！

正是：社会主义中国化兮，巴蜀谱写新华章；

新时代兮新四川，西南巨龙正飞翔。

广东赋

一、敢哉！自古敢为先

粤港澳兮广东汉，国之大足南海站；

敢闯敢干敢开放，大海翔兮何惧风浪。

呵兮！广东人啊站立南海岸，看得远啊望得深，自古敢下海兮敢吃第一只螃蟹。哦吁！敢闯敢干敢开放，“敢”字当头兮，敢、敢、敢……

雄哉！敢闯大海

呵兮！敢一统天下兮秦始皇，大军南下兮岭南三郡设，明代置广东省兮声赫赫。

敢下大海兮郑和七下大西洋，广州至海南，再向南洋兮印度洋……

敢开海丝之路兮，广州第一港，通向亚欧兮千舟万帆……

今之“一带一路”兮东南亚、欧亚，巨轮启航……

呵兮！自古敢闯大海兮无愧广东汉！

壮哉！敢闯天下

孙中山，一声呐喊，敢推翻帝制兮启共和，呵兮！开民主革命旗帜兮先驱范！

林则徐，虎门销烟，敢火烧英殖民兮无畏列强。

洪秀全，敢举太平天国，席卷全国兮吓破清朝胆。

康有为、梁启超，敢公车上书哉戊戌变法天下撼！

邓世昌，敢驾已伤致远舰哉撞向日本吉野舰，壮烈殉国殇。

冼夫人，民族首领，敢打破割据兮无畏豪强。保境安民兮女英范。

袁崇焕，敢奋勇击金汗兮皇太极、崇祯皇帝中离间计焉，凌迟处死，英烈悲壮。

文天祥，被元军囚禁兮，以身殉国，一首《过伶仃洋》“人生自古谁无死，留取丹心照汗青”千古撼！

呵兮！“敢”字当头，敢闯天下兮广东汉！

二、壮哉！敢举赤旗

红色圣地赤旗举，岭南儿女浴血举；

镰刀锤头粤地扬，抗日救亡烽火燃。

呵兮！红色广东啊革命先驱撼！

十月革命一声炮响，马列主义中国传，北大红楼兮五四运动，嘉兴红船兮中共一大。呵兮！开天辟地，中国革命兮火炬燃……

1921，中共广州支部立，镰刀锤头岭南举，哦吁！风起云涌，南海大潮起。

壮哉！中共三大。

1922，中共中央上海迁广州，中共三大兮广州开，启新征程兮国共合作先。毛泽东农民运动讲习所兮红色基因传。

壮烈哉！武装起义。

呵兮！南海掀大浪，黄花岗起义兮打响第一枪。孙中山、黄兴敢死队兮冲入总统府，火烧总督兮天下惊。呵兮！辛亥革命序幕开，七十二烈士纪念碑下哉万人仰彰。

壮哉！珠江怒潮涌，孙中山，黄埔军校创，北伐打响，将帅摇篮哉，抗日浴血奋勇战。

呵兮！惊涛拍岸，省港大罢工，邓中夏、苏兆征，声援上海五洲兮反帝反封中外惊。

壮哉！铁军崛起，叶挺独立大队兮中共首支正规军，北伐先锋痛击军阀兮威名震天下。

伟哉！大浪天翻，1927，广州起义，中共领导兮工农红军，英勇反击国民党反动派，呵兮！三天浴血战兮天下撼！建城市苏维埃兮里程碑。

壮哉！抗日浴血，1937，抗日救亡，南海怒潮撼！广东92万人出征抗战，嗟夫！岭南大队英勇奋击，东莞大岭山抗日根据地兮反扫荡，羊台山上围攻战，宝安（今深圳）英勇抗日，浴血战……

呵兮！广东儿女，浴血奋战，无愧岭南血汉！

1949，陈赓指挥二野，广东战役兮与白崇禧决战，广东解放，天大亮！

嗟叹！广东啊广东，今日辉煌啊，哪知道你曾历尽苦难。

三、雄哉！敢改革开放

改革开放先驱范，引擎全国光芒万丈；

勇立潮头敢为先，辉煌前景浩浩荡荡。

伟哉！伟大转折。

嗟夫！1978年，中国向何处去？

呵兮！十一届三中全会定，“要把国家的重心，转移到社会主义现代化建设上”。

哦吁！改革开放兮，窗口亮放。

壮哉！伟大先行。

1979，广东省委书记兮习仲勋，改革开放哉“先走一步”，邓小平焉“先踩出一条血路来”。

灿哉！伟大特区。

呵兮！世纪之定，中央批准兮深圳、珠海、汕头、厦门焉经济特区，哦吁！改革开放兮先行范。

雄哉！伟大腾飞。

呵兮！世纪之定，千年不遇，深圳一跃起，引擎全国兮辐射天下惊。

宝安啊宝安，宝在何方？宝在脚下。啊！“时间就是生命，效率就是金钱。”呵兮！“三天起一层楼”兮，深圳速度天下惊。蛇口工业区，引无数外资趋，高科技兮新高地，华为、腾讯、比亚迪兮中兴通……电子科技、人工智能，数字经济启，中国硅谷兮一夜崛起，全球惊！

哦吁！优良政策、保障体制兮“开荒牛”哉拓荒者，一片宽广天宇展……

伟哉！十八大兮十年来，“深化改革兮扩大开放”，“不停顿兮不止步”，续写“春天里的故事”兮，深圳更上一层楼。

呵兮！大鹏展翅九万里，今日深圳，凤凰山下凤凰乡，涅槃蝶变兮天下彰。

壮哉！大广东啊雄广东，改革开放先行地兮，示范特区引擎举，杀出血路兮潮头启。

四、伟哉！敢引擎全国兮粤港澳大湾区

粤港澳兮大湾灿，十一城兮一体干；

新时代兮新使命，引擎龙头天下撼。

伟哉！新时代兮新使命。

2019，2月18日，中共中央《纲要》曰：港、澳、广、深四大核心兮引领珠江两岸十一城启，推动全广，辐射全国兮龙头撼！呵兮！总书记擘画蓝图兮前程灿烂！

呵兮！粤港澳大湾区，珠江三角兮，港澳广深四核心，携手珠江两岸七城焉，珠海、东莞、中山、佛山、惠州、江门和肇庆，呵兮！大国南足兮阔步进。

哦吁！深化改革，扩大开发，大湾区兮阔步向前干！

这十年，经济增长快哉，勃勃生机，科技活力强焉，欣欣向荣，新质生产力，高科技创新兮大数据中心，国际化创新平台兮，六万家高科入……

呵兮！世界四大湾区兮欲与纽约湾区、旧金山湾区、东京湾区兮一比高！

强哉！四大核心。

广州，省府广州，全省政治文化中心兮国际大都市，高新科技企业兮蓬勃发展，全国第三过万家！汽车产业兮全国第二，互联网兮三千家。呵兮！港口吞吐6.13亿吨叹！全国第四兮震撼上。

深圳，改革开放兮伟大先行范，小渔村一跃国际都市撼！今之中国高新科技新高地，区域金融一中心，信息中心，商贸中心，华为、腾讯、富士康、中兴……呵兮！中国硅谷兮闻名国际都城兴。

香港，与纽约、伦敦兮齐名国际大都市，“一国两制”政策金，国际金融中心、商贸中心、航运中心、科创中心……呵兮！全球自由经济，高度繁荣，高度先进，大名鼎鼎兮维多利亚港湾，夜景之灿兮天下惊。

澳门，国际自由港兮中国与葡语国家商贸口岸兴，轻工业旅游兮百花齐放。呵兮！世界著名旅游休闲兮全球最富之地区。

雄哉！珠江七城。

东莞，处湾区中心兮交通枢纽，人口千万兮高新制造上，发展活力强；珠海，江海口岸优势兮省域副中心，经济特区；佛山，异军突起兮制造业，新能源兮高新科技产业，数字化经济绽；中山，新一代电子信息，绿色石化、汽车轻工、产业配套强；肇庆，新能源汽车，承东接西交通枢纽，有色金属冶炼兮计算机制造灿；江门，制造业、轻工、农业上；惠州，电子信息，汽车零件……

呵兮！珠江七城，各有千秋兮百花齐放。

哦吁！大湾区十一城兮优势互补，协作发展，深化改革兮扩大开放，呵兮！发挥“一国两制”，依托港澳自由经济体制，打造国际科创兮新中心，君不见，高新产业新前沿，新质生产力兮引擎全国哉辐射全世界。

辉哉！湛汕两翼。

美哉！湛江，倚山临海兮粤西美港湾，城美海美兮“北有青岛，南湛江”，自古丝路兮金口岸，今之省域副中心兮南方西部通外大口岸，呵兮！大国下东南亚与欧亚近兮宝口岸。优良深海港兮，又系北部湾中心城。哦吁！优势可见，潜力巨大兮未来可期。

煌哉！汕头。粤东明珠，内海湾兮海域阔，自古通商口岸兮潮汕文化灿。呵兮！古今东南亚商贸兮“岭东门户，华南要冲”，珠三角与海峡西岸经济带兮枢纽要。君不见，电子商务示范城，省域副中心兮连粤东，哦吁！曾经的经济特区，未来必重振雄风哉，再现辉煌。

呵兮！美湛江啊雄汕头，东西两翼兮带动粤西和粤东，协作珠三角兮泛大湾区上。

哦吁！大广东啊大珠江，携手两翼兮汕头与湛江，推动全省，助力粤北兮一起上。

呵兮！大湾区啊大珠江，引擎全国兮辐射华南，并肩长三角兮，大国南足战！

嗟夫！伶仃洋上不伶仃，港珠澳大桥兮车轮滚滚呼啸穿，潮起潮落大珠江，呵兮！两岸高楼大洋望，千艇万轮兮，浩浩荡荡……

哦吁！凤凰山上凤凰游，岭南浴火蝶变兮万花丛。

呵兮！木棉花开红艳艳，顶天立地兮大树壮，英雄花开英气扬，岭南儿女在歌唱。

哦吁！大广东啊雄广东，国之大足兮砥砺冲，终“杀出一条血路”兮天下撼！

伟哉！以新质生产力兮，推动高质量发展，广州引领兮，一亿三千万人民向前干！

正是：中国式现代化兮，广东谱写新华章；

新时代兮新广东，南海巨龙正飞翔！

成都赋

一、美哉！天府之国

呵兮！川蜀掌上一明珠，金光闪闪名成都；

煌煌三星太阳神，天府之国非天成。

何曰天府？巴蜀大地，风水宝地，北屏秦岭兮西南依二龙，千里平川兮引江穿，良田沃土泱。

何曰成都？蜀王迁都，“三年建都”，张仪建城，刘备三国筑基蜀，从此川蜀兮天下出。

呵兮！成都之美，景美文美和食美，三美融兮美不胜收。

哦吁！蓉城之乐，曲乐、戏乐、生态乐，大熊猫兮乐融融。

灿哉！天府！景美之绝兮天下惊，呵兮，都江堰兮，人造胜天造，从此天府沃。九寨沟兮，“九寨归来不看水”，真美景。“青城天下幽”兮，道教圣地悠。乐山大佛兮“山是一座佛，佛是一座山”，哦吁！峨眉山顶兮金佛闪，疑是仙境兮天神展。

呵兮！大美成都，一座座流光兮闪闪过，一道道异彩兮尽其中。

文美之灿焉，杜甫草堂，武侯祠兮三国文化，文殊院哉佛学书画藏，金沙遗址三星堆兮煌煌文明绽。

文艺之灿哉，蜀剧自古天下冠，神奇脸谱惊八邦。

食美兮，从来川味市井扬，麻辣烹饪兮享四方。

呵兮！果然三美集成都，八邦入蓉城兮，乐在蜀中。

二、壮哉！巴蜀圣地

斗转星移，春秋交替，成都啊成都，沧桑无常然。

呵兮！四千年前文明历，两千多年建城史，大唐富兮宋朝兴，明落清毁兮，“湖广填四川”。

呵兮！圣地出圣人兮，巴蜀出圣神。

天匠圣兮李冰，都江堰，无坝引水，宝嘴分水兮岷江入，旱川变沃土。夫古有愚公移山，蜀有李冰造江。伟哉！人造天府彰。

圣哉！诸葛亮，辅刘备兮，成都建蜀汉，一统川中兮，成都声名撼！武圣关公、张飞兮，神武圣将，三国鼎立兮天下扬。

路神蒲殿俊、罗纶兮铁路风潮撼，成都血案。武装风暴兮辛亥革命上。

壮哉！战神兮，抗日战争期，三百万川军赴汤蹈火兮浴血战，川军抗日阵亡将士纪念碑矗立兮，六千万战神千古扬。

伟哉！将圣刘伯承，身经百战兮，挥军进四川，解放大西南。

黄继光、董存瑞哉以胸膛挡枪眼、舍身炸碉堡兮英烈神圣赞。

壮哉！巴蜀圣地兮，无愧神圣根系长。

呵兮！文化神圣兮，巴蜀出圣神！赋圣司马相如，子虚上林，汉赋开筑兮声望出。诗圣杜甫，“安得广厦千万间，大庇天下寒士俱欢颜”兮，忧国忧民叹！诗仙李白“胡尘轻拂建章台，圣主西巡蜀道来”，一开浪漫谏讽先。文圣郭沫若兮文化巨擘，《屈原》《天狗》《凤凰涅槃》之声兮，震醒一代人。

呵兮！巴蜀圣地兮圣人出，难怪八方文人入，闻名千古兮垂范四方。

三、伟哉！成就之都

成都啊成都，成就之都。

伟哉！新中国，太阳升，成都红日升。

1952，天路成渝，中国自建第一铁兮，三万解放军，十万民工昼夜战。呵兮！“蜀道难啊，难以上青天”，百年“虚线”终实现。

改革开放兮，西南贸易大口岸，成都奋进上，高楼叠起兮，巴蜀新颜换。

天呼！天崩地裂兮八级大地震，汶川啊汶川！八万人遇难，惨烈悲壮。呵兮！何惧天难，力挽狂澜！伟哉！大爱无疆兮，小至小林浩兮舍身救同学出，大至万千救援大军入。成都啊成都，天灾面前，铿锵无畏撼！

伟哉！新时代兮伟大复兴，成都大换新，高质量高科技兮成都拼。

呵兮！“八纵八横”国际大动脉兮，成渝高铁上，双城经济圈兮，千里汉川一挥间，飞龙亦叹！创一线国际大都市兮，川渝携手干。

壮哉！双流啊双流，天府新区核心域，带两江之双流，“一带一路”兮国际机场欧亚双流灿。开府新区科学城，高科技兮成都引擎上。

双子塔兮灯光秀，霓虹闪闪，金融城兮银街吟，人山人海似天河，万家灯火兮相映红。

呵兮！芙蓉花开红灿灿，芙蓉国里满城绽。夫已得广厦千万间，大批天下寒士俱欢颜。呵兮！凤兮凰兮归故乡，踔厉奋发兮，不忘韶华。

伟哉！成都啊成都，两千万人民在前进！太阳鸟啊大神鸟，天府非天赐，自古改天换地兮铿锵。呵吁！拼搏基因兮血脉传，今日成都更昂扬。

正是：旋转乾坤兮自古昂，川渝携手潮头强；
　　　引领西部兮奋发干，天府天龙正飞翔！

河南赋

一、煌哉！古都圣地

巍巍千里太行山，滚滚黄河朝东穿；
虎踞龙盘九州腹，中原儿女胸襟宽。

嗟夫！天苍苍地茫茫，五大古都兮何以竞河南，“叱咤中国”兮文明东进中原煌。

煌哉！六朝古都商丘。中华始祖三皇之首兮燧人氏，钻木取火兮萌于兹。呵兮！人类文明纪元开。若乃，三皇五帝之府，商朝开国之都，商封宋国、西汉梁国、随之宋州，北宋应天府，呵兮！六朝古都兮燧皇陵、炎帝黄陵……古遗址兮文明铭。

壮哉！五朝古都郑州。呵兮！始祖山上，炎黄二帝巨像兮千古震撼！夏初，启建都夏邑兮郑州启，中国首座王朝都兮郑州兴。哦吁！鸣条之战，商汤灭夏兮建都豪（今郑州），春秋战国之新郑，呵兮！千百年来影响五朝代兮，兴衰之重镇，莫过乎郑州。

煌哉！七国古都安阳。公元前十三世纪，商朝中衰，为挽危机，商王盘庚焉迁都安阳。呵兮！伟大复兴兮青铜器、甲骨文、镌刻哉殷商之灿烂辉煌。嗟叹！商纣残暴衰落，前十世纪哉武王灭商，定都洛邑。呵兮！今之殷墟遗址焉印证大商之光芒。

灿哉！十三朝古都洛阳。公元前1754千年兮，洛阳已为夏都，前十世纪哉武王灭商，成王迁都洛邑焉，“叱咤中国”里程碑。哦吁！东汉开国皇帝刘秀定都洛阳哉洛阳中兴。呵兮！更有武则天三废黜皇帝兮女皇登基，天下惊。迁都洛阳，哦吁！建开元盛世，“神州之都”辉煌比长安。嗟夫！唐中宗李显“神龙政变”恢复李唐兮武皇下台。嗟叹！洛阳啊，不落之阳，几起几落兮印证历史汤汤，朝代泱泱。

辉哉！八朝古都开封。公元960年，赵匡胤陈桥兵变兮黄袍加身，弃洛阳哉，东迁开封，大宋立焉。呵兮！东京大运转兮登封造顶哉堪比西方大罗马。呵兮！一幅《清明上河图》哉见证兮繁荣万象。嗟叹！盛极必衰，靖康之耻，金人入，开封都兮一落千丈……

嗟叹！几度风雨几度晴，一座座古都见证焉时代变迁，历史兴衰。

呵兮！一部河南古都史，半部中国炎黄史。

二、灿哉！人文圣地

虎踞龙盘大河南，圣人杰才如星汉；

浩浩黄河文明长，历史苍穹闪辉煌。

日月转兮中华历史浩无疆，黄河长焉五千年文明灿。

伟哉！千古思想家。

伏羲台兮伏羲观，一望黄河洛水湾，清浊交汇兮太极图，顿开阴阳兮八卦出。

文王囚羑里兮斗窗观天七载狱，自强不息兮后天八卦哲理醒，千古《易经》金。

老子，道家始祖兮道法自然，无为而治焉，煌煌《道德经》兮开道家哲理兴。

庄子，道家之祖兮，崇尚自然无为兮，并称“老庄”，一部《庄子》兮佛道皆宗昌。

墨子，墨家创始人，兼爱尚贤兮仁核心，“非儒即墨”兮《墨子》影响彰。

韩非子，法家开创兮唯物哲学彰，“法不阿贵，绳不挠曲”“奉法者强则国强”兮千古震撼，一部《韩非子》兮法家思想昌。

鬼谷子，千古谋圣，策略之父焉，其“小人谋身，君子谋国，大丈夫谋天下”兮让人醒，著《鬼谷子》哉千古惊。

北宋五子：哲学家周敦颐、邵雍、张载和程颢、程颐兮并称北宋五子，开理学兮创洛学，“存天理兮，去人欲”，开创了著名兮程朱理学。

呵兮！河南辈出思想家，中原代代哲理彰。正是：

秦岭太行到泰山，滚滚黄河奔海疆；

孔孟老庄宋理学，炎黄文化思想彰。

呵兮！一部河南，思想人物史，半部炎黄思想史。

壮哉！杰出政治家。

名相伊尹，辅佐商汤兮治国有方，一举灭夏，建商兮开国元勋。

赫赫周公，辅政成王，平叛东征兮还政不专。呵兮！制礼作乐兮撰写《易经》千古经。

春秋子产，相辅郑王，兴改革兮定新法，郑国中兴兮功不可没。

宰相赵普，力鼎赵匡胤兮陈桥兵变大宋立，中央集权兮一统南北功勋臣。

范仲淹，北宋杰出政治家焉，其“先天下之忧而忧，后天下之乐而乐”兮千古绝唱。

王安石，著名北宋改革家，以“理财”“整军”为中心兮，变法震天下！嗟夫！新法被废，抑然而逝兮让人感叹！

包青天，廉洁公正，铁面无私，敢为百姓申冤兮名震天下。

呵兮！自古河南多豪杰！君不见，影响朝代兴衰兮风流人物，改变历史命运焉政治豪杰。辉光闪烁兮如星河。

灿哉！文学巨星。

诗圣杜甫，诗文忧国忧民兮爱国情怀，一文“剑外忽传收蓟北，初闻涕泪满衣裳……即从巴峡穿巫峡，便下襄阳向洛阳”。情怀撼！

诗王白居易，一首《长恨歌》，“回眸一笑百媚生……从此君王不早朝。”政警寓意兮千古绝唱。

百代文宗韩愈，唐宋八大家之首兮文章巨匠，影响文坛兮千古文父。“一封朝奏九重天，夕贬潮阳路八千…”让人感叹，“书山有路勤为径，学海无涯苦作舟。”千古憾！《师说》《马说》《进学解》……含义深刻兮代代传。

诗豪刘禹锡，“旧时王谢堂前燕，飞入寻常百姓家”，平中见奇，“人生自古谁无死，留取丹心照汗青”，壮怀激烈。

煌哉！科学巨匠。

东汉科圣张衡，发明浑天仪、地动仪兮天下誉。

医圣张仲景，巨著《伤寒杂病论》兮千古传，经方开创兮中医鼻祖赞。

呵兮！中原大地兮辉煌神州，地杰人灵兮灿若星汉。

一部河南人物史，半部中国人物志。

三、壮哉！浴血中原

滚滚黄河掀天浪，抗日烽火浴血战；

无畏强敌河南拳，九千九百万人拼死干。

嗟夫！自古中原脊梁扛，得中原者得天下，兵家争夺冲要强。

呵兮！逐鹿中原兮黄帝蚩尤战；叱咤中国兮武王伐商牧野之战；决战中原兮商汤灭夏兮鸣条之战；浴血中原兮曹袁官渡之战；沃野中原兮宋征胜辽兮澶渊之战……

哦吁！五大古战兮，争夺中原，天下撼！

嗟叹！岁月苍苍，历史泱泱，中原之战煌亦殇……

不曾忘，南宋，岳飞驻河南，郾城兮大败金军，力复中原兮统一国家，无愧兮“撼山易，撼岳家军难”。

哦吁！十月革命，一声炮响，马列主义兮中国传。呵兮！五四运动，北京举帜中原醒，长辛店，京汉铁路兮郑州大罢工，浩浩荡荡……嗟叹！二七惨案，天下震撼！二七碑下，万人仰彰！

嗟夫！抗日战争，惨烈悲壮，河南大会战兮日寇三面口袋般袭来，我军激烈抵抗。嗟叹！嵩山决战，失去郑州兮，河南沦陷中原殇……

叹乎！不屈不挠的中原儿女兮奋起抗日，豫西革命根据地兮嵩山烽火举。

难忘，黄河花园口决堤焉天水漫，日军无阻兮万千百姓大逃难，何以慷?

壮哉！半壁中原浴血战，大别山上烽火壮，六年拼命抗日兮中原抗，河南儿女英勇上。

呵兮！支援征兵二百万，为国伤亡逾三十万，更有焉，服役四百万，支援粮食哉二百万担。

哦吁！永载史册兮河南拳兮焉能忘？！

伟哉！郑州战役，挺进中原兮刘邓大军，千里跃进大别山，保卫战兮铁路心脏，激烈大战兮郑州大解放。呵兮！开启淮海战役大决战！

嗟夫！回首望，自古中原多血战，惨烈悲壮兮兴亡撼！

呵兮！一部中原战争史，半部中华战争史。

四、伟哉！今日河南

自强不息河南人，厚德载物河南“中”；

红旗渠精神千古扬，亿万人民在飞翔。

伟哉！天大亮兮新中国，人民当家作主兮天翻地覆，敢教日月换新天兮，跃起云穹中国龙。

呵兮！改天换地兮南水北调，丹水甜兮千里进京城，红旗渠啊英雄渠，敢引天河兮进山崖，太行儿女天下撼！

哦吁！河南人啊爱说“中”，何曰中？一曰黄河中游中国中，二曰不偏不倚和谐中，三曰中坚拳头中。正是：

大河南啊中河南，南水北调丹水上；

千里麦浪国粮仓，国之拳头国脊梁。

伟哉！新时代，伟大复日日新，新中国到新时代，翻天覆地河南变。呵兮！千里麦穗兮万顷浪，粮食产量兮河南王，夏粮总产 762 亿斤兮，“誓让更多中国碗，装上河南粮！”

壮哉！不靠山不临海，靠“米”字高铁网兮纵横大陆天下贯。君不见，货物进出口总值兮 8208 亿元，机场吞吐量兮破七十万吨。更有，中欧班列（中豫号）兮每周已超六千班。哦吁！年总产值兮已五万亿元跨！世界五百强兮 198 家河南驻，中国五百强焉 175 家河南入，全省科研研发兮突破一千亿元。呵兮！ 718.6 万建档立卡贫困人口兮全脱贫。

灿哉！首府郑州，政治经济科技中心兮铁路枢，车轮滚滚兮驰骋万里州。呵兮！商城绿地兮如火如荼，万家灯火灿，浩浩广场上耸立兮二七纪念塔，夜景下金光闪闪兮赤焰辉煌，驻足仰望，心怀激荡……

煌哉！开封洛阳安阳兮，古都圣地文旅昌，安阳钢铁、洛阳能源、开封制造兮文旅经济双齐灿。

灿哉！南阳、许昌、新乡、驻马店市兮交通枢纽，中原经济灿，平顶山重工业兮能源上，羲皇故都周口市、商丘兮华夏先驱圣地灿。哦吁！今之福森翘楚兮梨园春豫剧天下扬。

呵兮！大河南啊，十大城！万象更新兮百花齐放。

牡丹花开红艳艳，少林寺中国功夫天下遍。蒋大为《牡丹之歌》“啊……牡丹，百花丛中最鲜艳，众乡国里最壮观……”九州撼！

伟哉！高质量发展兮，郑州引领九千九百九十万人民在前进！

正是：社会主义中国化兮，河南谱写新华章；
　　　新时代兮新河南，中原巨龙正飞翔。

广西赋

一、美哉！八桂大地

西北依山南海湾，银滩北海闪金光；
百里漓江美如画，桂林山水甲天下。

大美哉！桂林！

千里西江兮国之第三江，两广母亲河兮粤汇称珠江。

珠江美啊美广西，“水绕青山”兮“山绕水”，呵兮！最美在漓江。

桂林——阳朔百里川，喀斯特地貌兮鬼斧神工叹，岩溶洞峰碧水穿。哦吁！好一幅“舟行碧波上，人在画中游”，难怪徐霞客叹曰：“桂林山水甲天下。”正是：

桂林山水美上天，漓江百里洞若仙；
阳朔天籁三姐吟，难识天上疑人间。

呵兮！君不见，“百里漓江百里画廊”，远眺望，月山远远如月弯。

阳朔之美似仙景，百里画廊画中行；

两岸歌声天上来，漓江渔火山映月。

哦吁！近凝眸，不远一座象鼻山，桃水漓江洞中穿，一条大象饮碧水，呵兮！好一幅月水象山钻。正是：

象鼻低头饮玉河，背依地貌万山中；

明月洞中翩翩过，桃江月弯映彩虹。

灿美哉！北海

北有桂林山水兮南银滩，椰林丛中红日升，蓝天白海闪银光。呵兮！疑是南方北戴河兮夏威夷？正是：

北海银滩潮起掀，白云鸥翔碧连天；

踏沙破浪风拂面，金光闪闪万舟间。

寿福哉！巴马！

长寿之乡巴马川，“人类最佳居住地”，世界五大长寿域兮百岁寿星比繁星。呵兮！天然氧吧山泉甜，地磁阳祥焉，梦幻桃花源。

呵兮！大广西啊美广西，地美人寿兮福祉区。

二、壮哉！赤色烈地

雄浑山川壮烈地，英雄辈出豪侠气；

赤色革命幡帜举，滚滚西江东流去。

岁月沧沧，三万年前兮古人昌；历史泱泱，先秦百越兮豪民壮。

嗟夫！春秋时期，秦皇一统天下。哦吁！南征百越焉设三郡，清代定兮广西名。

嗟叹！赤色圣地兮壮烈辈出。

明朝抗倭女英雄哉瓦氏夫人，披甲跃马兮驰骋杀敌，浴血奋战哉天下赞。

壮哉！民族英雄刘永福，援越抗法兮爱国将，抗日守台哉固若金汤。呵兮！“扬眉吐气”兮千古撼！

嗟叹！鸦片战争清腐败，英炮火哉，炸醒了苦难兮中国人。

壮哉！金田起义，洪秀全兮太平天国，吹响焉反封建号角。

伟哉！百色起义。

呵兮！ 1919 年，十月革命一声炮响，惊醒了黑暗焉华夏大地。哦吁！南宁青年学会、桂林文化书社哉高举马列主义，中共广西支部焉，八桂大地烽火举……

壮哉！ 1929 年，邓小平、张云逸、雷经天，领导哉百色起义，点燃了南国火炬，建中国工农七、八红军兮左右江红色根据地，呵兮！百色起义碑下哉万人仰彰！

哦吁！“读了半本马列主义，红了半个中国”的英烈韦拔群，领导右江苏区兮，粉碎围剿哉壮烈牺牲。

壮哉！抗日气概。

1937 年，卢沟桥事变，抗日战争哉同仇敌忾。嗟夫！1939 年，日军占北海，昆仑关血战焉英雄气概！哦吁！广西红军编八路哉勇赴前线，浴血奋战兮杀敌悍！

嗟夫！台儿庄徐州会战兮桂军激烈上，中华儿女哉凝心杀敌撼！

呵兮！八桂大地兮广西儿女，勇赴前线兮民族大义扛。

三、伟哉！今日广西

靠山临海百里江，面向东南金海湾；

对外开放大口岸，八桂大地傲势上。

伟哉！新中国兮朝阳红，人民当家作主兮天翻地覆。呵兮！开天辟地哉，东方龙起迎彩虹。

改革开放，海上丝路兮南海新通航，乘风破浪兮两广联手上。

伟哉！新时代，伟大复兴日日新，翻天覆地大广西。哦吁！背山靠海哉拥江百里，面向东南亚兮金口岸，毗邻粤港澳兮银海湾。呵兮！三大优势兮独特位，巨轮远航兮波浪壮……

哦吁！通航 30 万吨兮巨轮装，集装箱兮 600 万，若乃！高兴企业哉 3300 家，入驻公司三万户，更有 634 万兮建档立卡贫困人口哉全脱贫！

灿哉！首府南宁，政治经济文化兴，中国东盟峰会举，电子、生物、制造焉新高地，生产总值兮五千亿，呵兮！绿色之都，国际花园市，高楼叠起兮霓虹闪，夜景经济兮昼夜灿。

美哉！桂林，百里山水美如画，不到桂林心里挂，呵兮！电子机械轻纺上兮，文旅经济齐双绽。

煌哉！北海明珠，向海经济兮桥头堡，北部湾兮东口岸。呵兮！“一带一路”兮新起航，华南、西南、东南兮大海向。

哦吁！广西东大门兮三江总汇梧州市，珠江——西江经济带哉枢纽赛，人工宝石之都兮产值 25 亿叹！更有工业重镇柳州兮汽车钢材电子哉，轻重工业双齐上。

呵兮！朱槿花开红艳艳，刘三姐歌声遍，“多谢了，多谢四方众乡亲，我今没有好茶饭啰唻，只有山歌敬亲人呀敬亲人……”壮、汉、瑶、苗携手舞兮，民族团结乐融融。

伟哉！高质量发展兮南宁引领下，五千万广西人民在前进！

正是：建中国式现代化兮，广西谱写新华章；

新时代兮新广西，西南巨龙正飞翔！

宁夏赋

一、美哉！秀银川

贺兰山雪映银川，滔滔黄河闪金光；

六盘山下红旗漫，壮美宁夏奋楫扬。

巍巍贺兰山，极目远瞻兮，似万马腾云端。俯首眺望焉，滚滚黄河几字弯。

呵兮！左贺兰兮右黄河，北居高原，南靠六盘。哦吁！两山一河兮沃银川。

美哉！银川！

银川美，美如画，千湖万泊兮沐春阳，波光闪闪兮天鹅翔。呵兮！花红碧湖兮果树绿，小鸟喳喳兮野兔出。“春季里呀到了这，水仙花儿开呀，年轻轻的女儿呀，踩青那个来呀，小呀哥哥呀……”花儿与少年兮歌声扬，好一片塞上江南！

昔之敦煌古道，丝绸之路远兮，大漠驼行忙。长城烽火映焉，晚霞黄河“落日圆”。呵兮！真一幅天工浑成画……

壮哉！“东方金字塔”！

西夏王陵焉，茫茫大漠傲然立，无畏风霜兮，历史沧桑，尽显风骨壮。

灿哉！贺兰岩画！

贺兰岩画哉山之东麓，一座座岩画兮，尽展远民生息。呵兮！狩猎、祭祀、征战、歌舞哉，风采叹！

呵兮！雄伟太阳神画哉，庄严神肃，跃马执戈征象焉，威武雄悍……嗟夫！一览千古黄河壮。

煌哉！宁夏！

固原石窟焉须弥山，宝窟百余，呵兮！巍峨弥勒大佛像，观音石刻幅，堪称“须弥之光”，宗教艺术彰。

呵兮！昔之“春风不度”，今之“塞上江南”，不负天下黄河美宁夏。

哦吁！大美宁夏，银川闪闪，良田沃野兮米粮仓。新楼煌煌，炊烟袅袅兮，车轮滚滚。呵兮！一部塞上兴荣史，半部西北发展史。

二、壮哉！赤圣地

九曲黄河缚苍龙，万里长城无畏风；

长征会师赤圣地，抗日烽火再攀峰。

大河汤汤，历史泱泱，黄土高原兮，黄河儿女沧。

伟哉！黄河儿女！

“嗨哟呵，推呀！嗨哟呵，推呀！莫怕风雨呀，兄弟们呀……”粗犷豪放的黄河号子响彻天川……

呵兮！黄河壮汉，勤奋剽悍，无畏沙旱！

巍峨秦长城兮烽火相望，秦皇一统六国兮蒙恬西征击匈奴，筑边塞长城兮贺兰山上烽火台，石嘴山兮“大漠孤烟直”。

嗟叹！岳飞誓言“踏破贺兰阙，笑谈畅饮匈奴血”兮贺兰英烈撼！

壮哉！西夏王国！

嗟夫！党项首领兮李元昊，建西夏亡国哉荣昌盛，呵兮！夏、辽、宋兮三分天下彰。嗟叹！内乱衰落兮铁木真灭，二百年兴衰传十帝，苍凉孤立兮西夏王陵。呵兮！一部西夏史兮，半部西北兴衰史。

嗟乎！“贺兰山下阵如云”，昔之女帅，穆桂英点将兮战马鼾。

伟哉！赤色圣地！

呵兮！1936年，“山丹丹花开六盘山”，中国工农红军一、二军，饮马黄河，固原西吉将台堡兮，红军长征会师撼！

哦吁！“六盘山上高峰，红旗漫卷西风，今日长缨在手，何时缚住苍龙！”千古震撼！

圣哉！陕甘宁边区！

呵兮！中共中央兮红色根据地，赤色圣地。1937，卢沟桥事变哉，黄河在咆哮，高原在怒吼，抗日根据地兮黄河儿女，勇奔前线，拥军支前哉救国热血洒，不尽黄河滚滚流……

伟哉！大宁夏啊！悍宁夏，边区儿女勇抗日兮，激昂悲怆。

三、伟哉！今日宁夏

龙吟虎啸贺兰山，黄土高原剽悍川；

亿万斯年黄河魂，今日宁夏新华章。

伟哉！新中国，宁夏太阳红，人民当家作主兮，天翻地覆慨而慷。改革开放，天下黄河富宁夏兮，能源经济上，西北银鹰正飞翔。

伟哉！新时代，伟大复兴日日新，“擘画美好蓝图”兮宁夏换新颜。

呵兮！生产总值兮跨越四千亿大关，人均GDP翻了一番，80.3万贫困人口全脱贫。塞上明珠凤凰城兮美银川，城乡换新颜兮凤涅槃。呵兮！煤化工业兮优势绽，新能源光伏、氢能、风能兮高质量发展上，哦吁！绿色低碳兮塞上江南更美灿，“牧马人”“红高粱”兮天下赞。

塞上煤城石嘴山，能源工业绽，水利枢纽兮青铜峡，塞上又一江南兮吴忠市，古丝之路兮商贸灿。哦吁！新时代兮活雷锋，最美志愿者王兰花，民族团结兮是一家。

壮哉！山海情。

跨世纪兮山乡巨变，跨地区兮搬迁移民，跨省帮扶兮，三跨创新惊。哦吁！从永宁县到闽宁镇，从温饱到经开区，再从贫困到小康。呵兮！谢书记、林教授、吴主任兮，脱贫攻坚哉敢为人先，干沙滩变金银滩兮，可歌可泣！嗟乎！高如山，深如海兮革命气概重千钧！

嗟夫！昔之“苦脊甲天下”，今之西海固兮，引水工程，危房改造，电网公路哉浴火重生。呵兮！从联合国“最不适宜人类生存”，到“告别绝对贫困”兮天下奇迹！

铁哉！保护黄河。

呵兮！秃头山变花果山，绿色革命兮保护黄河。哦吁！从“天下黄河富宁夏”兮，到天下黄河富华夏，“同饮一江水，共卫母亲河”兮，宁夏情怀！地图小兮心胸大！

玫瑰花开喜鹊叫，红枸黄甘白羊皮兮，黑炭蓝宝石，五宝兮天下扬。

伟哉！不到长城非好汉，银川引领哉万千回汉儿女在前进！

正是：建中国式现代化兮，宁夏新篇章；
新时代兮新宁夏，黄河巨龙正飞翔。

海南赋

一、美哉！宝岛，旅游胜地

宝岛啊宝岛，南国明珠海连天；
旅游贸易双绝兮，一抹金光闪天边。

呵兮！四面临海兮天赐宝岛，东太平洋兮西印洋，天然桥梁。

灿哉！千里海滩兮万里椰林，著名椰城海口琼，“一带一路”兮大口岸。昔之南越国兮，今之海南省府赞。

海城风光美兮，高楼霓虹灿，金瓦银滩相映绽。呵兮！都市滨海蓝天日，国际贸易不夜城兮正当时。

美哉！旅游胜地兮三亚，岛之南端海滨城，亚龙湾兮天下第一湾。呵兮！天涯海角兮，金沙银滩湾，海上观音兮祈福祥，凤凰山兮凤凰翔。哦吁！山盟海誓兮情亦长。日落晚霞兮踏沙浪，梦幻兮椰林长廊。踏上南山啊南山，祈福依南山，观音佛像海上观，大小洞天鉴真先。

呵兮！三亚风光天下绝，徜徉山海兮升明月，国贸购物兮天堂接。

壮哉！三沙市啊西沙、中沙和南沙，千里长沙兮万顷浪，千舟万帆翔，万里石塘七洲洋兮通西洋！

五指山啊岛中央，万泉河水叮咚响，太平瀑布飞天下，岛上岛下兮水连天，猕猴蹦兮百鸟鸣，“万泉河水，清又清……”歌声飞扬人欢畅。

美哉！宝岛！南国明珠兮闪烁熠熠，旅游胜地兮，堪比夏威夷。

二、壮哉！宝岛，大国南足

五指山啊五指山，大浪淘沙岁月沧；

万泉河啊万泉河，琼崖浴血薪火熔。

嗟夫！一万年前三亚人，春秋战国南越地，秦皇一统天下兮海南郡，大唐琼州兮明代府。呵兮！千年城州兮千舟楫，南国门足踏洋兮丝绸之路奇。鉴真和尚东渡兮日本传佛，经海南兮中华文化传。壮哉！郑和下西洋兮，浩浩荡荡启海南，南国贸易兮惊扬帆。

嗟叹！潮起潮落兮浪掀浪，海南革命兮烽火壮。琼崖革命根据地，五指山兮薪火传，中共红军威兮铿锵！

“向前进，向前进，战士的责任重，奴隶的冤仇深……”红色娘子军焉震海南。痛哉！1939年，日寇入占，宝岛履难兮，水火涂炭。

呵兮！中共奋起，抗日烽火举，赫赫琼崖纵队兮浴血奋战，英勇悲壮。

伟哉！新中国啊新中国，海南日出红，苦难宝岛终解放。

呵兮！改革开放，海纳百川兮，十万人才下海南，筑基兮海南经特区。夫自古舟楫之功兮“致远以利天下”（《易经》），千年舟运兮海南上。海洋贸易兮益五洲，山川海陆兮共扬帆。

呵兮！壮哉！宝岛啊宝岛，大国南足兮天下踏。

三、伟哉！宝岛，海贸金桥

东临太平洋兮西印洋，东西交融兮金桥翔；

四海出兮五洲入，自由贸易兮犹天助。

伟哉！新时代，伟大复兴，宝岛日日新。文昌航天兮灿海南，雄伟矗立乎苍穹壮，椰林深处兮奇迹创。呵兮！天问探月，空间舟兮惊天撼！

潜水胜地三亚兮，蜈支洲岛光，第一基地兮深海创。

哦吁！“一带一路”兮自由贸易窗口绽，风生水起兮海南迎潮浪，欧亚桥梁兮未来泱泱，比肩香港上。

海南啊海南，经特区兮国际岛，自贸港兮封关上。呵兮！三大机遇兮大飞翔！

呵兮！高水平兮大开放，海南贸港绽，内外双循环兮，同频共振先行范！哦吁！消博会兮五彩缤纷，八邦五洲兮纷至沓来，落地海南焉，金鼓鸣！

呵兮！“天将降大任于是人”兮，海南奋起，勇立潮头兮瞻世界。海南啊海南，海纳百川兮地球窗，兼容多元兮人类共。

壮哉！海南大地，椰林儿女兮风华正茂，大潮起兮正当时，奋勇闯海兮非凡日。

正是：新时代兮，海南经贸强；

日抟九万里兮，南海巨龙正飞翔！

杭州赋

一、美哉！瑰丽杭州

钱塘下游东海湾，一座城池闪金光；

绿水青山遮不住，西湖之美天下冠。

嗟夫！历史悠久，文脉渊源，中华文化发祥兮，六千年前良渚灿，千年建城兮，八大古都赞。

呵兮！京杭大运河，连五江兮贯南北，西长城兮，东运河，“人”字相拱兮，襟中国。

壮哉！钱塘西天下，滚滚东海入，大潮惊天翻，天下第一湾。

呵兮，踏上西堤如临仙，两岸绿水碧连天，春风拂面桃花绽，彤彤红日正东方。

美哉！苏堤春晓兮曲院夏荷，平湖秋月兮断桥冬雪，似入画卷；朝看双峰日兮，夕照雷锋晚霞，夜听南屏钟声兮，疑仙境站。

天兮，柳浪闻莺，花港观鱼，西湖十景兮美轮美奂……

呵兮！千岛湖上举目望，一片汪洋，白帆点点，如梦如幻赞。

若乃！自古名诗名剧兮天下传，“山外青山楼外楼，西湖歌舞几时休”（林升），“欲把西湖比西子，淡妆浓抹总相宜”（苏轼），“最爱湖东行不足，绿杨阴里白沙堤”（白居易），更有梁祝化蝶兮白蛇传，让人惊叹！

哦吁！丝绸之灿，茗茶之乡，享誉八邦。

呵兮！杭州之美，美不胜收，徜徉其兮任日西……

二、壮哉！峥嵘岁月

历史沧桑阴晴难，峥嵘岁月风无常。

嗟夫！春秋争霸兮越王勾践，卧薪尝胆兮国耻雪，三国孙权叱咤山河兮，风生水起域。方腊起义，虽败犹荣，奏响靖康之难叹！

壮哉！岳飞精忠报国兮，天日昭昭，壮魂激昂兮千古撼！

呵兮！左翼旗手鲁迅兮，五四新文化，呐喊奋战兮敌胆战。抚今追昔兮，不胜感慨，更有农民运动兮风云起，萧山衙前兮红色农运圣地赞！

哦吁！ 1922 年，西湖会议，开启国共合作兮先河壮！

悲哉！ 1937 年，日寇登陆杭州湾，激烈惨战，杭州沦陷叹！

嗟叹！八年铁蹄下，苦难生涯，何以堪！

壮哉！中共奋起，抗日烽火举，英烈辈出，惨烈悲壮。

哦吁！壮士断腕，亲炸钱塘桥兮茅以升，抗日英雄传。

呵兮！冲破黎明前黑暗，杭州儿女英勇战！1945，日寇降，杭州亮，武林广场，英烈雕塑像，十二名英烈上，朱炎晖、谢升标、王禹九……俯首静默站。

哦吁！英烈不朽，万世仰彰！

三、伟哉！大杭州湾

嘉兴南湖兮红船基因强，中国一大兮，赤魂铿锵。

岳飞精忠报国兮，忠魂长，还我河山，云空长啸兮满江红唱，正邪自古如冰炭！

呵兮！八年浴血，抗日精神壮，碑刻铭传兮英烈永垂撼！

伟哉！新中国，杭州太阳红，西湖美兮城池共朝晖。航天之父钱学森，归国报效，两弹一星，神州惊！

灿哉！改革开放，经济贸易畅，高楼拔地起，杭州在变样。

伟哉！新时代，伟大复兴，今日杭州，绿水青山蝶变金，人与自然和谐兮，“一带一路”兮大口岸，数字经济兮第一上，呵兮！高标准农业，高科技前行，高质量发展，三高挺进兮，中国式现代化，新征程兮杭州奋勇跨！

壮哉！苏沪杭联手兮，大杭州湾战，未来泱泱更灿烂！君不见，民富悦然兮日益上，优美富裕比天堂。

呵兮！夜景下，高楼霓虹兮似星汉，万家灯火相映绽，乐美曲声唱。晨曦红日升，满城金光灿，西堤人潮兮如天浪，湖山花海，似仙景兮，如诗如画叹……

呵兮！大美杭州湾，富饶城池，壮丽河山，焉能迟！

正是：上有天堂，下有苏杭；

苏沪杭共振兮，巨龙奔天寰！

洛阳赋

一、煌哉！历史神都

四千年前文明辉，十三朝古都华夏煌；

一座神都天下绽，西有罗马东洛阳。

嗟夫！风水宝地兮龙脉聚，九州腹心兮地杰人灵祥。

呵兮！四千多年建城史，一千五百载皇都立，历史悠久兮，十三朝神都扬，夫夏都斟鄩，商汤西亳（洛阳西）兮，洛阳神都端。

文武王“叱咤中国”兮，“中国”诞，定鼎中原兮周成王，周公建洛邑兮，平王东迁五百年，煌煌大洛阳。

哦吁！汉魏隋唐兮相继落都阳，神都煌。“大风起兮云飞扬”，刘邦开洛阳，东汉光武中兴兮鼎盛洛阳，堪比罗马撼。武则迁都洛阳兮天下煌，贞观遗风兮神都兴，北魏孝帝兮移定洛阳，太和改制兮汉日新，“俯济苍生”兮乐融融，三国刘禅兮“乐不思蜀”。

嗟夫！历史沧桑兮风云无常，千年古都兮，历史见证然。

夫董卓之乱，神龙政变，洛阳兵变兮，白马驿之祸，三百年唐亡，后梁开封建，神都不再。

惊回首，洛邑有文王之嘱，武王之威，周公成王之壮，更有汉光武帝中兴，女皇则天之悍，也有一生被挟兮刘协帝，权倾朝野兮太平公主……

若乃！兴衰成败兮，自古在人不在地，改朝换代兮，英雄与奸佞，自有历史后人定。

呵兮！自古“得洛阳者得天下”历史神都多憾然，盛衰兴亡兮叹无常！

正是：“古今兴废事，请君只看洛阳城”，司马光叹！

二、灿哉！科学摇篮

黄河洛水交汇兮，天赐太极阴阳义；

伏羲观天察地兮，一画开天八卦启。

呵兮！从此八卦阴阳先，《易经》哲理开。夫龙马神龟负图兮河图洛书出，大禹治水兮洪范示，九畴九章兮天下治。

呵兮！四大发明诞生地兮洛阳绽，东汉蔡伦造纸术兮，远传欧亚灿。刻板印刷术兮发祥洛阳，盛行隋唐兮远传海外扬。火药发明兮，启蒙河洛炼丹术，指南针兮肇始洛邑地。

呵兮！四大发明皆洛阳，无愧神摇篮。

夫张衡发明地动仪兮，“安置在洛阳”，测陇西地动兮惊天扬。更有首部水系巨著兮桑钦《水经》震八邦。魏晋刘徽《九章算术》兮，古典数学奠基人，开逻辑数学先。王叔和《脉经》焉，集脉学之大成赞！

若乃！洛阳唐三彩兮，享誉中外。陶瓷工艺千古传，石刻雕塑震古今。君不见，龙门石窟惊天下，皇家雕塑震八方。

吟曰：黄河洛水交汇处，自古地杰人灵出；

龙门石窟煌灿灿，洛阳神兮关不住。

若乃！石刻艺术之巅，佛学文化之冠，不禁惊问：天顾洛阳乎？洛阳胜天？！

更有：邙山望伊阙，伊水两山穿；

大禹通龙门，石窟惊天彰。

再敢问：天造龙门兮，人造天？

呵兮，十万余佛像，两千多像龛，仿女皇之卢舍那佛龛“东方蒙娜丽莎”叹！

灿哉！佛塑、绘画、雕刻、书法哉，堪比希腊赞。

呵兮！五千年中国兮看洛阳，泱泱华夏文脉长！

三、伟哉！文化圣地

河洛文化黄河心，华夏文明发祥兴；

炎黄基因神都聚，文化圣地根脉金。

哦吁！周公建洛邑，制礼作乐兮世代传。孔子崇敬兮，梦周公叹！道祖老聃归隐洛西焉，老君山。“道法自然”兮《道德经》，孔子问礼兮，“其犹龙乎”叹止观！

千古佛刹白马寺，“白马驮经印度来”，诵佛撞磬兮钟声扬。呵兮！佛家圣地兮，玄奘取经归，白马佛学更彰兴。哦吁！武皇大兴佛，缅甸泰国入，建西域殿兮佛光闪闪，白马更煌煌。

呵吁！大汉独尊儒，白虎观会兮，孔孟学如柱。魏晋玄学兴，易、老、庄子三玄昌兮，易乃三学之冠。二程理学兴，“存天理，灭人欲”兮，程门立雪程学越，程朱理学昌。

壮哉！儒、易、道、佛、玄、理兮，六学经，洛阳文化圣地金。

呵吁！字圣许慎《说文解字》兮，班固班超《汉书》成。“汉魏文章半洛阳”兮，汉赋更辉煌，左思《三都赋》兮洛阳纸贵叹！汉赋四大家兮司马相如、班固、扬雄、张衡赞，魏晋名士，建安七子，竹林七贤……洛阳地杰人灵叹！

呵兮！班超出使西域兮，丝绸之路东端兴，东西交融灿烂兮神都腹心金。

既往矣，看今朝！

哦吁！新中国，洛阳红日升，工业制造兴，首台拖拉机，越野军车……众多全国第一洛阳诞。改革开放，洛阳经济灿，高楼拔地起兮，商贸自由绽。

伟哉！新时代！伟大复兴兮今日洛阳，翻天覆地兮日日新。建党百年，脱贫攻坚兮，全面小康奔，洛阳牡丹红艳天。

哦吁！科技创新基因金，洛阳再创新，“一带一路”日益兴，跨黄河发展战略兮，洛阳征程进。呵兮！豫中战略举，郑州、洛阳、开封三域携手干，高质量发展兮中国式现代化，历史机遇举足跨！

呵吁！自古鲤鱼跃龙门兮，洛阳儿女风骨硬，踔厉奋勇兮，重振雄风正当时！

正是：红日正阳天，洛阳大地金灿灿；

伟大复兴兮，神都巨龙再辉煌。

开封赋

一、壮哉！八朝古都

呵兮！开兮开兮，开封之开兮，中原出奇都。

夫商都“嚣”兮，春秋封疆启封先，魏大梁兮建都开，汉景帝刘启铭开封。

呵兮！千年建城史兮斯城筑，沧桑千年兮京都隆。

哦吁！一代权臣赵匡胤兮，陈桥兵变，黄袍加身兮大宋立，统一五代十国兮功勋建。夫杯酒释兵权兮中央集权，九帝传兮百余年，赵宋大兴荣。

若乃，宋神宗兮王安石变法，理财整军兮市井商贸兴，“积贫积弱”减！

呵吁！北宋百年兴，京都之繁荣兮，富丽天下惊！《清明上河图》《东京梦华录》兮，历史见证然。

痛哉！不堪回首，靖康之难兮，金人铁蹄下，攻灭京都兮，掳走徽钦帝，东京陷渊北宋亡。嗟叹！盛世煌煌顷刻亡，虹桥悲兮汴水泣，何以堪？

夫盛极必衰兮沧海茫，几度风雨兮几度晴！

嗟叹！星移斗转兮世事无常，汴京再履难。一代枭雄兮成吉思汗，蒙古兴撼！统一诸汗强，忽必烈兮马蹄疾，南伐东京兮，开封再履泣。

悲哉！金亡之耻兮，重蹈覆辙，皇帝被劈分两半，元朝北京建兮，汴京风流不再叹。

嗟夫！因果轮回兮，历史兴亡，史鉴然。难怪《清明上河图》兮，亦称盛世危图，忧患意识藏。

夫自古“得中原者得天下”，是耶！非耶？难逾沧桑无常憾！

二、灿哉！繁华京都

呵兮！开兮开兮，大运河之开兮，开封再无封。

哦吁！丝绸之路东端兮，东西交融通，驼铃声声，漕运号子，水陆光辉中。呵兮！商贸兴隆兮市井荣，赵宋巅峰兮鼎盛隆。

灿哉！《清明上河图》兮，恢宏壮观，画面璀璨兮让人惊叹！浩渺与微景交错，繁华和冷暗同在，画中有画兮，无愧盛世写真撼！

一座清明上河图，一部北宋盛世瞩；

汴河两岸虹桥畔，泱泱人烟繁景入。

夫《东京梦华录》兮，北宋繁华都市焉，再现然。“举目则清楼画阁，秀户珠帘，雕车竞驻于天街，宝马争驰于御路，金翠耀目，罗绮飘点……”

呵兮！富丽甲天下兮，满城菊花馨，百万逾兮人丁兴。

煌哉！开兮开兮，市井文化之开兮，一扫晚唐之落寞，包容兼蓄兮宋风开。科举兴兮，“满朝朱紫贵，尽是读书人”，包青天清正威震天。呵兮，京城昨夜又宋风。

更有“文物之盛兮，跨绝百代”（《策问》），豫绣之灿兮，千秋在。

呵吁！夜景不夜兮，灯宵闪烁如银河。

哦兮！北宋之开封，无愧繁华之巅峰，堪比世界第一都。

三、伟哉！文化神都

呵兮！开兮开兮，开封之魂兮；

龙哉龙哉，汴京之魄哉。

夫镇宝大晟钟兮夔龙化青龙，呵兮，左青龙兮东方雄。日搏万里兮封无住，浴火涅槃兮再启飞。

哦吁！大宋文化兮京都开，兼容多元兮，上承汉唐下明清，文、史、理、艺兮，北宋五子兴。二程洛学兮朱理学，“存天理，灭人欲”。司马光《资治通鉴》、沈括《梦溪笔谈》赞！

呵兮，宋四大书《太平广记》《太平御览》《文苑英华》《册府元龟》，文史集成撼！

君不见，《清明上河图》兮《东京繁华录》，双绝比肩兮千古扬。更有豪放大宋词兮，堪比唐诗叹！呵兮！宋风宋韵兮铿锵赞！

“千古兴亡多少事？悠悠。不尽长江滚滚流……”（辛弃疾）

“大江东去浪淘尽，千古风流人物……”（苏轼）

岳飞《满江红》兮，“怒发冲冠，凭栏处、潇潇雨歇。……莫等闲，白了少年头，空悲切。”千古震撼！

豫剧常香玉，《花木兰》《佘太君》兮，乐腔激昂，颂满门忠烈兮杨家将。

看今朝，新中国兮太阳红，改革开放兮京都新颜换，焦裕禄兮开荒封沙精神撼！

伟哉！新时代，伟大复兴兮如日中天，开封日日新。呵兮！千里平川大粮仓，全民脱贫兮小康昌。开封大开放兮，城乡面貌大变样。

呵兮！郑州携手洛阳、开封战，高质量发展兮新征程、新伟业！

哦吁！中原大地，黄河儿女兮，共创新华章。

开封啊开封，普天阳光灿，遍地菊花黄，新时代兮再辉煌。

正是：昔之名都，繁荣盛昌；

今之开封，巨龙再飞彰。

大中原赋

一、灿哉！龙头双领

中原一声吼，华中跃起走；

大国腹心地，天宽人忠厚。

大中原啊大中原，中心中原，转圈望兮天宽地宽人亦宽。呵兮！海纳百川……

大中原啊何以大？一曰天地大，二曰历史大，三皇五帝兮夏商周，东汉后唐和北宋，300多帝王兮运筹帷幄，二十余朝代兮定鼎中原都。呵兮！一部中原史兮大半部中国史！

大中原啊大渊源，文化祥源。《易经》《道德经》，老庄和墨子，韩非、鬼谷子……呵兮！更有北宋五子兮起于兹！

大中原啊，逐鹿中原，自夸父逐日、文王“叱咤中国”兮问鼎中原，从“皇帝战蚩尤”，到解放中原兮，浴血中原，呵兮！得中原者得天下！

今日中原，新时代兮新中原，踔厉奋起兮中流击楫，大河急……

呵乎！不靠山，不靠海，中原崛起靠三“米”，一曰大米，二曰交通“米”，三曰人众“米”。

呵兮！大国腹地，东南西北中，九州要枢，跃起潮浪冲。

天呼！郑州、武汉，双驾龙马，引领五省兮中原翔！

大郑州啊，非凡之州，天地之中，国家粮产核心区兮未来可期。郑州国家农业科技园、郑州神农科技公司，农业科创兮正当时！呵兮，郑州产业园兮棉、毛、丝三大纺织灿。

哦吁！科创核心兮郑东新区，电子信息、汽车、装备制造、宇通客车、新能源兮新材料、苹果手机……呵兮！人工智能、数字化兮农业机械灿！

大武汉啊，威武强汉！武昌、汉口和汉阳，三城鼎立兮国家中心城，东方芝加哥！重工业钢铁基地兮科研要地。呵兮！武大助力兮中国光谷，东湖科学城兮创新核心，哦吁！光谷电子、信息、智能制造绽，更有武汉神农科技兮农科创新展。

哦吁！郑州和武汉，高端装备制造，大数据、云计算兮新质生产力上。

呵兮！大中原啊宝中原，丹江引水兮北调京津源。呵兮！大国衣食饮水兮皆中原，能不重中原！

二、壮哉！五龙中升

中原五龙升，黄河长江间；

群雄并起兮，逐鹿中原先。

大中原啊大国发祥源。一万年前兮中国人，夏朝兮中国诞，商青铜器兮工业灿。大周《易经》《诗经》绽。呵兮！秦皇一统兮中原强，魏晋南北朝兮佛入道传，隋唐大运河兮商贸兴。

哦吁！唐宋文化盛兮科技兴，唐诗宋词、四大发明……呵兮！中原兴则中国兴。

大中原啊，大国脊梁。1938，日寇铁蹄焉中原沦陷，中国暗，何以堪？嗟夫！屹立中原兮抗日根据地，浴血搏杀，八年奋战兮敌寇投降。呵兮！赫赫中原野战军兮中原解放天大亮。哦吁！中原亮则中国亮。八分之一土地、四分之一人口哉，中原强则中国强。

大中原啊，大国枢纽。中原自古车马隆，茶马古道、丝绸之路，今之水陆航空“米”字灿兮，大国与东亚西欧通。呵兮！无愧东西南北枢心中。

呵兮！天地宽，潮涌奔，中原崛起兮巨龙飞。

哦吁！“扛稳粮食安全重任，打造全国重要的粮食生产核心区。”

黄河之南兮大河南，农工业大省。农业现代化兮是核心，大国粮仓金。2022 年，粮产 6789 万吨，呵兮！小麦产量兴。高端装备制造业兮是前沿，汽车制造、电子信息、食品工业兮三大工业居领军。呵兮！高新科技、先进制造转型兮日日新。

洞庭湖北之大湖北，工农业大省。先进制造业大省兮船舶、航空、军工三大产业领军兴，光电子信息兮集成电路，光通信兮新高地。呵兮！量子科技、高端装备、北斗产业、大数据、人工智能兮引擎上。哦吁！农业现代化兮新科技，大米高产兮国粮兴。

洞庭湖南兮大湖南，农工业大省。首府长沙，沙星之城兮，马王堆汉墓见证兮古已繁灿若星。今之长江经开区，科技园区，呵兮！高新产业孵化器兮电子信息、新材料、生物医药兮重要突破，人工智能、数字经济正新兴，哦吁！农业科研是核心，粮棉产量正翻新。

太行之西壮山西，能源大省。首府太原。煤产量兮全国四分之一强。新能源优势兮新活力，矿业发展开发利用焉重大突破，呵兮！装备制造兮奔智能化，太重集团兮工业机器人，金属材料不断升级，新兴产业活力新。神农科技总部入驻兮农产粮产兴。

江南西道雄江西，制造大省。首府南昌，物华天宝兮制造业、能源、化工科技转型兮产业新。呵兮！航天航空产业结构兮优化升级，农业机械化兮现代化，陶瓷工艺新转化。哦吁！农业新兴兮菜油灿。

呵兮！中原五省，云计算、大数据、人工智能、数字经济兮新质生产力上。

三、伟哉！龙跃中天

滚滚黄河鲤鱼跃，浩浩长江鲲鹏搏；
自古逐鹿在中原，今之崛起龙飞翔。

大中原啊赤色中原。井冈山、南昌，中国革命伟摇篮兮红军诞生地。瑞金、长沙，首个苏区兮秋收起义，于都红军长征地。呵兮！郑州二七纪念塔高耸兮赤色圣地，哦吁！不忘初心兮中原红色活力新。

新时代，大中原啊崛起正当时，总书记擘画蓝图，同呼吸共命运兮，十年磨一剑，中原焕然新。

大中原啊，国之大粮仓。农业发展是核心，中原战略金！

嗟夫！民以食为天，农业大国兮农强则国强，治国大道然！夫自仰韶文化“种子”兮，到当代“杂交之父”袁隆平，从八千年前兮新石器，到春秋战国之铁器，呵兮！再到今之农业机械化，哦吁！一部中原农业史，一部中国农业发展史。

嗟叹！敢为天下先兮小岗村，1978 年按下“大包干”兮生死手印，开改革开放先。今之小岗村兮，再开农村现代化焉先锋范，2023 年村民人均兮可支配收入：超 3.4 万元。呵兮！科技创新兮智能农业上，振兴乡村兮再示范。

呵兮！一部中原小岗村史，半部中国乡村振兴史。

大中原啊，宝中原，“三农”强化兮振兴源，农科创新是核心，大有可为兮神农科技遍中原，农业创新兮未来可期。农业现代化、智能化、数字化兮前景金。

大中原啊美中原，三江纵横兮五湖遍，广袤平原兮沃野千里，呵兮！高楼叠起兮江桥展翔，绿色发展兮文旅灿。

呵兮！在希望的田野上，高铁穿梭过，一架架无人机兮喷洒忙，一台台新式农机焉运作强……

呵兮！一排排新建农庄闪闪过，哦吁！乡村在振兴，城乡面貌换，凤凰涅槃兮征程上。

呵兮！农兴则国兴，农强则国强。城乡振兴协力活，共同富裕兮在路上，厉害了我的国！

呵兮！千里稻花香喷喷，自古中原往前奔；

中原儿女正当时，吾辈今朝奋蹄飞。

壮伟哉！大中原啊伟中原，天大地大兮心更大，豫汉引领兮三亿人民在前进。

伟哉！中原崛起兮谱写社会主义现代化新华章。

正是：中国式现代化兮，中原农业现代化；

新时代兮新中原，中原巨龙正飞翔。

大东北赋

一、美哉！圣美东北

皑皑兴安长白山，茫茫黑龙松花江；

南临渤海西草原，壮美河山东北川。

北森林兮南海洋，西草原兮东绿川，三江纵横穿，浩浩乎平原居中央。

呵兮！大东北啊美东北，藏龙卧虎圣地祥。

吉林长白山天池，坐落吉林东南兮，高耸白云端，一碧天池兮三江源，白雪皑皑兮，千里冰封万里雪。

呵兮！东北屋脊圣灵山，赫赫女贞发祥端；

虎踞龙盘天池下，一年长白瑞气穿。

北国春城长春市，"北风那个吹，雪花那个飘……我盼我的爹爹，回家过年……"电影《白毛女》兮撼天下！

沈阳故宫，沈阳中心兮煌煌一故宫，1625 年，清太祖努尔哈赤迁都后金建，太祖驾崩，皇太极登基兮号"大清"。1644 年，多尔衮入主中原兮称陪都，康乾祭祖乃行宫。

哦吁！宫殿排列兮气贯长虹，皇帝大政殿兮庄严肃穆，左右两列兮十王殿，中殿皇太极兮登基殿，前政后寝宫兮凤凰楼……西路戏院兮藏书阁……

呵兮！三百间殿宇兮气势恢宏，见证中华历史之盛衰辱荣。

龙兴重地圣宫阙，三百年大清发祥源；

赫赫殿宇龙虎出，八旗入关大清彰。

嗟夫！沈阳故宫啊故宫，叹百年风雨兮屡遭俄、日劫，历史沧桑兮屹立矣。

哈尔滨中大街，东方莫斯科兮哈尔滨，中大街兮世界第一街，商业繁荣兮人山人海，楼房欧亚兮西洋风情，建筑艺术长廊叹！冬天冰雕冰雪世界赞。一首“我们来到太阳岛上……”歌声扬……

呵兮！登上太阳岛兮阳光灿，风光难忘，欧亚风情，北疆冰雪……最难忘，抗日纪念园兮“抗联树”不倒叹！

大连海滨，辽东半岛兮三面临海，海滨最南端，气候适宜阳光灿。星海广场上，一条龙桥跨海上……

大连星海广场望，茫茫渤海碧蓝天；

跨海大桥光闪闪，一任风啸鸥翔间。

呼伦贝尔大草原，世界四大草原兮成吉思汗故乡叹。

呼伦贝尔大草原，风吹绿波翻碧浪；

牛羊成群如云朵，马头琴声伴歌唱。

“我爱你，我的家，我的天堂……”腾格尔唱响大江南北岸。

呵兮！大东北啊美东北，座座美景似仙阁，处处山水美如画，呵兮！向往东北兮能不心中挂？

二、壮哉！龙虎精神

虎踞龙盘东北邦，白山黑水巨浪翻；

三大战役泣血战，钢铁炉火魂魄强。

煌哉！虎踞龙盘，盛京啊盛京，龙兴之邦，虎踞之城，1625 年，“龙虎将军”清太祖努尔哈赤兮立大金，迁都沈阳名盛京，龙猛如虎兮大清奠基兴，皇太极汗位继兮改“大清”。

雄哉！猛虎入关，1644，多尔衮率八旗军兮吴三桂开关，猛虎下山，呵兮！灭明建清，“定鼎燕京”，雄霸九州哉，三百年大清兴。

嗟叹！斗转星移，岁月沧桑，荣辱兴衰殇……

痛哉！猛虎打翻，1931年9月18日，日关东军袭沈阳，武力占盛京，呜呼！侵华恶浪掀，东三省沦陷兮天下惊！嗟夫！煌煌盛京伪旗换，皇姑屯兮，张作霖被日炸，猛虎打翻地上踏……

东北虎兮张学良，奉蒋命焉，30万大军离东北哉不抵抗。从此，三千万同胞惨遭罹难，“九一八，九一八，从那个悲惨的时候，离别了我的家乡，流浪，流浪……”嗟叹！东北虎泪望。

壮哉！“风在吼，马在叫，黄河在咆哮，黄河在咆哮……”

猛虎伏山，吼山关，长白山上，东北抗日联军，中共引领兮猛虎战，英勇抗击！中华民族兮浴血战，英雄杨靖宇哉惨烈悲壮！

呵兮！十四年抗战兮，东北历尽苦难。

壮伟哉！猛虎下山，1948，林彪、罗荣桓率东北解放军兮辽沈战役、塔山阻击战，消灭蒋军焉，解放大东北兮阳光灿。

壮哉！猛虎跨江，“雄赳赳，气昂昂，跨过鸭绿江”，抗美援朝，保家卫国兮天下撼！

雄哉！钢铁老虎，鞍钢、大庆油田、长春汽车，猛如虎兮天下悍！

呵兮！东北汉啊，自古如虎悍，三大战役，大战钢铁，猛虎精神扬。

三、伟哉！今日东北

共和国长子虎性强，伟大复兴脊梁扛；
龙虎精神根脉传，东北巨龙奋起扬。

大东北啊宝东北，三大优势兮潜力强。

灿哉！物华天宝，吉林人参、鹿茸、豹皮兮东北三宝赞，北大荒大米、玉米和大豆兮东北三粮昌，呵兮！大连海参、鲍鱼及大虾，内蒙古牛羊肉、乳酪和小米，沙漠人参肉苁蓉，东北苹果、猴头菇和松子……哦吁！东南西北中兮物华天宝灿。

美哉！冰雪文旅，北国风光，千里冰封，呵兮！冰天雪地兮金山银山绽，冰雕冰雪运动兮文旅优势灿。

伟哉！创新革命，大东北啊，大国长子，历三大战役兮革命意志刚、活力基因强。呵兮！“共和国工业奠基地”兮工业基因厚，储备大兮实力够。

哦吁！沈阳，高端装备制造兮汽车、人工智能，鞍钢、本溪铁矿储备冠，长春汽车制造摇篮兮，机械制造、生物制造、影片兮举国先；哈尔滨装备制造、航天航空兮全国前，高校人才哉哈工大，哦吁！大庆油田，满洲里煤炭，欧洲班列先；大连海运、海产灿，高新产业，装备制造、电子信息兮化工强；呼和浩特，现代化工、新材料兮装备制造，中国乳都兮乳业灿；赤峰能源、煤炭……呵兮！北油南输、北粮南送、北汽南开兮“三北”贡献先。

总书记“擘画蓝图”兮东北振兴撼。哦吁！科技革命兮驱动科技产业战，数字经济、人工智能、高新科技兮新质生产力上。呵兮！“共和国长子”，雷锋精神兮互帮互助风格扬。

“咱们工人有力量，嗨！咱们工人有力量，每天每日工作忙，建造了高楼大厦，修起了铁路煤矿，建造得世界变了嘛变了样……”气壮山河叹！

壮哉！“辽老大”啊“辽老大”，共和国长子，奋起引领砥砺干！

“红太阳照边疆，青山绿水披霞光，共产党领导我们，长白山下稻花香……”歌声扬。呵兮！秧歌扭兮二人转，满族、朝鲜族、蒙、回、汉同胞携手上。长春花开红艳艳，小鸡炖蘑菇、猪肉炖粉条、哈尔滨红肠，北大仓酒兮吃个遍……

伟哉！大东北啊大东北，沈阳哈尔滨引领兮一亿三千万人民在前进！

正是：社会主义现代化兮中国化，东北谱写新华章；
　　　新时代兮新东北，东北巨龙高飞翔！

大华北赋

一、美哉！大美华北

东临渤海西太行，中原浩渺平原强；
大美华北冀鲁晋，燕赵大地美景星。
圣美，北京天安门：
天安门上国徽闪，国徽中心圣门展；
门中悬挂北斗像，雄狮威武国运祥。
金水桥下国旗升，广场中央烈士碑；
人民会堂民主堂，历史馆内铭兴亡。
灿美，颐和园：
颐和园内美长廊，昆明湖畔皇家煌；
十七孔桥西堤映，排云殿上观音望。
绽美，天坛：
巍巍雄伟祈年殿，神圣祭天圜丘坛；
千年皇帝祭天阙，九重天下千年煌。
壮美，长城：
万里长城华北脊，抗日烽火冀鲁晋；
黄河壶口咆哮掀，血肉筑成国歌源。
“起来！不愿做奴隶的人们！把我们的血肉筑成我们新的

长城！……”国歌壮！

夜长城：

夜游长城八达岭，金光闪闪居庸关；
万千好汉登上望，宛若银河天龙欢。

秦皇岛北戴河：

秦皇岛上忆秦皇，一统天下龙头煌；
黄金海岸北戴河，潮起潮落天际茫。

青岛海滨栈桥：

青岛海滨栈桥上，碧海蓝天浩渺望；
长虹卧波夜霓闪，满天星斗银河灿。

张北坝上草原，“天苍苍，野茫茫，风吹草低见牛羊”：

一轮红日天际出，彩虹满天碧草绿；
坝上草原恍若仙，马头琴声羊欢舞。

山西黄河壶口：

万马奔腾呼啸来，滚滚黄河咆哮前；
疑是天水亦义愤，抗日烽火举当年。

呵兮！“风在吼，马在叫，黄河在咆哮……保卫黄河、保卫华北、保卫全中国！”千古撼！

哦吁！华北美啊美华北，仙景遍布兮，天上人间辨。

二、圣哉！千古圣地

北大红楼西柏坡，双清走出新中国；
尼山泰山和故宫，冀鲁晋兮圣地形。

伟哉！红色三圣地：

圣地红楼兮北大红楼，李大钊、陈独秀、毛泽东兮马克思主义呐喊地，五四运动兮中共发祥地。

觉醒年代红楼启，五四运动一声醒；
共产主义薪火传，中共诞生兹发祥。

圣地西柏坡，农村包围城市兮最后一站，指挥三大战役兮坐镇西柏坡。呵兮！农村转城兮里程碑。

西柏坡啊赤圣坡，驻地虽小乾坤博；

三大战役七大会，走出一个新中国。

圣地双清，北京香山双清别墅，进京“赶考”第一驻，“宜将剩勇追穷寇，不可沽名学霸王”，《将革命进行到底》！粉碎“划江而治”哉，打过长江去，解放全中国兮功德无量。

进京赶考驻双清，挥师渡江大进军；

180 天兮乾坤转，新中国兮千古撼。

伟哉！赤色圣地兮京津冀，中国革命兮由兹擎，一轮红日喷薄出兮百年奋斗终实现。

圣哉！中华圣地：

故宫圣地，位北京中轴线心兮，一座金碧辉煌紫禁城，堪称世界五大宫殿兮世界文化遗产赞，呵兮！金銮太和殿、中和殿、保和殿、皇朝大典殿兮至高无上皇权圣。七十多座宫殿兮无比璀璨，见证哉明清两代辉煌灿！呵兮！今之博物院，珍藏兮国家宝藏，无愧乎圣哉！煌哉叹！

煌煌宫殿紫禁城，金碧辉煌天下撼！

中华历史兴亡铭，登临龙宇沧海望。

尼山圣地，曲阜尼山兮孔子诞生地，泗水畔，子在川上曰“逝者如斯夫，不舍昼夜”千古撼！呵兮！杏坛讲学，弟子三千，七十二贤能叹！赫赫曲阜孔庙大成殿，千古奉祀地。呵兮！仁礼核心兮儒学宗圣撼。

尼山圣地，曲阜孔庙；

儒学宗师，先圣孔子。

泰山圣地，泰者，祥也，安也。万山之首，五岳独尊，泰山北斗撼！呵兮！玉海云盘兮黄河金带，无愧“会当凌绝顶，一览众山小”。“人固有一死，或重于泰山”，呵兮！泰山之重，重千钧。

一座泰山“捧日”举，齐鲁大地拔地起；

玉皇顶上封禅圣，五岳独尊震寰宇。

呵兮！大华北啊华北大，人杰圣地兮壮丽山河绽！

三、壮哉！壮烈铿锵

自古燕赵多英烈，华北大地魂魄锵；

吕梁英雄太行壮，沂蒙精神千古扬。

太行烈壮，太行山上晋察冀兮抗日根据地，左权牺牲，刘胡兰铡刀下……多少英烈皆悲壮。

巍巍太行山，滔滔黄河长；

峰高千万仞，太行魂魄强。

狼牙山五壮士，阻击敌人临悬崖，“打倒日本帝国主义！”一声怒吼纵身跳，民族气节千古撼！

吕梁英雄壮，巍巍山峰望，滔滔黄河畔，三晋儿女强兮英勇反扫荡。

沂蒙豪壮，沂蒙山兮革命老区，抗日战争壮烈举，二十多万人入伍兮百万人支前，十万人焉血洒疆场叹，壮哉！“最后一口饭做军粮，最后一个儿子上战场！”何等豪壮！

伟哉！三大战役！

辽沈、淮海、平津三大战役兮林彪东北野战军并华北军区上，歼敌改编50万，攻克天津兮北京和平解放，举世震撼！呵兮！

东北虎下山战平津，歼敌50万兮天下惊；

和平解放保北平，进军全国举世擎。

晋中战役，解放山西徐向前，以少胜多战阎锡山兮，山西太阳亮，呵兮！

黄河热血荡，吕梁英雄壮；

太行烽火举，三晋儿女锵。

济南战役，许世友兮华中野战军，“此战若败，自降三级”英气锵。呵兮！济南战役胜利，拉开决战兮解放全国撼！

壮伟哉！京津冀，魂魄铿锵兮壮烈叹！

四、伟哉！今日华北

科政核心京津冀，引领中华全国擎；

新时代兮新华北，浩伟巨龙正高翔。

五大优势：

伟哉！核心优势。毗邻京津，区域合作优势兮携手干。呵兮！京津冀兮高科技，国际创新高地兮，数字经济，人工智能，高端制造兮新质生产力上。山东三面临海，港口优势在；山西矿产资源，能源优势大同绽。

浩哉！海陆优势。环渤海经济圈，京津、唐山、大石桥、沈阳、大连、威海、烟台、青岛八市群，海洋资源、港口优势兮海陆联。

灿哉！文旅优势。京津冀红色圣地绽，山东泰山孔庙，青岛烟台海滨灿。呵兮！山西黄河壶口撼，哦吁！大华北啊美华北，文旅优势兮天下绽。

灼哉！物宝优势。青岛啤酒、日照绿茶、德州扒鸡、烟台苹果；山西汾酒、老陈醋、平遥牛肉、沁州黄小米；河北衡水老白干、白洋淀皮蛋；北京烤鸭、京东板栗。呵兮！皆四大物宝灿。

壮哉！轴心优势。大华北啊中华北，北京中轴线兮申遗成功叹！

中轴线兮国轴心，一线牵兮重千钧；

龙脉沧桑兴亡铭，不屈脊梁天柱擎。

伟哉！政治经济中心兮京津冀，新质生产力兮高质量发展，高科先进是核心。呵兮！中国式现代化兮深化改革，赋能体制，带动区域兮引领全国，辐射世界撼！

大华北啊壮华北，京津冀引领，石家庄、济南、太原三大省会兮活力强，协同发展，共同富裕兮蒸蒸日上。

“没有共产党就没有新中国”歌声扬，北平房山抗日地，曹火星歌词诞，“蒙山高，沂水长，我为亲人熬鸡汤……”沂蒙精神长。“人说山西好风光，地肥水美五谷香”经典唱。

壮哉！今日华北，两亿五千万人民，京津冀引领，党的二十届三中全会指引兮，全国十四亿人民，凝心聚力兮同心干。

伟哉！中国式现代化，华北谱写新华章；

新时代兮新华北，中华巨轮兮鹏程万里上！

大东南赋

一、美哉！大美东南

东南海岸国之半，茫茫天际浩渺望；

西山东海相辉映，天涯海角似梦幻。

壮美福建，东观厦门鼓浪屿兮西临武夷山，呵兮！碧水丹崖，流彩落霞，山水相映兮奇秀甲东南。

厦门鼓浪屿兮南洋建筑花园灿，钢琴音韵兮乡愁唤，日光岩上郑成功雕像兮金门望。著名港口泉州，海丝开启兮郑和下西洋，开元寺兮东西塔，见证雄浑历史锵！省会福州，华丽东街口，高楼林立兮百货商圈灿，华灯初上，霓虹闪闪，游人如织……福州港啊大口岸，昔日郑和下西洋兮，今之“一带一路”灿。

秀美广西，“北有桂林山水，南有北海银滩”，桂林到阳朔，美丽漓江从中穿。大名鼎鼎象鼻山，呵兮！漓江两岸好风光，绿水青山，奇峰林立，如诗如画兮宛若一幅幅画卷般，无愧于“百里漓江，百里画廊”兮，心醉神往。省会南宁，青秀山兮好风光，登上龙象塔，邕江畔兮尽收眼底，商业中心兮朝阳广场，灯火灿。

浩美海南，从海口到三亚，海岸风光兮美不胜收叹，海口市美丽兮假日海滩，尽享兮海浪拍打，沐浴沙浪，椰林荫爽……海口七百年历史骑楼老街，南洋风情，欧亚风格，回响着南洋华侨兮爱国情怀。

东方夏威夷兮三亚湾，碧海蓝天，白沙银滩，世界仿佛尽头兮天涯海角观，南海观音欢，呵兮！蜈支洲岛，日出日落，亚龙湾、皇后湾……一幅幅画卷展兮美轮美奂叹！

灿美港澳，香港维多利亚港，广东珠江之东，香港岛与九龙半岛间，世界三大港兮，海深两岸长，仿宋汴京《清明上河图》兮造，呵兮！寸土万金从高拼，摩天大厦林立兴，繁华无比商贸立，核心维港兮金光闪，巨厦国际金融中心兮高耸入云端。香港塔上俯瞰兮，呵兮！巨轮缓缓穿梭间，两岸霓虹倒影灿，流光溢彩若梦幻，金融中心，购物天堂，无愧于东方之珠叹！

维多利亚大港湾，香港中心金光闪；

回归碑下紫荆灿，东方之珠华灯幻。

澳门，著名的大三巴牌坊，见证焉澳门历史沧桑，高耸入云兮澳门塔，灿烂澳门兮尽收眼底赞。

大美广东，摩天广州塔，中国第一高塔，六百米高兮广州地标电视塔，登上兮，哦吁！如临天际，可触云霄……俯瞰广州，高楼巨厦，霓虹闪烁兮似星河，如梦如幻乎难辨天上人间哦！

深圳，南山科技，福田金融，罗湖商贸，三大中心兮华灯闪闪，巨厦林立兮壮观无比。

呵兮！大东南啊美东南，灿烂美景兮星落旗布叹。

二、壮哉！铿锵东南

大海宽阔心胸广，搏击巨浪奋勇闯；

心比海洋浪掀浪，狂风骤雨无畏往。

嗟夫！大东南啊闯东南，自古无畏大海洋，勇立潮头兮敢冲浪。

壮哉！三大狮吼：

郑成功，驱逐荷兰，收复台湾天下撼。

林则徐，虎门销烟，怒火冲天，中国人兮反抗先。

呵兮！一把怒火虎门烟，珠江滚滚浪冲天；

苦难中国雄狮醒，南海风暴朝天掀。

洪秀全，广西金田，农民揭竿起，反清反封兮太平天国举。

雄哉！四大暴动：

广州起义，孙中山，反清反封兴中会，呵兮！“驱除鞑虏，恢复中国”天下惊。

右江暴动，百色起义，工农武装割据兮分水岭。

闽西革命，赤色圣地，古田会议兮党指挥枪里程碑。

广西湘江战役，湘水汤汤，红缨铿锵，蒋百万大军围红军，哦吁！浴血奋战，红军八万减三万，惨烈悲壮。

红军长征反“围剿”，左倾路线利敌妖；

血染湘江惊天地，五万红军泣鬼神。

壮哉！抗日烽火。

东江抗日，风驰云涌，抗日烽火举。福建事变，十九路军反蒋抗日起。琼崖纵队，五指山下万泉河，军民挥刀击日寇兮气壮山河。

伟哉！解放海南。

1950年3月，解放军四野，叶剑英无畏哉海峡天堑，誓闯“固若金汤”兮薛岳。英雄韩天楚，木船渡大海兮蛟龙入海，呵兮！“从长白山到海南岛”浴血奋战兮海南红旗绽。

排山倒海四野龙，琼州纵队壮山河；

东北虎变海蛟兮，五指山上太阳红。

呵兮！沧海汤汤，风雨沧桑，“万泉河水清又清，我编斗笠送红军”欢歌扬兮，东南大地闪金光。

三、伟哉！鹏程万里

鲲鹏壮志比天穹，任尔八方狂浪冲；

南国鹏程巨轮扬，新时代兮奋楫强。

强哉！四大优势：

海岸金势：粤桂琼闽四省兮，拥海岸线兮国之半，众多港口灿，呵兮！背靠大西南，面临东南亚，拥有珠江湾、北部湾、海峡湾、琼州海峡兮金通宽，呵兮！海洋优势兮无与伦比，古之丝路，今之国际通商灿。

文旅胜地：东海岸兮西依山，中有江水穿，得天独厚兮山海风光，美丽景点兮灿若繁星，数千年文化文明兮，无愧于南国风光甲天下。

物华天宝：武夷山茶大红袍、安溪铁观音、闽南乌龙茶兮福建三名茶，海南三宝兮椰子食品、海产干货、热带水果灿，桂林三花酒、柳州螺蛳粉、湛江海鲜三大宝。广东腊肠、白切鸡、汕头牛肉丸、梅州客家酒、珠海横琴蚝兮五宝香。

科创优势：核心珠三角兮粤港澳，数字经济、人工智能、科技创新兮国际高地，辐射全国兮，引领大东南，高新科技兮新质生产力上。

广东，大湾区国家科技中心，深圳湾高新科技中心，广东高校、腾讯、华为、大疆呵兮！科技新高地兮，赋能实体经济，数字经济、电子信息、智能家电……制造强省兮科技经济灿。

港澳，香港自由贸易港，国际第三金融中心，世界航空中心兮科技经济强，澳门经济兮快速发展，两地文旅活力绽。

福建，高新科技驱动兮升级转型，福州高新科技园助力兮科技创新，实体经济，高端制造兮，数字经济强，厦门金砖国家创新基地，海峡两岸融合发展兮海洋经济上。

广西，国家级科研南宁实验室，科技创新助力兮制造业、汽车、电子、矿藏开发灿，西部陆海新通道，北部湾，东盟通道，经贸升级畅。

海南，科技创新是核心，海口市高新科技园兮推进海南科技经济上，中国特色自由贸易港兮深海、航天“海陆空”、南繁种业兮未来可期。

呵兮！大东南啊，大国南门壮，资源共享、优势互补，升级转型干，欧亚、东南亚商贸畅，哦吁！海洋经济、海洋工程、海洋科学兮联手上，前程无量！

大湾区啊大东南，奔科技强国、区域经济兮，互助共利潜力活。

呵兮！广州塔下《彩云追月》兮龙狮舞，香港回归广场《紫荆花盛开》歌声扬，“同屋檐之下，像一幅画，日夜相守相望……”

呵兮！“长江、长城，黄山、黄河，在我心中重千钧……无论何时，无论何地，我的中国心……”千古唱。

哦吁！壮、汉、瑶、黎、高山、侗、畲、苗、回……几十个民族兮携手同心干。

福建《采茶灯》：“正月时，家家户户点红灯，茶女翻身做主人，感谢共产党大恩人。”

刘三姐经典唱：“多谢了，多谢四方众乡亲，我今没有好茶饭啰咪，只有山歌敬亲人呀敬亲人……”响八邦。

壮哉！今日东南，粤港澳引领兮，粤、闽、桂、琼四省兮二亿五千万人民砥砺进。

伟哉！中国式现代化兮，东南谱写新华章；

新时代兮新东南，鲲鹏巨龙冲天翔。

大西南赋

一、美哉！圣美西南

云贵高原彩云南，巴蜀大地长江峡；

喜马拉雅紫气升，大西南兮彩云祥。

大西南啊美西南，美景兮灿若繁星赞！（我的《成都赋》《重庆赋》《云南赋》《贵州赋》《西藏赋》《成渝双城经圈赋》，已有众多诗赋颂之，本文再增一二兮，以飨读者。）

壮哉！拉萨布达拉宫！

西藏高原闪金光，背倚红山，殿宇壮观。一座宫堡式佛殿群兮巍峨拉萨中。哦吁！七世纪兮吐蕃王朝立国之君哉，松赞干布迁都拉萨建，佛政合一兮宏伟宫殿群。布达拉兮普陀意（观世音菩萨圣地）。松赞干布、文成公主、尺尊公主兮宫殿。历代达赖焉行宫哉。

哦吁！殿群肃穆巍峨，宫墙红白相间，宫顶金碧辉煌灿。释迦牟尼指骨舍利，清帝御赐金册金印兮珍藏间。呵兮！佛寺与宫殿一体兮典范，藏佛文化与艺术建筑融合乎精湛！宫前广场，国歌响起，五星红旗飘扬标志兮民族团结之征象，国家统一兮铁证！

金碧辉煌佛圣殿，布达拉宫拉萨建；

松赞干布文成公主，佛政合一普陀显。

美哉！西双版纳。云南傣族兮天堂，景洪兮孔雀乡，动植物之王国，一条澜沧江兮六国共饮，接壤缅甸、老挝兮商贸口岸兴。呵兮！竹楼与高厦交辉映，佛寺和金殿遍布见，大金塔大佛寺白塔寺兮佛圣殿，哦吁！傣王宫殿金光闪，行宫兮御花园（曼听公园）周总理泼水节塑像兮微笑望，傣王行宫兮金碧辉煌，宝座兮圣光闪，佛傣文化，中华文化兮千年交融建。

灿哉！天火兮人亦火，星光夜市兮霓灯虹，傣族和各族同胞兮游览购物欢，“西双版纳啊，西双版纳，你的美丽啊永远传唱……”歌声扬。

圣哉！西藏明珠——日喀则，西藏第二大城市兮南矗珠峰巅兮北流雅鲁江。呵兮！美丽明沟兮高原小江南，吉隆口岸兮中尼贸易畅。

珠峰巅下雅鲁江，日喀则市闪金光；

佛教圣寺坐落中，吉隆口岸日辉煌。

佛教圣地，扎什伦布寺，藏佛第二大宫殿。呵兮！北布达拉宫兮南扎什伦布宫。1467，一世达赖根敦珠巴建，历代班禅行宫驻。金碧辉煌兮佛像释迦牟尼金铜塑，镇寺之宝大弥勒像兮强巴佛殿立，措钦大殿、汉佛堂……庄严肃穆。呵兮，北与拉萨布达拉宫兮辉映灿。

雄哉！重庆瞿塘峡，重庆巫山十二峰兮，千仞峭壁下，滚滚长江湍急上，峡口夔门雄兮，兵家扼隘障，杜甫“白帝城下雨翻盆”，李白“两岸猿声啼不住，轻舟已过万重山”兮天下唱，哦吁！白帝山上白帝城，托孤堂兮刘备诸葛亮，临危忠节撼。

巫山劈开一线天，滚滚长江湍流间；

雄龙咆哮夔门穿，浩浩长江三峡先。

灿哉！贵阳中华街。商贸繁华，游人如织，一座座高楼兮矗立两侧，一家家商超兮亮丽眼前，超大商场兮老字号小吃间，呵兮！华灯初放，流光溢彩……一缕缕香兮扑鼻来，万千霓虹闪闪烁，夜幕下火树银花落，美轮美奂兮疑是天街望银河。“桂花开放贵人来哎，贵人来到花才开……桂花好比我的心，贵人就是解放军……”歌声扬。

煌哉！峨眉山。成都西郊一圣山，前山巨佛兮乐山大佛，山顶金碧辉煌兮一座佛铜雕，“四面十方普贤像”兮立中央，金银铜殿兮坐四方。呵兮！俯瞰群山兮云海翻浪，一轮红日喷薄出兮彩霞万丈，仿佛兮置身天上。正是：

乐山大佛翘首望，峨眉山顶闪佛光；

拨开云层普贤现，一片云海疑佛海。

壮哉！贵州黄果树瀑布。

万马呼啸震天响，铺天盖地战马鼾；

河水飞溅逼眼前，疑是白龙战蓝天。

神哉！昆明石林。

石林石雕尊尊真，千姿百态栩栩生；

鬼斧神工天巧造，云海茫茫疑神争。

夜幕下，彩虹闪烁，“阿诗玛呀阿诗玛……”阿诗玛天造石林旁兮歌声扬……

呵兮！大西南啊美西南，天造美景兮宛若画卷叹。

二、壮哉！魂魄锵

红色圣地赤贵州，抗日重地川云南；

反英击袭英烈壮，大西南兮魂魄锵。

伟哉！三次会议。

1934，反“围剿”兮红军战，左倾路线哉红军殇，湘江啊湘江，八万红军剩三万……嗟乎！天不灭我中华，三次会议哉救红军……

通道会议，中央军委紧急会议，激烈争论哉暂定毛泽东意见兮，避免入敌围，放弃湘西线兮，初定通道转兵战。

黎平会议，中央政治局会议，强烈辩论兮决定通道转兵，绝路逢生，坚定放弃湘西线哉转贵州。

遵义会议，中央政治局扩大会议，痛定思痛，彻底结束焉“左倾”照搬，确定毛泽东同志路线兮走中国路，呵兮！从此，开启共产主义中国化兮里程碑。

哦吁！天佑中华！三大会议兮救了红军，救了中国革命叹！

壮哉！三大抢修。

抗日战争，国际援华三大动脉兮抢修战！

滇缅公路，二十万民工，十余个民族，战天斗地哉，昆明至畹町，无畏轰炸，牺牲三千人兮何其悲壮！

滇黔公路，二十四道拐，惨遭轰炸兮英勇抢修咽喉段。

滇越铁路，遭日军轰炸兮奋力抢修干。

哦吁！尽显滇黔人民魂魄锵。

伟哉！三龙入川。

1949，刘、邓、贺龙，三龙将兮率二野挺进大西南，呵兮！三龙入川，大西南解放，人民翻身红旗灿。

壮哉！抗日国都重庆，抗日持久战兮后方大战场，无畏空袭兮奋勇支前！大重庆啊大四川，抗日川兵兮英勇出征赴国难，十四年抗战，尽显巴蜀英雄撼！

《嘉陵江上》“那一天，敌人打到了我的村庄……我必须回去，从敌人的枪弹下回去，把我打胜仗的刀枪放在我生长的地方！”唱！

哦吁！大西南啊壮西南，边陲英烈精神兮民族魂魄锵！

三、伟哉！今日西南

巴山蜀水长江浪，芙蓉国引百花放；

新时代兮新西南，孔雀开屏展吉祥。

大西南啊宝西南，四大优势兮潜力强。

灿哉！文旅优势。黄果树瀑布兮滇池西山石林秀，大理苍山洱海兮、丽江玉龙雪山哟，美丽的西双版纳啊，四川九寨沟兮重庆解放碑。哦吁！西藏布达拉宫哉日喀则……呵兮！文旅胜地，美如仙境兮不胜枚举叹。

煌哉！物宝优势。云烟、普洱茶、三七、鸡枞、宣威火腿兮云南五宝赞，贵州茅台、都匀毛尖、威宁火腿兮贵州三宝香，四川东坡肉、五粮液、蜀锦兮泸州老窖、川绣五大特产赞，重庆榨菜、重庆火锅底料、城口老腊肉、合川桃片、重庆小面……天乎！西藏虫草、藏红花、风干牛肉、酥油茶、青稞酒、藏毯……数之不绝叹，呵兮！大西南啊无愧宝西南。

硕哉！资源亮点。生物资源、水能源、矿产资源、太阳能、风能，五大资源宝藏哉五省皆备。云南兮“矿藏宝地”橡胶园，贵州“江南煤海”，西藏“能源王国”，四川能源、天然气、煤炭“西电东送”兮“天府粮仓”，重庆“天水宝塔”兮黄金水道……呵兮！五省资源丰硕兮潜力大。

优哉！口岸上风。云南兮国之西南门，接壤兮缅甸、老挝和越南，瑞丽、河口、磨憨三口岸兮，中国、越南、东南亚哉贸易畅。西藏兮樟木口岸、吉隆、亚东岸。与尼泊尔、不丹、印度焉商贸绽，重庆长江经济带上游兮水陆空口岸强，四川成都、南充、泸州水运口岸畅。贵州开阳港、思南港兮乌江大口岸，贵阳铁路、航空口岸上……

呵兮！五省几十个口岸兮贯通中南亚，长江经济带兮商贸优势灿。

壮哉！革新创新，贵州科技创新，赋能兮实体生产，“煤、电、烟、酒”四大强项上。

云南，发挥口岸经济优势兮担当东盟、欧盟交流兮桥梁扛、创新驱动有色金属、生物医药，新能源、新材料工业兮转型升级上。

西藏，强化传统农牧业兮现代化，整合矿产、水能源哉开发利用上。

呵兮！大四川啊大重庆，加强科技创新兮核心关，驱动高端制造兮升级转型活力强，发展数字经济、人工智能、引擎新质产业兮示范五省兮协同发展引领上。

总书记“擘画蓝图”兮大西南振兴上，大开发兮大保护，科技创新、高科技、高质量发展兮大西南砥砺上。

呵兮！孔雀开屏兮吉祥地，大象北行乐融融，芙蓉国里尽朝晖，百花齐放兮尽峥嵘。

“雪山升起红太阳，拉萨城里闪金光……女儿呀，哎，等等我，哦，看看拉萨新气象……”歌声扬。

呵兮！藏、傣、白、汉、哈尼、景颇、苗、彝、傈僳、纳西……22个民族兮携手唱。山茶花开红艳艳，云南普洱茶、云烟，贵州茅台、四川五粮液、泸州老窖、西藏牦牛肉干、酥油茶、青稞酒兮尝个遍……

伟哉！四川和重庆引领兮大西南五省两亿人民在前进！

正是：社会主义现代化兮，西南谱写新华章；

新时代兮新西南，西南巨龙高飞翔！

大西北赋

一、美哉！文旅胜地

骏马嘶嘶牛羊欢，驼铃阵阵大漠宽；

车轮滚滚胡琴鸣，时装异服满西疆。

大西北啊美西北，十大美景兮天下甲。

煌煌西安兵马俑，呵兮！万千武士(陶塑兵殉)，庄严肃穆，尊尊栩栩如生，座座威武万状，让人震撼！镇馆之宝兮跪射俑，将军俑，铜车马，无比惊叹！其千人千面之神态，万人万形之气象，叹大国工匠艺术之璀璨，无愧于“世界第八奇迹”，华夏瑰宝赞！

呵兮！西安秦皇兵马俑，万千武士比骁勇；

堪称地下金字塔，世界奇迹天下撼。

嗟夫！冰山一角之陪葬坑皆如此灿烂，尚未开发之秦始皇陵兮还不知何等辉煌！

大中华啊大西部，一部陕西文化兮半部中华瑰宝藏！

华清池，一座帝王别宫，见证哉两虎擒一龙兮伟大壮怀，感叹中华民族抗日哉艰苦卓绝！

大雁塔啊大雁塔，收藏焉玄奘西域，天竺取经兮艰辛，见证哉中华民族兮坚韧不屈。正是：

千年佛塔凌空穹，玄奘取经天竺归；

慈悲真经千古藏，炎黄文化展佛辉。

秦岭两山一壶瀑，呵兮！自古华山一条路，陕西渭南处，天近咫尺兮星斗可摘，孙中山叹言中华民族兮渊源山，正是：

天削华山似剑锋，高耸入云摘星穹；

自古华山一条路，任尔风雷华夏松。

黄河之畔宝塔山，革命圣地，抗日堡垒兮红色历史见证叹！正是：

滚滚延河水，巍巍宝塔山；

枣园杨家岭，圣地闪金光。

呵兮！巍巍秦岭险华山，滚滚黄河宝塔山，两山相映兮壶口瀑布鼎中央。

壮哉！“风在吼，马在叫，黄河在咆哮，黄河在咆哮……”见证哉中华民族之强悍！正是：

黄河咆哮呼啸冲，饮马黄河天浪中；

奔流直泻三千里，中华民族何畏风？

天下第一陵兮陕西轩辕黄帝陵。历代帝王朝政天祭之地。呵兮！五千年炎黄文明之见证，民族根魂之征象。正是：

陕西桥山黄帝陵，庄严肃穆紫气起；

五千年兮沐长风，炎黄子孙龙翔宇。

敦煌莫高窟，千年艺术宝藏兮灿烂辉煌，集雕塑、壁画、佛教兮文化奇珍。1900 年，王道士一锤兮千年宝藏大门开。呵兮！一幅幅飞天壁画栩栩如生，一尊尊彩雕佛塑庄严肃穆，反弹琵琶惊艳夺目，羽化升天飘然成仙，万卷经书兮藏经洞……

呵兮！其工艺之精湛，中华文化之璀璨，与龙门石窟、大同云冈兮国之三大石窟，堪与巴黎圣母院比肩。正是：

煌煌敦煌莫高窟，幅幅壁画飞天舞；

尊尊塑像栩栩生，中华文化耀千古。

沙漠明珠嵌兮敦煌月牙泉。驼背登沙山兮一路沙岭似琴鸣，远眺山下一弯月兮碧水粼粼，任凭风啸沙飞，碧池依旧映天蓝。夜幕下，仰天一明月，山下一弯泉，粼光闪闪辉映间，莫是明月落九天？昼观月牙泉：

金光闪闪鸣沙山，碧绿一轮月泉弯；

马铃沙鸣交响乐，悠悠驼背落霞观。

雄伟嘉峪关，嘉峪关啊嘉峪关，万里长城西端关，河西走廊咽隘兮天下第一雄伟关。昔之“车辚辚，马啸啸，行人弓箭各在腰”，今之春风已度玉门关，车轮滚滚异装欢。登关举目望，呵兮！满目黄沙黄金甲，波涛翻滚似彩霞。不曾忘，

大漠西关嘉峪关，历史烽烟惊漠荒；

多少英烈边关骨，千年丝路何畏霜。

七彩丹霞天下甲，登上张掖丹霞台，举目望，呵兮！大地忽兮变天上，五彩缤纷兮霞光灿，一座座山川，一幅幅彩画，天上？人间？如梦幻……正是：

七彩斑斓平地起，丹霞映日红轮几；

疑是天公作彩虹，错把地貌当云里。

青海湖，青藏高原一美湖，碧波万顷鸟飞忽，水天一色兮风光旖旎，呵吁，不愁咸盐无。正是：

青藏高原一明珠，青海湖畔极目舒；

大国水塔三江源，醉美碧湖天下殊。

新疆吐鲁番，古丝之路西始端，大名鼎鼎火焰山，孙悟空兮三借芭蕉扇，传奇天下叹！

吐鲁番外火焰山，火山火浪火龙穿；

悟空三借芭蕉扇，无愧天下一奇观。

新疆天山天池兮，天山足下一瑶池，美如仙境然，自古游客赞不绝，苏轼“远望天山天池远，近看地面似银河”。正是：

天山足下一瑶池，站立天池望远山；

雪山碧水遥相望，白银红彤闪霞光。

塞上江南兮银川沙湖，一半沙漠兮一半湖，驼背依依落霞观，呵兮！错把西北当江南。正是：

银川城北一美幅，沙漠湖泊相映入；

红林鸥翔鸟儿欢，黄河之畔沙浪无。

陕西三大宫殿遗址兮三大世界奇迹，中国建筑艺术之伟壮，三大宫啊三大宫，历史穿越中，大秦阿房宫，“六王毕，四海一，蜀山兀，阿房出。”见证兮中华民族一统之辉煌。“灭六国者六国也，非秦也。”警醒兮遗址亦镜子矣。

大汉未央宫，威严壮观，未央啊未央，冀望未来兮浩瀚无央，见证兮大汉之强盛丝路之灿烂。然也铭刻焉，大汉兴亡四百年！

大唐大明宫，唐太宗到武则天，大唐盛世兮辉煌灿烂。大明宫见证兮大唐二百多年哉兴衰起落。

天兮！大西北啊美西北，天造仙境写不尽，人建遗址道不完。仅略举一二兮难尽然……

呵兮！奈何兮奈何！无愧文旅胜地哦！

二、壮哉！悍马风骨

悍马奔腾马蹄急，戈甲箭举壮士激；

自古西北多壮烈，悍马风骨千古越。

壮哉！龙马行空。

五千年前，炎黄二龙兮阪泉之战，黄帝胜兮一统中域，壮哉！天龙黄帝战蚩尤（《山海经》）兮中国开！

三千年前兮天龙周文王，陕西岐山兮跃马关中，伐崇侯虎兮定都丰（西安丰邑），叱咤中国功。

秦始皇嬴政天马兮，横扫六合，一统天下兮定都咸阳，建大中国兮功勋高。

大天马兮汉武帝，统一西疆，派卫青、霍去病兮远征大漠，击退匈奴，保卫中原兮河西走廊。呵兮！阳关玉门嘉峪关，关关守兮牢铸国疆。正是“黄沙百战穿金甲，不破楼兰终不还”。

壮烈哉！汗血宝马。

公元前139年，奉武帝命，张骞出使西域，开西大门兮凿空丝路，畅中亚中西南亚兮商贸畅。

1841年，林则徐火烧鸦片兮贬新疆伊犁，兴办水利兮荒漠变绿洲。

1876年，左宗棠，抬棺收复新疆哉，悲怆激昂壮怀叹！

壮伟哉！金戈铁马。

1935年，红军长征兮会师吴起镇，“六盘山上高峰，红旗漫卷西风”，呵兮！圣地延安宝塔山，赫赫陕甘宁边区兮抗日堡垒，党中央核心，革命烽火举。战封锁兮，王震率南泥湾生产哉“一把镢头一把枪，生产自救保卫党中央”。三五九旅是模范，兵团生产精神灿。

1949年5月，解放军一野司令员兮彭德怀，率十万大军挺进大西北，击溃胡马兮解放西安，攻陷兰州兮解放大西北。呵兮！金戈铁马兮阳光灿。

1954年，中央在新疆成立兮生产建设兵团，司令员王震，掘第一犁兮开兵团戍兵屯田先，呵兮！薪传半世纪，戈壁沙漠换新天，“上班一担肥，下班一把草，中午打沙枣，晚上围坐火炉剥棉桃”，气吞山河兮兵团勋。

壮雄哉！黑油宝马。

克拉玛依啊克拉玛依，从黑油山到石油胜地，数十年艰辛蜕变兮“油井像森林，红旗像鲜花，歌声像海洋……”原油产量千万吨兮“西气东送”赫赫石油城。

雄哉！千里马。

山海情兮福建千里马，帮扶宁夏西海固贫瘠区兮树脱贫攻坚范，建设现代化闽宁镇兮天下赞。

呵兮！大西北啊雄西北，峥嵘岁月锵，自古西北敬畏马兮，龙马精神千古扬！

三、伟哉！今日西北

龙马飞腾云雁惊，车轮滚滚城乡新；

今日西北日月换，阳光灿灿遍地金。

伟哉！新时代，伟大复兴日日新，西北大地兮万物复苏兴。呵兮！三大优势兮未来可期。

文旅优势，西北美景兮中国半，写之不尽兮观之不绝叹！呵兮！文旅经济反哺商业兮前途灿。大西北啊美西北，旅游经济支柱上。

资源优势，“西气东送”兮中国半，石油、天然气、能源矿产兮并中国半。

新疆：石油、天然气。宁夏：煤炭。青海：中华水塔、盐湖。甘肃：煤矿、铁矿和风能。陕西：铜矿、煤厂和水电，呵兮！水源、能源和食盐，三大生命源兮皆西北，能不重西北？更有，毛衣、牛羊肉、小麦、玉米、枸杞……呵兮，大西北啊宝西北，宝藏无尽叹！

位置优势，“东班西近”交通优势兮河西走廊，中欧班列兮乌鲁木齐、西安班列全国冠。

呵兮！三大优势兮，大西北啊大西北，扬长避短，潜力无限兮未来可期。

创新优势，西安：创新兮新高地。“一核两翼”兮引擎心，呵兮！西安高新区丝路科学城（一核），西部创新港兮长安大学城（两翼），西安交大、西北工大、电大，科教科技创新兮人才济，呵兮！高端制造，航天航空，新能源，新材料兮电子信息，数字经济兮智能产业，新质产业引领上。

兰州：黄河明珠。石油化工，有色金属兮机械制造，呵兮！西北重要工业基地，新农业要地，兰州高新区，经济开发区，高新科技兮新质生产力引擎上！

酒泉：航天航空高前沿，卫星发射中心，载人飞船，运载火箭，呵兮！大国超高新科技金。

呵兮！科技创新是核心，先进技术赋能传统产业，特色产业升级转型绽。数字经济、智能化兮高新科技，引擎西部上。

灿哉！白昼大西北兮阳光灿。

兰州啊兰州贵在蓝，蓝天白云兮黄河绽，天地人相融兮黄河母亲雕像，耸立黄河南岸兮让人震撼！正是：

一尊雕像黄河畔，自强不息民族像；

黄河母亲相拥兮，不屈不挠千古扬。

银川啊银川，黄河闪金光，“几”字弯兮母怀宽，保护母亲河兮绿进沙退，田成方兮林成网。呵兮！黄河人啊黄河人，苍天不负有心人，新塞上江南兮再现黄河弯……

煌哉！西安大唐不夜城兮星月亮。

大雁塔下唐城墙，昼西安兮夜长安，满目璀璨比天街，宛若置身盛唐间。正是：

不夜城兮不夜城，仿佛穿越盛唐间；

流光溢彩万人肩，秦腔古韵李白先。

辉哉！天穹俯瞰兮天地换。

呵兮！满地星光满地灼，疑似九天银河落，难忘春晚西安场，“君不见，黄河之水天上来，奔流到海不复回。”“仰天大笑出门去，我辈岂是蓬蒿人”“大鹏一日同风起。扶摇直上九万里”兮豪气冲天热血荡。

呵兮！“我家就在黄土高坡，大风从坡上刮过，不管是西北风，还是东南风，都是我的歌，我的歌”，黄河撼……

山丹丹花开红艳艳，新疆葡萄兮兰州牛肉面，陕西肉夹馍兮宁夏手抓羊肉，青海牦牛肉干兮香喷喷。

伟哉！社会主义现代化兮，西安兰州引领五省一亿八千万人民在前进！

正是：中国式现代化兮，西北谱写新篇章；
新时代兮新西北，西北巨龙正飞翔！

伏羲三皇赋

一、圣哉！人文始祖

煌煌伏羲，三皇之首；
人文始祖，中华圣宗。

“天地玄黄，宇宙洪荒”，炎黄大地，千古圣光。

哦吁！有秦岭山，万岳之祖，龙兴之川，呵兮！天降吉祥紫气穿，蛟龙出兮天水朱圉山，伏羲神农皇帝，三皇之首伏羲诞兮人神撼！

天乎！伏羲女娲交尾，中华始祖叹，新疆出土兮瑞祥降。

呵兮！天皇伏羲，一画开天文明先。地皇神农，刀耕火种兮名炎帝，农耕文明兴。人皇黄帝，五帝之首轩辕兮，统一中原，联盟部落，立制度兮开中国先。

哦吁！黄帝之后兮颛顼继，击败共工兮巩固中原绩。

尧帝，征讨四夷，统一华夏兮立功勋。

舜帝，仁厚德爱，选贤举才，民族融兮仁政萌。

禹帝，大禹治水，三过家门而不入，保农作兮农耕文明兴。

嗟夫！伏羲始兮三皇启，兴邦立盟兮文明举。

伟哉！中华民族,万年赓续,三皇五帝,震古烁今兮东方擎！

二、煌哉！文明圣宗

光阴荏苒，年复一年，华夏文明，肇始炳诞兮八千年。

嗟夫！上古燧人氏，发明火焉，文明开。

呵兮！“古者包牺氏之王天下，结绳网罟”，捕鱼狩猎兮产业先。包牺没，神农作，擅用火而曰炎帝，“斫木为耜，揉木为耒”，农具始兮农耕作。“日中为市”，交易兴。街市集兮商贸起。

若乃！神农氏没，黄帝尧舜作，易穷则变，黄帝善通变。“垂衣裳而天下治”，刳木为舟，交通致远兮天下利，服牛乘马兮畜牧兴。

嗟夫！易穴居野处为宫室,改野葬为棺椁,定婚嫁兮废群婚。

伟哉！母系转父系兮家庭建，氏族为主兮，部落转邦盟建。

呵兮！治书契，黄帝史官，仓颉造字兮，文明擎。

哦吁！黄帝战蚩尤兮中原泰。

若乃！尧舜仁贤兮文明开,大禹治水兮农耕佑,炎黄子孙荣。

壮哉！伏羲开兮三皇五帝继，夏商周，中古承上古，农耕时代起兮朝代更立国家建。

伟哉！洪荒到文明，蒙昧至灵杰，半农耕转农耕，部落转邦国兮伏羲三皇，华夏文明兮千古里程碑。

三、伟哉！文化先驱

沧海无垠，星月如梭，文化先驱兮伏羲三皇功。

呵兮！一画开天兮八卦先，阴阳哲理入兮《易经》出，六经启兮诸子兴。

“仰则观象于天，俯则观法于地，近取诸身，远取诸物，以类万物之情，以通神明之德。”伟哉！观天察地，象思维兮，东方法宝天下撼！

制琴瑟、兴仁礼兮，孔孟“仁爱礼智”根；运乾坤，循天道焉，老庄“道法自然”源。

作书契兮造文字，遵节气，尝百药兮制九针，呵兮！科学文化先。

伟哉！忧国恤民，千古流芳，肇启文明，万代炳彰。

壮哉！天水圣地，伏羲祭奠兮，震撼四方；河南新郑，黄帝拜典哉，激荡八邦。呵兮！湖北神农架，神农祭坛兮万民仰彰。

呵兮！伏羲三皇庙台兮全国遍，精神不朽兮天下载！

壮哉！中华文化，民族魂魄，炎黄子孙，三皇风骨兮万古撼！

伟哉！开启文明，唯我伏羲三皇。

正是：圣哉羲皇，源远流长；

　　　三皇五帝，根脉煌煌。

北京中轴线赋

一、灿哉！中轴线

登上景山放眼望，金碧辉煌龙腾状；

一轴辐射万千里，壮美中华金光灿。

北京中轴线兮南起永定门，北至钟鼓楼，中有正阳门、天安门、故宫、景山兮，全长不下 8 公里。哦吁！遵《周礼·考工记》兮，位京城兮“中”。

何以“中”？中国人自古崇尚“中”。呵兮！五千年前，黄帝战蚩尤兮逐鹿中原“中”，元前一千年，周文王伐崇侯虎兮东迁都丰邑（长安）中，呵兮！周成王灭商建西周，“宅兹中国”，定鼎中原兮迁都镐京（洛阳）中，北宋赵匡胤，陈桥兵变哉定都开封中，呵兮！史上建都兮步步“中”。

壮哉！靖康之耻，元灭北宋哉定都北平，皇城东西“中”。

明朝靖难之役兮朱棣迁都名北京兮，南北“中”，壮伟哉！元明清三代八百年哉皇权自东西南北哉移鼎“中”。

伟哉！新中国，一锤定音，首都北京！呵兮！中国心脏兮，大国脊梁天下中。

哦吁！从西岐西安迁北平、盛京（沈阳）南京移北京，北京啊北京，东南西北中心“中”。

若夫！中国人自古崇尚“中”，中正、中和、中庸兮允执厥中，孔子兮“过犹不及”，老子“守中”。朱熹“不偏不倚”，呵兮！遵循“中”兮，中华魂魄“中”。

若乃！中国名称尽在“中”，周成王“宅兹中国”兮首举“中国”，孙中山辛亥革命兮称中国，新中国成立哉，伟大中国！

壮伟哉！北京中轴线，大国心脏线，辐射八邦兮引擎全国鉴。

哦吁！俯瞰北京城，天圆地方，一个方正的城，轴心一条大中线，呵兮，超大“中”字现。

若乃，西有燕山刚托，东有渤海环抱兮，中有“六海”柔依，意蕴兮，刚柔中正和。

呵兮，行走中轴线，一路风光见，首都无限美，江山尽欢颜。

正是：中轴擎天啸，气势震天骄，
　　　屹立北京中，神圣九州豪。

二、壮哉！中轴线

中轴一线贯南北，气势恢宏震魂魄；
星移斗转八百载，泱泱古韵今犹在。

历史沧桑，星汉泱泱。传承兮文化根脉，秉续焉千秋魂魄。

哦吁！近八百年前，忽必烈建元大都，殿宇宫廷兮“T”字广场，开启兮中轴线。明朝朱棣建皇宫兮紫禁城，壮哉！仿天星紫微垣兮天上人间！彰显兮皇权至上！夫为政以德兮譬如北辰！（《论语：为政》）。

壮哉！天安门兮，受命于天，安邦治国。紫禁城兮，皇权城。太和、保和、中和殿兮三大皇权殿。《易经》曰："保和、太和乃利贞"兮尽显皇宫神圣。

呵兮！雄伟天坛祈年殿，皇家祭天祈福载，地坛先农坛兮，求五谷丰登见。

灿哉！左太庙，右社稷焉，"左祖右社"，正阳门前、前门大街、大栅栏兮"前朝后世"显。

壮哉！暮鼓晨钟鸣兮。人间烟火祥，呵兮！东西长安王府井，今之东西城区，二环、三环兮四五环，呵兮！楼宇接天兮街连街……

若乃！中轴线兮龙脉祥，依燕山兮天龙腾，西山玉泉入太液，归"六海"兮。灵气生焉龙脉潜，呵兮！阴阳平衡兮刚柔济。

呵兮！金水桥兮御河卫，雄狮吼兮华表立，哦吁！天安、地安兮门接门……

壮哉！远望中轴线兮金龙腾，近看市井哉乾坤城。呵兮！人间烟火，岁月如歌。

中轴线屹立兮安如泰山，纵贯南北兮国之脊梁。呵兮！承载古都之重兮秉持中心之美，哦吁！气贯长虹，历史长河。

壮哉！中轴线，宛如一条巨龙在飞腾……

正是：昔之龙潜在，今之跃飞渊……

伟哉！暮鼓晨钟日月转，昨夜今朝天地宽；
　　千秋乾坤中轴处，国泰民安万年欢。

三、伟哉！中轴线

天安门上举目望，红旗招展天宇亮；
中轴心兮金光闪，引擎全国尽辉煌。

历史变迁，轴心嬗变，昔之皇宫宝殿，皇权撼，今日轴心天安门、新华门、人民大会堂兮人民至上！革命烈士纪念碑、主席纪念堂兮人民不忘！国家博物馆焉文脉灿。

壮伟哉！中轴线，大国脊梁载。哦吁！昔之封建专制皇权圣，今之人民民主人民上！哦吁！共产党领导，共产主义哉一定实现！中轴线兮见证！

壮哉！1919 年五四运动，北大红楼学生出，天安门兮新民主革命上。1935 年一二九运动，群众高举反日旗帜兮天安门示威壮。

壮哉！正阳门，解放军入城仪式兮威武震撼！

伟哉！1949年10月1日,开国大典,天安门上五星红旗升。

呵兮！天安门、新华门兮中华民族心脏门，人民大会堂兮民主专政堂。

壮伟哉！天苍苍,地茫茫,苦难的中国人兮终于站起来……

“起来，不愿做奴隶的人们，把我们的血肉筑成我们新的长城……”国歌响……

哀兮！1976 年 1 月 16 日，千里长安送总理，呼声泣声感天动地兮难忘！

壮伟哉！十一届三中全会，改革开放，天安门游行。北大学生举旗过兮，热情激荡。国庆大阅兵，50 周年、60 周年兮威武震撼。

新时代，国庆七十周年，总书记大阅兵。呵兮！国强军壮，中国人站起富起到强起……

“五星红旗迎风飘扬，胜利歌声多么嘹亮，歌唱我们亲爱的祖国，从今走向繁荣富强……”歌声响。

呵兮！天安门前花坛兮万千人民尽欢颜。哦吁！未来 80 周年、90 周年、百年国庆。呵兮！万千年国庆哉，中华民族生生不息哉风光无限……

壮美哉！中轴线，中国人兮魂魄线，聚心铸魂兮齐心连，历史铭记哉钢铁线。

伟哉！申遗成功，惊艳世界。呵兮！壮伟北京中轴线，引擎全国兮，辐射世界！

呵兮！中轴线啊，奋进线，一条巨龙兮东方巅！

歌声：“北京啊北京，祖国的心脏，团结的象征！”

正是：北京中轴线兮中国心。天安门上国旗擎；

定海神针中南海，龙跃苍穹天下惊。

人民赋

一．五星出东方——利中国

天安门，红旗展，五星出东方；

共产党，为人民，中国天亮明。

泱泱中华，亿万斯年，地老天荒，沧海桑田。呵兮！日出而作，日落而息兮，亘古黎民辛劳勤。

呵兮！“五星出东方，利中国”（新疆和田出土），“五星分天之中，积于东方，中国利。”（《史记·天官》）“汉之兴，五星聚东方”（《汉书》）呵兮！日月合璧，五星连珠，天意祥。

哦吁！自古尧舜爱民，万古流芳，周公吐哺，天下归心。从来，朝代兴亡兮，民心向背。

孟子曰：“民为贵，君为轻。”嗟叹！历来，国以民为天，君仁则国祥民安，君昏则国乱民亡。

嗟夫！星移斗转，历史兴衰，嗟叹！洋人入侵，伏首签卖国约哉，国之不国，民之屈辱叹！

人民啊人民！三座大山压顶叹！黑夜茫茫，何日天亮……

呵兮！十月革命，一声炮响，睡狮猛醒，哦吁！北大红楼兮，五四运动，学生民众擎帜兮呐喊示威撼！

伟哉！南湖红船，党旗飘扬，南昌起义，觉醒民众持戟上，呵兮！井冈会师，工农红军壮，遵义会议，舵手转向，红军长征，星火燎原上……

壮哉！七七卢沟桥事变，“风在吼，马在叫，黄河在咆哮……”抗日英雄壮。

呵兮，延安宝塔山，中流砥柱，抗日根据地兮百姓支前上。

哦吁！解放战争三大战役兮百万雄师过大江。

人民啊人民，伟大的人民！从工农红军到解放军，皆人民子弟兵，自抗日战争到解放战争。呵兮！送子参军，背粮支前，小推车送粮……哦吁！无愧伟大兮人民力量！

人民觉醒似雷霆，人民力量壮龙云；

电闪雷鸣神州变，中华崛起在黎民。

伟哉！天安门，五星红旗扬，北斗大星兮共产党引领，四星工农商学兵。“讨南羌，四夷服，与天比高”叹。

呵兮！“共产党像太阳，照到哪里哪里亮，哪里有了共产党，哪里人民得解放。”

伟哉！团结就是力量，众星拱北辰兮光芒万丈！

壮伟哉！共产党，大救星，共产党和人民哉，“五星出东方，利中国。”兮见证！

二、水能载舟，亦能覆舟

大江东，过万州，水能载舟亦覆舟。

人心齐，泰山移，天上人间同心一。

伟哉！新中国，三座大山兮推翻，苦难人民哉解放。呵兮！中华儿女兮浴火重生，凤凰涅槃赞！

天安门“人民万岁”响彻云霄，人民大会堂，人民民主专政哉，震天骄！

夫得人心者得天下，无畏一穷二白兮工农率先，万众奋起干。

壮哉！劳工神圣，工人天，农民地，工农兮顶天立地。

呵兮！东北工人老大哥，大战钢铁，鞍钢兮第一炉铁水出，热泪和铁水兮一起流……

大庆油田，石油工人兮，以身制井喷，铁人精神兮，史册永载！真正是“石油工人一声吼，地球也能抖三抖”！

长汽首出，解放牌！中国制造，震八邦。无愧于：“咱们工人有力量，嗨！每天每日工作忙……”

呵兮！抗美援朝，捐献飞机炮，支援前线兮，全民踊跃！

伟哉！人民啊人民，创造世界的神力！

壮哉！土地改革，砸烂封建地主制，耕者有其田兮，农民翻身叹！

呵兮！千军万马哉，学大寨，赶大寨，大寨红花遍地开，荒山良田变。饮水穿山兮红旗渠，人工天河兮创奇迹，呵兮！中华儿女无处不搏击！

壮哉！农田水利，道路桥梁，艰苦奋斗兮，中国人！

伟哉！1998年，小岗村，18个血手印，土地承包兮责任书！农民啊农民！拉开改革开放兮序幕，英勇破！呵兮！伟大壮举，历史铭记，壮伟哉！最底层人民！

壮哉！十一届三中全会，改革开放兮重大决策，一锤定音！

广州深圳兮改革开放排头兵！先行辉煌兮第一步！长三角、珠三角、闽东南，开辟哉经济开发区。何等伟壮！

呵兮！改革开放，蒸蒸日上，蓬勃生机，人民力量！

歌声：“人民是天，血脉紧相连，千秋万代永不变……”

伟哉！举世瞩目中国龙，蓬勃生机任从容；

人民是天血脉连，拼搏奋斗人民众。

三、江山就是人民，人民就是江山

打江山，守江山，守的是民心；

同呼吸，共命运，共的是民意。

哦吁！再论“得民心者得天下”，一切以民心为主。民愿是盼，呵兮！千古石磐！

呵兮！“三民主义”到“人民万岁”！今之“人民至上”！哦吁！人民地位日日上。

壮哉！人民！国家的主人！呵兮！中华历史人民造，乾坤天地百姓定，嗟乎！国之血脉在黎民，党之根基在群众。

伟哉！新时代兮人民是天，呵兮！顶天立地！哦吁！工业新兴，工厂现代，工农奋战光辉灿！

壮哉！乡村振兴，脱贫致富，在希望的田野上兮禾苗壮。

美哉！绿水青山、冰山雪山兮，金山银山，呵兮！绿色发展文旅兴，家园更美，笑脸更绽。

壮哉！深化改革，扩大开放，“一带一路”兮命运与共赞。

呵兮！航天航空，载人飞船，航母巡洋兮蛟龙潜海洋……呵兮！科技发展，人工智能，大数据兮高质量发展灿！

壮哉！人民城市为人民，百窗福红，万家灯火亮。呵兮！高楼叠起，桥梁纵横，高铁密布赞！

哦吁！自古“安而不忘危，治而不忘乱”，天下同心，泰山难移，时刻不忘，民心所盼。呵兮！凝心铸魂兮铜墙铁壁叹！

伟哉！中国道路，阳光灿烂，美美与共兮同圆中国梦！

歌声“五星红旗随风飘扬，胜利歌声多么嘹亮，歌唱我们亲爱的祖国，从今走向繁荣富强……”万民欢唱，歌声嘹亮。

正是：“五星出东方兮利中国”。流光溢彩兮，团结像。

壮伟哉！新时代兮，社会主义中国化；

五星照耀兮，十四亿人民齐飞跨！

京杭大运河赋

一、灿哉！千里命脉

一河似龙南北贯，两千里路天际宽；

千年命脉千万人，车轮滚滚舟帆壮。

大河汤汤，神州泱泱，潮起潮落兮日落出。

呵兮！西长城兮东运河，人字形兮拱卫合，哦吁！天下最长兮京杭大运河！东方黄金水道兮天下扬。

哦吁！始于春秋，盛于隋唐，宋元明清兮千年灿。

若乃！春秋吴伐齐兮凿邗沟，吴王夫差第一锹兮天河开，引长江水兮通淮河。呵兮！舟船如织，两岸火红，南扬州兮北淮安。

哦吁！隋炀帝，一统南北朝，大开运河兮，洛阳通涿都（北京），天乎！万国来朝兮神都洛阳红火五百载。

叹哉！安史之乱大唐落，南北衰兮运河搁。喭哉！“霜天寒夜、乌啼月落……姑苏城外寒山寺，夜半钟声到客船。”

呵兮！元朝忽必烈，迁都北京兮改运河。“截曲取直”兮断洛阳。哦吁！直上北京，时代命脉兮黄河移长江。

壮哉！京杭直线贯兮京津苏杭扬。哦吁！海河、黄河、淮河、长江、钱塘江兮五大水系通。呵兮！连京津冀、通鲁浙苏兮四省大动脉。

灿哉！大运河北京段兮灿烂辉煌，通州燃灯塔兮铃声不断，通惠河兮舟帆贯。

哦吁！明清通淤扩河床，大河奔流忙，呵兮！南水北调、南粮北运兮北煤南送。丝绸瓷器商贸往来兮两岸兴。

呵兮！《马可·波罗游记》兮繁华赞，利玛窦呼“世界奇迹”叹。

哦吁！京津兴兮苏杭扬。临清、镇江、聊城、徐州、德州、济宁。沧州……呵兮！沿岸十余城兮崛起绽，正是：“万艘龙舸绿丝间”“樯帆如云集，琼楼似仙境”……

惊叹！大河滔滔、时代昭昭，星移斗转兮朝朝暮暮。

嗟夫！十九世纪、海运兴兮漕运弱，二十世纪，京沪高速、京沪铁路通兮运河落。

哦吁！历史泱泱。沧海横流，科技发展，不可阻挡。天兮！车轮滚滚兮舟帆换，必然规律叹，

呵吁！沿岸亿万人兮两千公里，两千五百年。真正是：一部运河史，半部中华史。无愧兮历史长河叹！

二、壮哉！千古魂魄

西长城兮东运河，历史沧桑魂魄锵；

长城人啊运河人，何畏风高天下闯。

历史沧桑，国运泱泱，沧海横流兮英雄辈出。

呵兮！春秋伐齐兮，“一船矛戈，一河兵”，兵马未动兮粮草先行，河运酷。

哦吁！鸦片战争，镇江保卫兮与英军殊死战，惨烈悲壮兮运河畔。

1864 年，曾国藩镇压太平天国起义兮大运河悲怆！

壮哉！赫赫左宗棠，抬棺出征兮收复新疆，威武震撼兮大运河粮草支援捍！哦吁！甲午海战焉大河输运忙！

若乃！民主革命，天津运河畔，英雄儿女安辛生，领运河码头工人大罢工兮血染运河上。

伟哉！抗日烽火，1937 年，卢沟桥事变，沧州沦陷。冀鲁地下党引领兮沧州英勇抗日战，血洒运河畔。

呵兮！自古燕赵多英烈，运河两岸芦苇荡，抗日烽火壮，船工老汉，运粮送药兮英勇战。

呵兮！运河“铁道游击队”，两岸阻击战、游击战兮威武捍！微山湖，运河水源湖，抗日根据地，勇猛杀敌兮可歌可泣。抗日英雄马本斋回民支队英勇抗日兮大运河畔。

壮伟哉！徐州保卫战，台儿庄血战，大运河上，击退日军，惨烈悲壮。

伟哉！解放硝烟，淮海战役，阻挡敌撤，邳州阻击战兮英勇顽强叹！

伟哉！1949 年渡江战役，呵兮！打过长江去，解放全中国！大运河沿海渡口兮伟大支前赞！

哦吁！历史泱泱，大河沧桑，中华儿女运河人，运河精神兮永垂，红色革命兮铭记！

呵兮！一条大河兮热血流淌，魂魄激荡兮两岸丰碑撼！

三、伟哉，壮美画廊

千里美廊画中游，两岸风光舟帆绽；

文旅天堂下江南，古镇今城新光灿。

呵兮！不到长城非好汉，不游运河真遗憾！

壮哉！2014 年，大运河申遗成功哉，世界文化遗产名，呵兮！黄金水道、大河欢欣举世赞。

伟哉！2019 年，总书记《保护大运河纲要》颁，呵兮！大河复苏，从此光芒亮……

2020 年，首通航，通州—香河—武清段兮欢歌灿。

壮哉！保护生态，绿色发展，通淤清河，泄洪蓄水兮大河水流畅。哦吁！东线南水北调，与西线、中线兮协同上。

美哉！运河北京段，通惠河兮醉美两岸，通州副中心区，高楼叠起，两岸流光溢彩，龙头什刹、中南海兮龙舟过，仿佛兮东方塞纳河。

哦吁！天津海运交汇兮，三义口，大运河枢纽码头壮，大美天津兮辉煌灿烂。

壮哉！绿色发展，红色旅游，今之大运河兮犹清明上河大长图。呵兮“烟花三月下扬州”，二十四桥兮惊叹壮。哦吁！沿岸城乡新光闪，点点景色繁星赞。

美哉！文化长廊兮文旅胜地，呵兮！吴越文化，中原、齐鲁、燕赵文化兮交辉映，美食、戏曲、工艺兮美不胜收。呵兮“上有天堂，下有苏杭”。哦吁！“栽下梧桐树兮引得凤凰来。”

壮伟哉！运河儿女啊运河人，昔之大河滔滔，漕运奋楫，今之车轮滚滚，北上创业。

呵兮！归来兮，凤凰！返乡创业，水陆互济，永奋楫兮生生不息……

正是“离离原上草，一岁一枯荣。野火烧不尽，春风吹又生”。

伟哉！看今朝，新时代，春暖花开，运河新启程，呵兮！弦歌依然，舟船号子重响兮两岸金光灿。

正是：新时代兮新征程，大河泱泱舟楫奋；
龙头京津神州擎，滚滚巨龙正奔腾。